자맥
수맥과 풍수지리설 비판

이희환 지음

간디서원

지은이 **이희환**

전북대학교 사학과 졸업, 동 대학원 문학박사
저서로 『조선정치사』, 『조선후기당쟁사』, 『아토피와 성적 수맥이 좌우한다』 등이 있으며, 역서로는 『조야신필』, 『단암만록』 등이 있다.

현 전북대학교 사범대학 역사교육과 교수
E-mail: lheehwan@jbnu.ac.kr

자맥−수맥과 풍수지리설 비판

초판인쇄일 : 2016년 11월 20일
초판발행일 : 2016년 11월 30일
지은이 : 이희환
펴낸곳 : 간디서원
펴낸이 : 김강욱
주 소 : (06996) 동작구 동작대로33길 56
전 화 : 02) 3477-7008
팩 스 : 02) 3477-7066
이메일 : gandhib@naver.com
등 록 : 제382-2010-000006호

ISBN : 978-89-97533-16-9 (03180)

* 잘못된 책은 바꾸어 드립니다.

자맥

수맥과 풍수지리설 비판

이 도서의 국립중앙도서관 출판시도서목록(CIP)은 e-CIP홈페이지(http://www.nl.go.kr/ecip)에서 이용하실 수 있습니다. (CIP제어번호: CIP2016023138)

자맥을 무시할 배짱이 있다면 무시해도 좋다

이 책에서 말하는 자맥(磁脈)을 무시하거나 믿지 않아도 좋은 사람이 있다. 어려서부터 공부 잘했고 성인이 되어서도 건강하여 노력만 하면 일마다 성과가 있었다. 자녀 역시 공부 잘하고 인성도 좋아 항상 즐겁게 사는 분들이 있다. 그렇다면 더 이상 무엇을 바라겠는가.

운 좋은 분들이어서 그러하겠지만, 또 한편으로는 주택이나 아파트에도 자맥 중 인체에 유익한 영향을 미치는 좋은 곳이 의외로 많다는 점이다. 풍수지리설처럼 지형지세가 특별한 곳에만 극소수 있는 것이 아니라 흔전만전하게 많은데다, 그 좋은 곳을 활용한 결과다. 더욱이 자맥 중 인체에 해로운 영향을 미치는 나쁜 곳을 피하여 살았으니 그 피해도 없었다. 그처럼 살고 있는 집이나 직장, 학교에서도 좋은 곳에서 생활하고 나쁜 곳을 피할 수 있다면 자맥에 관심을 가져야 할 이유가 없다.

필자의 경험으로도 그러한 가정이 4~5%는 되었다. 침대를 사용하지 않았고, 핸드폰도 전자파 나온다고 머리맡에 놓지 않았다. 금반지 금목걸이 등 금붙이도 패용하지 않거나 패용했어도 방바닥이나 침대에 놓지 않았다. 게다가 인체에 해로운 곳은 창고나 옷장으로 사용하여 그 피해가 없었다. 그런데 그러한 일이 계속될 것으로 믿거나 자맥의 영향을 무시해도 좋다는 확신과 배짱이 있다면 그대로 살면 된다. 그러한 분들은 없는 시간 굳이 할애하여 이 책을 읽을 필요도 없다.

그러나 그 우연만 기대할 수는 없다. 더욱이 사무실이나 집에서 어쩐지 편안하게 느껴져 선호하는 곳이 있고, 불편하여 피했던 곳이 있을 것이다. 그 편안하게 하거나 불편하게 했던 원인이 바로 자맥의 영향이다. 우리 속담에 '비올 줄 알았으면 누가 꼴 베려고 가겠느냐'는 말이 있다. 옛날에는 풀을 베어다가 쇠죽을 끓여 소에게 먹였는데, 비가 오면 꼴도 베지 못하고 비만 흠뻑 맞고 돌아왔다. 그렇게 한 치 앞도 내다볼 수 없는 것이 우리네 인생살이다. 그처럼 자맥의 좋은 영향은커녕 나쁜 영향으로 고생하는 분들이 많지만, 무시하든 유념하든 그 선택은 결국 독자들의 몫이다. 그렇기는 하지만 자맥의 영향을 믿지 않거나 늦게 믿을수록 손해라는 말을 하지 않을 수 없다.

이 책의 특징 - 수험생, 환자, 노약자, 특히 젊은 부모들의 필독서

이 책의 특징, 즉 독창성은 중요한 것만 언급해도 다음과 같다. 첫째, 인체에 유익한 곳(명당)과 해로운 곳(수맥)을 아우르는 자맥이라는 용어를 처음 사용하여 그 영향과 더불어 그 활용방법이나 차단방법을 구체적으로 서술하였다.

둘째, 허구에 불과한 풍수지리설에 대한 비판이다. 1,500여 년 동안 위력을 발휘하고 있는 풍수지리설을 정면 비판하였다. 아직까지 한 번도 시도한 적이 없던 풍수설의 허구성을 구체적으로 열거하면서 비판했다. 우리나라에서 가장 좋은 곳이라는 조선 8대 명당마저, 실제로는 수맥이 많아 가장 나쁜 곳이라고 했다. 더욱이 풍수설처럼 지형지세가 특별한 곳에만 극소수 명당이 있는 것이 아니라, 아무데다 흔전만전하여 아파트에도 수없이 많다고 하였다.

셋째, 모든 책에서 지전류(地電流)가 인체에 해를 끼친다면서 없애라거나 피해야 된다고 했지만, 그 지전류가 바로 자기장맥(磁氣場脈) 즉 자맥(磁脈)에 의해 형성된 명당이며 휘어진 수맥 안쪽에 반드시 있다고 했다. 흔히 산의 기운 즉 정기(精氣)가 흐르다가 맺힌 곳을 명당이라고 하지만, 산의 정기뿐만 아니라 살기(殺氣), 좋은 기, 나쁜 기, 양기(陽氣), 음기(陰氣) 역시 존재하지도 않은 허구라고 했다. 또 기존의 통념과 달리 수맥 폭은 1cm 미만의 가는 선(線)에 불과하다고 했다. 이처럼 기존의 통념을 실증적으로 비판하면서, 새로운 개념의 자맥에 대한 인식을 제고하였다.

넷째, "아토피의 원인도 수맥이다. 아기가 밤새울거나 불임의 한 원인도 수맥이다. 명당에서는 숙면할 수 있으며 나침반도 정상적으로 작동하지 않는다. 아궁이에 불을 때는 온돌방은 수맥도 없고 명당도 없다. 10원짜리 동전이나 숯, 금붙이, 다이아몬드로 수맥을 차단할 수 있지만, 그들 모두 명당도 없애버린다. 핸드폰은 소프트 커버로 된 책 2권 위에 놓아야 한다. 추로 명당이나 수맥을 찾을 수 없다. 어떠한 수맥차단제도 위쪽으로 2.2m 이상 수맥을 차단할 수 없다. 수맥은 염력(念力)으로 탐지할 수 없다. 개가 잠자는 곳이나 새집, 개미집이 있는 곳도 명당이다" 등 수많은 사실을 필자가 밝혀냈다.

다섯째, 자녀 성적은 물론 정력과 자맥의 관계까지 밝혀냈다. 또 명당에서만 자라는 싸리나무, 수맥에서만 자라는 토끼풀, 고사리 등의 지표식물은 물론 개, 고양이 등 지표동물도 발견했다. 더욱이 암 발병기간과 수맥의 관계를 계량화(計量化)했고, 머리카락을 이용한 체질구별법까지 밝혀냈다.

여섯째, 필자가 그 많은 사실을 새로이 밝혀냈다는 점도 중요하지만, 더 중요한 것은 돈들이지 않고 수맥 피해를 제거할 수 있는 방법이다. 수맥탐지 기구를 구입할 필요도 없이 그 흔한 세탁소 옷걸이를 L자로 만들어 사용한다든가, 10원짜리 동전이나 숯으로도 수맥을 차단할 수 있다고 했다. 수맥 피해만 거론하면서 아무 대책 없이 피하라고만 하거나 값비싼 제품을 구입하라는 기존 책과 달리, 누구나 실생활에 활용할 수 있게 가장 쉽게 체득할 수 있는 방법을 제시했다.

일곱째, 필자가 몸으로 직접 확인한 후 이 책을 저술했다는 점을 특히 강조하고 싶다. 이 책의 내용이 다른 책이나 기존 인식과 너무 차이가 있다거나 황당하여 믿지 못하겠다면, 직접 확인해보라고 권하고 싶다. 몸으로 그 진위를 확인하는 것 외에는 달리 방법이 없다. 그 흔한 아토피도 예방할 수 있어 젊은 부모들이 더 많은 관심을 갖고 이 책을 활용했으면 한다.

실제로 이 책의 내용 중 수맥 탐사의 역사와 현황 등 몇 쪽을 제외하면, 오로지 필자의 실험에 근거한 독창적인 서술이어서 처음 들어본 내용이 대부분일 것이다. 수맥·명당의 수많은 현상을 새로이 밝혀냈던 점도, 수맥에 대한 기존 인식이나 기존의 각종 관련 서적을 전적으로 무시했기 때문에 가능했다. 필자 혼자서 수많은 사고실험(思考實驗, thought experiment)과 다양한 검증을 병행한 결과라고 할 수 있다. 즉 이 책이 일반 독자들이 쉽게 읽을 수 있게 서술한 필자의 독창적인 논문이라고 생각해도 된다. 게다가 독자들이 지루하지 않게 역사상의 일화나 상식 등 다양한 읽을거리를 덧붙였다.

왜 나는 이 책을 썼는가?

옛날이야기 같지만 1980년대만 해도 애들이 아파 소아과에 가려면 여간 고역이 아니었다. 버스를 타고 가야 했고, 고작 3~4분 진찰받기 위해 아주머니들 사이에서 2시간 이상 기다려야 했다. 그러한 일을 자주 겪으면서 체질에 맞는 음식에 관심을 갖게 되었다. 음식과 약이 하나라고 하듯이, 그 효과가 커 가족이 아프면 체질에 맞는 음식을 먹게 하여 치료 기간을 단축할 수 있었다. 주위 사람들에게 권하여 몸이 몰라보게 좋아졌다는 말도 자주 들었다. 그리하여 많은 분들에게 체질을 구분해주면서 체질에 맞는 식품을 섭취하게 했다.

　건강한 성인은 체질에 맞는 음식을 섭취해도 그 효험을 느끼지 못하지만, 어린이나 허약한 사람은 6개월이면 그 효과를 실감할 수 있다. 그러나 필자를 찾아오는 분들이 많아, 많은 시간을 허비하게 되면서, 새로이 고안해낸 것이 머리카락이나 손톱 발톱을 이용한 체질 구별이었다. 그 방법으로 유익한 식품과 해로운 식품을 알려주자 시간절약은 물론 그 정확성까지 신뢰하게 되었다.

　또 하나는 온몸 밟기다. 경락마사지 효과는 잘 알려져 있지만 너무 어렵고 힘들어 일반인이 활용하기가 쉽지 않다. 그리하여 시험 삼아 온몸을 밟아보았는데, 힘들이지 않고도 큰 효과를 볼 수 있었다. 체질에 맞는 음식섭취보다 효과가 더 빨랐다. 웬만한 만성질환도 3개월이면 누구나 그 효험을 확인할 수 있다. 그러나 장기간 실천해야 하는 끈기가 필요하여 실제로 활용하는 분은 그다지 많지 않았다.

　그래서 더 쉽고 효과를 곧바로 확인할 수 있는 방법을 찾기 위해 노심초사했다. 그 결과 찾아낸 것이 자맥이었는데, 그 자맥에 수맥과 명당이 있다는 점을 알게 되었다. 수맥차단과 명당활용이 체질에 맞는 음식섭취나 온몸 밟기보다 더 좋은 것이라고 할 수는 없다. 그러나 그 효과가 훨씬 더 신속하여 가장 시급한 것이라고 할 수 있다. 짧게는 1~2시간 만에도 그 영향을 실감할 수 있다. 더욱이 질병의 가장 중요한 원인 중 하나가 수맥이라는 것을 확인할 수 있었다.

　필자는 수맥을 정확히 알기 전까지는 수맥이나 풍수에 관해서 책 한 줄 본 적이 없다. 지인들이 관련 서적을 준다고 해도 사양했다. 확인해

보고 싶은 생각도 없지 않았지만, 그렇게까지 할 필요성을 느끼지 못했다. 그러다가 우연히 수맥을 접하게 되었고 그 영향을 체험으로 확신한 후 비로소 시중에 있는 관련 서적 30여 권을 읽어보았다.

그러나 그 많은 책 모두 풍수지리설과 관련된 것이어서, 필자의 경험과 차이가 너무 컸고 수맥을 감지하는 방법도 달랐다. 심지어 전화 목소리만 들어도 알 수 있다거나, 투시력이 있어 보기만 해도 알 수 있다고 했다. 원거리 탐사라고 해서, 현장에 가지 않고 건물의 평면도만 보아도 수맥 여부를 알 수 있다고도 했다. 몽고, 러시아, 아프리카 등에 가지 않고도 우물을 찾았다는 말도 서슴없이 했다. 그처럼 상식을 뛰어넘는 영적인 능력이 있다면 다른 사람이 왈가왈부할 수 없을 것이다. 그 신령스러운 능력 발휘하여 좋은 일 많이 하기를 바랄뿐이다. 어떻게 그 허황된 말을 신뢰할 수 있겠는가?

자맥 여부는 그곳에 자라는 풀이나 나무만 보아도 알 수 있다. 그러나 아파트 밖에 자맥이 있다고 해서, 아파트 안에도 반드시 있는 것이 아니다. 또 현장에 가보지 않고 수맥의 위치를 적시할 수도 없지만, 설사 알 수 있어도 도움이 되지 않는다. 차단할 수 없다면 오히려 더 불안하기 때문이다.

어쨌든 그들 기존 책이 예외 없이 황당했고 허구에 불과한 풍수지리설과 연결시키고 있었다. 그리하여 풍수지리설과 다를 바 없는 기존의 수맥에 대한 잘못된 인식을 바로잡아야겠다는 바람에서 이 책을 쓰게 되었다. 따라서 이 책이 기존의 수맥에 대한 인식에 몇 가지 수정하거나 추가할 정도라면, 이 책을 아예 저술하지도 않았다. 인터넷에 나오는 수많은 동영상이나 기존 책에 서술된 수맥과 확연한 차이가 있다. 즉 기존의 수맥에 대한 인식을 송두리째 폐기해야할 정도로 전혀 새로운 것이다.

필자는 수맥에 대하여 남들에게 배운 적이 없다. 오로지 필자 혼자 익힌 것이다. 이 책의 모든 내용 역시 필자가 직접 체험하여 실증한 것이다. 필자가 체험한 것 중 건강하려면 가장 먼저 고려해야 할 것이 바로 수맥차단과 명당의 활용이라고 확신하고 있다. 물론 작은 수맥이라면 그 차단효과를 거의 느끼지 못하지만, 큰 수맥이라면 그 차단효과를 몇 시간 내에도 확인할 수 있다. 그런데도 그 중요성을 인식하는 사람은 거의 없다.

건강하려면 수맥차단과 명당활용이 최고라고 확신하여, 이 책에서는 주로 수맥·명당에 대해서 서술하려고 한다. 체질과 온몸 밟기 역시 그 중요성을 아무리 강조해도 지나치지 않다. 다만 이 책에서는 독자들의 건강에 조금이나마 보탬이 되었으면 하는 바람에서 그 개요만 약술하고 차후 자세히 서술하려고 한다.

수맥을 불신할 수밖에 없었던 이유

그런데 수맥을 믿지 않은 사람이 대부분이다. 그 영향이나 차단 효과는 곧바로 체험할 수 있지만, 체험할 기회가 없었다. 기존 관련 서적의 서술 역시 사실과 너무 달랐다. 심지어 어느 성직자가 '동판(銅版)'으로 수맥을 차단할 수 있다'고 하자, 추호의 의심도 없이 너도나도 방바닥에 동판을 깔았을 정도였다. 그러나 동판은 수맥을 차단할 수 없다. 동판의 수맥차단 여부는 그 흔한 구리철사 하나 놓고 확인해보면 곧바로 알 수 있다. 그렇게 간단한 일이지만 그 하찮은 능력마저 없는 자들이 수맥을 운운했다.

더구나 수맥이 풍수지리가의 전유물로 인식되었다. 풍수가들은 수맥이 풍수와 같다면서 잘 알고 있는 것처럼 설파하였다. 때문에 2,000년대 이후 화장 문화의 확산과 더불어 풍수설을 믿지 않게 되면서 수맥도 미신으로 취급했지만 절대 그렇지 않다.

수맥이 풍수지리설과 전혀 다르기도 하지만, 더 중요한 것은 몇 시간 내에 감지하려고 해야 한다. 그러한 태도야말로 수맥을 익히는 기본이며 핵심이다. 장기간 연구해서 감지할 수 있는 것이 아니다. 수맥을 감지하지 못한 상태에서 아무리 열심히 장기간 연습해도 소용없다. 큰 수맥에서 짧은 시간 내에 감지한 후 점차 작은 수맥까지 감지해야 실생활에 활용할 수 있다.

그런데 평생교육원 등에서 수맥을 배우는 사람들이 수맥이 있는지 없는지도 모른 곳에서, 엘로드를 들고 '움직인다! 움직인다!' 혹은 '수맥! 용맥!'을 주문(呪文) 외듯이 중얼거리면서 익히고 있다. 그러나 그렇게 해서 수맥을 감지할 수도 없지만, 감지했다고 생각해도 감지한 것이 아니라 착각에 불과하다. 뒤에서 서술하겠지만, 속칭 전문가 대부분이 엉터리여서 수맥의 위치, 폭은 물론 차단방법 자체를 알지 못했다. 우리 몸에 유익한 곳도 기가 너무 강한 곳이라면서 없애야 된다고 할 정도였다.

　그 엉터리들이 수맥을 가르치지만, 자기 자신도 알지 못한 상태에서 어떻게 가르칠지 뻔하지 않는가? 그런데도 그 몇 개월 강의했던 알량한 경력으로 있지도 않은 ○○대학교 평생교육원 교수라는 가짜 명함 들이밀며, 고액의 출장비 요구하면서 수맥·명당을 운운했다. 당연히 효과가 있을 수 없었다. 이처럼 수맥에 대한 불신 풍조는 자칭 전문가, 즉 사이비 전문가들이 자초한 것이다. 게다가 수맥 폭이 1cm 미만의 가느다란 선(線)에 불과하여, 수맥에서 1cm만 떨어져도 그 영향을 전혀 받지 않는다. 또 운동으로 수맥피해를 어느 정도 상쇄할 수 있어 수맥을 간과하기도 했다.

　그러나 말장난에 불과한 풍수지리설이나 작명(作名), 주역(周易)과 달리 수맥은 과학이며, 풍수설의 하위개념도 아니다. 그 영향을 체험하는데 짧게는 1시간도 걸리지 않는다. 더욱이 운동을 좋아하지 않는데 걸어서 출퇴근하거나 매일 1시간여 운동해야 한다면, 수맥의 영향으로 몸이 좋지 않은 결과다. 아파트 침실에도 크고 작은 수맥이 있고 수맥이 없으면 대부분 명당이 있다. 그러나 수맥피해를 고스란히 당하거나 명당의 장점을 활용하지 못하고 있는 사람이 대부분이다.

　수맥을 믿지 않은 분들에게 '큰 수맥 혹은 직경 5m 이상의 토끼풀(clover) 군락지 중앙에서 1시간 정도만 잠자거나 누워있어 보라'고 권하고 싶다. 그렇게만 해도 그 전후의 몸 상태가 어떻게 다른지 확인할 수 있어, 그 영향을 아무리 부정하고 싶어도 부정할 수 없다. 게다가 수맥이나 명당을 확인시켜주는 지표식물, 지표동물도 수없이 많다. 그런데도 믿지 않는다면 부부관계나 자녀의 성적 부진, 더 심하게는 불임이나 암 등 중병으로 더 고생해야 한다는 말 외에는 달리 할 말이 없다.

자맥을 어떻게 알게 되었나?

독자들이 쉽게 이해할 수 있게 내 경험부터 말하기로 하자. 어느 날 수맥탐지기라는 엘로드(L-rod 즉 L자형 막대)를 하나 구입했다. 그 사용법을 대충 들었으므로 심심하면 한 번씩 해보았지만 미동도 하지 않았다.

그러다가 우연히 한 친구와 수맥 이야기를 나누었다. 그 친구가 큰 수맥이라면 대충 찾을 수 있다고 하여, 그 친구가 시키는 대로 운동장에서 연습해보았지만 불가능했다. 그러자 커다란 균열에서 연습하면 가능하다면서, 큰 균열이 있는 주차장에 데려다 놓고 혼자 연습하라며 바쁜 일이 있다고 가버렸다. 그러나 아무리 연습해도 엘로드가 움직이지 않았다. 그 친구가 돌아오기 전에는 자동차가 없어 집에 돌아올 수도 없어 연습하는 것 외에는 달리 방법이 없었다.

그런데 균열 위를 가로지르기 2시간여 만에 엘로드가 움직였다. 그 후 계속 같은 방향으로만 움직였다. 이쪽저쪽으로 움직이면 헷갈릴 수 있지만 그러한 일도 없었다. 친구가 돌아와서 내가 하는 것을 보더니, 수맥을 감지한 것이라고 했다. 큰 수맥에서나마 수맥을 감지한 것이다. 필자가 수맥에 대하여 남들에게 도움 받은 것은 큰 균열 있는 곳에 데려다주었던 그 일이 전부였다. 친구 잘 만나 큰 수맥이나마 감지할 수 있었다.

그러나 그 친구도 수맥에 대해 더 이상 아는 바가 없어, 필자 혼자서 익혀야만 했다. 그리하여 큰 수맥을 감지한 후 계속 연습하여 작은 수맥도 감지할 수 있었다. 그 후 건물에서도 연습하여, 건물에 있는 수맥까지 감지한 후 실생활에 활용할 수 있게 되었다. 그 과정에서 수맥이란 용어가 부정확하다는 사실도 확인할 수 있었다. 이에 대해서는 뒤에서 서술하겠지만 자맥이 바로 수맥과 명당이었다.

이처럼 필자의 경험을 장황하게 서술한 것은 다른 이유가 아니다. 옆에서 일일이 가르쳐준다거나 아무데서나 열심히 연습한다고 되는 것이 아니다. 주차장 등 아스팔트의 커다란 균열 즉 큰 수맥에서 스스로 터득하는 것이 최고라는 말이다.

나는 풍수지리설을 부정한다

필자는 풍수지리설을 신뢰하지 않은 정도가 아니라 척결해야 할 대상이라고 확신하고 있다. 이 책에서 말하는 자맥은 풍수설과 관련이 전혀 없다. 전국의 묘나 주택을 셀 수 없이 답사한 후 내린 필자의 결론은 명당이 지형지세와 관련이 없다. 그러므로 지형지세 중심의 풍수지리설은 허구라고 단언할 수 있다.

주위의 산이나 강의 형세, 전망, 토질은 물론 조상 묘와도 관계없이 '생활하고 잠자는 곳만 좋으면 된다'는 것이 필자의 주장이다. 때문에 이 책이 풍수지리설을 믿는 분들에게 불편하게 할지도 모르겠다. 그러나 잘못된 관행을 바로잡기 위해서는 논란을 불러일으켜, 사회·문화적 모순을 해소하고 사회발전에 이바지하기 위해 필자의 주장을 가감 없이 밝히려고 한다.

속칭 풍수지리나 수맥 전문가들이 기(氣)가 강하다거나 지전류(地電流)라 하여 인체에 해롭다면서, 없애거나 피하라는 곳이 있다. 그러나 필자는 그곳이 바로 인체에 유익한 영향을 미치는 명당이라고 했다. 풍수지리설의 명당과 전혀 다르지만, 필자 역시 인체에 좋은 영향 미치는 곳을 명당이라고 칭하였다.

그런데 그 크기가 직경 1~2m가 대부분이어서, 한 마을이나 아파트 단지 전체가 하나의 명당으로 된 곳은 없다. 수많은 명당이 포도송이처럼 얼키설키 뭉쳐 있기도 하지만, 그러한 곳은 극히 드문데다 그 역시 큰 주택 정도에 불과하다. 명당만 있는 집도 거의 없고 대부분 수맥과 혼재한다. 예컨대 50여 평의 아파트에 명당이 16개나 있었지만 수맥도 6개나 있었다. 이처럼 필자가 말한 명당은 풍수지리설의 명당과 근본적으로 다르다. 단지 인체에 유익한 영향을 미치는 좋은 곳이란 의미로 풍수지리설의 명당이란 용어를 차용했을 뿐이다.

명당은 지형과 관련이 없다

그런데 그 명당이 어떻게 형성되었고, 어떤 영향을 미치는지 현재로서는 과학적으로 설명할 수 없다. 단지 명당에서 나침반이 정상적으로 작동하지 않기도 하여 자기장과 관련이 있을 것으로 추측할 뿐이다. 건강한 사람과 허약한 사람은 에너지장이 다르다. 병자의 몸에서 나오는 에너지는 약하지만, 건강한 사람에게서 나오는 에너지는 강하다. 면역계통이 살아 있으면 백혈구가 활발히 움직여 에너지장이 높게 나타난다고 한다.

명당에서도 자기장 중의 좋은 영향으로 체력이 강화되어 웬만한 스트레스도 이겨낼 수 있고 유해독소도 빨리 제거할 수 있다. 최고의 명의(名醫)는 질병을 예방하는 의사라고 하듯이, 명당도 면역력을 활성화하여 저항력을 길러주는 곳이라고 할 수 있다. 즉 신체리듬의 불균형을 정상으로 환원시키는데 도움을 주어 몸과 마음을 편안하게 하는 곳이다.

그러한 곳이 있다면 최대한 활용해야 건강하고 행복한 삶을 영위할 수 있다. 어려서부터 명당에서 생활하면 과외가 필요 없을 정도로 자녀 성적이 좋다. 자신 역시 건강하며 정력도 좋다. 모든 사람의 가장 큰 관심사는 자신의 건강과 자녀의 성적인데, 그 모두 어느 정도 해결할 수 있다는 말이다.

명당의 반대 개념이 수맥(水脈)이다. 수맥은 신체리듬을 교란시켜 몸과 마음을 불안하게 하는 것이다. 질병의 원인이 다양하지만 수맥이 가장 중요한 원인이다. 새 집으로 이사한 후 몸이 좋지 않거나 자녀 성적이 떨어지기도 한다. 심지어 이사 후 1~2년 내에 암 등 중병이 걸렸다면 그 원인은 전적으로 수맥이다.

항상 몸이 무겁고 머리가 아파도 병원에서는 흔히 신경성이라고 한다. 그러한 증상도 수맥을 차단하면 씻은 듯이 없어진다. 아토피로 고생하는 어린이가 많은데, 아토피의 가장 중요한 원인도 수맥이다. 수맥에서 생활하면 공부 잘하는 학생이 없다거나, 부부관계도 비정상적이라고 하면 황당하게 생각할 것이다. 그러나 그 모두 엄연한 사실이다.

그 엄청난 영향을 미치는 수맥은 한국전쟁 이후 천주교 신부에 의해 그 실상이 알려지기 시작했다. 풍수가들 때문이 아니라, 농촌과 군부대 우물의 위치를 지정해주면서 수맥을 이용했던 천주교 신부에 의해서였다.

천주교 신부에 의해 전파된 수맥

서구에서는 수맥에 대한 인식이 일반화되어 프랑스, 미국 등의 부자들은 건축비의 10%를 수맥차단에 쓴다고 한다. 우리나라에서도 방바닥에 동판(銅版)을 깔기도 하지만, 앞에서 말했듯이 동판은 수맥을 차단하지 못한다. 더욱이 수맥을 차단하는 물질도 방바닥 전체에 깔아서는 안 된다. 수맥만 차단하면 좋지만 좋은 곳마저 없애버린다.

수맥은 대부분 집에 있지만, 명당은 대략 3집 중 2집에 있다. 그렇게 명당이 많지만 모든 방에 명당이 있는 집은 전체 가구 중 1/15 정도에 불과하다. 쉽게 말하면 보통 한 집에 수맥은 3~5개, 명당은 1~2개 있으며, 수맥이 전혀 없고 명당만 있는 집은 극히 드물다. 게다가 명당이 화장실이나 신발장에도 있어 실제 활용할 수 있는 것은 그다지 많지 않다.

그런데 그 수맥·명당을 과학적으로 입증해야 하지만, 필자는 인문학을 연구하고 있어 그러한 능력이 없다. 입증하는 것은 과학자들의 몫이다. 최근 경락의 실체가 입증되었다. 온갖 냉대와 멸시를 무릅쓰고 이루어 낸 눈물겨운 업적이다. 물리학과 의학의 통섭으로 질병 치료에 획기적인 발전을 기대할 수 있는 계기가 마련된 것이다. 제도권에 안주하다보면 새로운 분야의 개척이 불가능한데, 경락의 입증이야말로 땀 흘리지 않고서는 정상의 희열을 맛볼 수 없다는 것을 웅변한 사례였다.

그 경락처럼 자맥 즉 수맥·명당에도 과학자들의 관심이 있었으면 하는 바람이다. 그리하여 과학적으로 입증된다면 훨씬 더 보편화될 것이다. 질병의 예방뿐만 아니라 건강하고 행복한 삶에 도움이 되는 자맥에 과학자들이 관심을 갖게 하는 것도, 이 책을 저술한 이유 중 하나이기도 하다.

풍수지리설과 전혀 다른 내가 보는 '자맥'

필자의 경험사례를 정리한 이 책을 통하여 자맥에 관심을 기울였으면 하는 바람이다. 아파트 방 하나에도 크고 작은 수맥·명당이 있다. 따라서 이 책의 목적은 실생활에 직접 활용할 수 있는 새로운 패러다임을 구축하기 위한 시도라고 할 수 있다. 새로운 패러다임이라고 해서 전문가들만이 할 수 있는 어려운 것이 아니다. 때문에 일반 독자들도 쉽게 이해하고 직접 확인하여 실생활에 활용할 수 있도록 구체적으로 서술할 것이다.

필자는 일주일에 한 번 정도는 수맥을 차단하고 명당을 활용하게 하고 있다. 그렇게 하여 악몽에 시달리지 않거나 아침마다 반복되던 두통이 사라졌고, 진물과 가려움증으로 고생하던 아토피도 없어졌다. 공부하지 않던 학생이 열심히 공부하기도 했으며, 항상 피로를 호소하던 분이 완치되기도 했다. 신체적 결함이 없는데도 임신하지 못하던 분이 임신하기도 했다. 그처럼 효험을 본 분들은 물론 그들 가족이나 일가친지 중에 아픈 사람이나 수험생 없는 집이 없다보니, 수맥을 차단해 달라는 요청이 많았다.

이 책을 읽다보면 이러한 사실을 실감할 것이다. 실제로 자신의 집이나 직장에서 수맥을 차단하고 명당을 활용할 수 있다면 얼마나 좋겠는가? 그렇게 되면 필자에게 부탁하는 분도 적어져, 나 자신과 가족에게 더 많은 시간을 할애할 수 있으리라는 바람도 이 책을 간행하게 된 이유 중 하나이다.

이 책은 원래 『수맥을 알면 건강해지고 자녀의 성적이 쑥쑥 오른다』로 출간되었다. 그러나 수맥에 대한 부정적 인식을 획기적으로 전환시킬 수 있는데다 기존의 책과 전혀 다른 내용으로 채워져 있지만, 그 차별성이 부각되지 않았다는 지적이 많았다. 또 수맥과 명당을 정확히 알 수 있어 실생활에도 직접 활용하여 엄청난 도움을 받았다는 전화나 메일도 수없이 많았다. 건강 지침서로 활용해야 한다는 분도 있었고, 심지어 필자를 실학자로 칭한 분까지 있었다. 그러한 독자들의 성원에 힘입어 『아토피와 성적, 수맥이 좌우한다』로 정정했다. 그런데 또 다시 수정과 첨삭을 대폭 가하여 『자맥』으로 출간하게 되었다.

부디 일반 독자, 특히 필자의 친지나 제자들이 이 책을 활용하여 자신의 건강이나 자녀 양육에 도움이 되었으면 한다. 의사나 한의사 역시 환자 치료에 적극 활용했으면 하는 바람이다.

차례

자맥을 무시할 배짱이 있다면 무시해도 좋다 ——————— 5
  이 책의 특징-수험생, 환자, 노약자, 특히 젊은 부모들의 필독서 • 6
  왜 나는 이 책을 썼는가? • 9
  수맥을 불신할 수밖에 없었던 이유 • 12
  자맥을 어떻게 알게 되었나? • 15
  나는 풍수지리설을 부정한다 • 16
  명당은 지형과 관련이 없다 • 18
  천주교 신부에 의해 전파된 수맥 • 19
  풍수지리설과 전혀 다른 내가 보는 '자맥' • 21

제1장 풍수지리설은 허구였다

1. 명당은 지형지세와 관련이 있는가? ——————— 31
  풍수가들은 어쩌면 그렇게도 명당을 찾지 못하는가? • 31
  조선 8대 명당마저 명당은커녕 우물자리였다 • 32
  명당은 지형지세와 관련이 없다 • 37

2. 명당에 정확히 위치한 묘는 없다 ——————— 42
  명당에 정확히 위치한 묘는 전국 어디에도 없다 • 42
  어느 마을이나 지역 전체가 명당인 곳은 없다 • 47
  풍수가들이 방위나 시각을 운운하는 것은 술수에 불과하다 • 50

3. 전통 풍수는 왜 명당을 없애고 있는가? ──────────── 54
　식물의 뿌리나 벌레를 방지하기 위하여 숯을 사용하였다 • 54
　명당을 없애기 위한 모든 방법을 동원하였다 • 56
4. 조상의 묘를 명당에 쓰면 후손이 과연 복을 받는가? ──── 59
　명당에 의해 과연 발복(發福)하는가? • 59
　일본 강점기 쇠말뚝은 과연 영향이 있었는가? • 66
　묘는 도장(倒葬)해도 무방하다 • 70

제2장 수맥에서는 아토피는 물론 성적도 좋을 수 없다

1. 수맥은 신체리듬을 교란한다 ─────────────── 77
　수맥이란 무엇인가? • 77
　수맥탐사의 역사와 그 현황 • 80
　수맥은 신체리듬을 교란하여 각종 질병을 유발한다 • 82
2. 수맥 위에서 공부 잘하는 학생은 없다 ─────────── 85
　열심히 공부해도 성적이 오르지 않는다면 수맥을 의심해라 • 86
　무조건 기숙사에서 나가겠다는 자녀 • 88
　밤마다 울며 보채는 아이 • 91
3. 수맥 위에서는 두통에 시달리고 신경질적이다 ──────── 94
　부모에게 반항하고 가출까지 했다 • 95
　몇 년째 두통을 호소했던 여대생 • 96
　매사에 신경질적인 기독교를 믿는 부인 • 98
　집중력이 떨어진 교수 • 99

4. 수맥은 암과 중풍, 불임의 원인이 되기도 한다 · 103
- 불면증에 시달린 고등학교 교사 • 103
- 암에 걸린 어느 병원장 부인 • 107
- 부부관계도 수맥의 영향이 크다 • 111
- 수맥차단 후 임신이 된 제자 • 113

5. 아토피의 원인도 수맥이다 · 116
- 감기가 낫지 않았던 지인의 처제 • 117
- 아토피의 원인도 수맥이다 • 118
- 아침부터 졸고 있던 고등학생 • 122
- 하루에 1시간 이상 운동을 할 수밖에 없었다 • 126

6. 수맥의 영향은 체질과 관련이 없다 · 130

제3장 명당에서는 건강하고 과외도 필요 없다

1. 명당은 왜 좋은가? · 135
- 명당에서는 과외하지 않아도 성적이 쑥쑥 오른다 • 137
- 공부하라 다그치지 말고 명당을 찾아주어라 • 143

2. 가장 효율적인 아침공부하려면 명당을 활용해야 한다 · 146
- 숙면을 취할 수 있었던 우리 애들 • 147
- 명당에서는 아침에 일찍 일어나진다 • 148
- 정력에도 명당보다 더 좋은 것이 없다 • 152

3. 금반지·금목걸이 등 금붙이를 버려라 · 155
- 그 좋은 금도 몸에 해로울 수 있다 • 155

침대를 치워라 • 158

제4장 수맥은 어떻게 차단하는가?

1. 수맥은 쉽게 찾을 수 있다 ─────────────────────── 167
   1~2시간만 연습해도 수맥을 감지할 수 있다 • 167
   추를 사용해서 수맥을 찾을 수는 없다 • 175
   수맥 전문가란 분들도 수맥을 찾지 못했다 • 183

2. 수맥은 어디에 있는가? ────────────────────────── 187
   고층 건물에도 수맥이 있다 • 187
   토끼풀이나 고사리가 자라는 곳에는 수맥이 있다 • 190
   고양이는 수맥에만 앉아 있다 • 194

3. 수맥은 어떻게 차단하는가? ─────────────────────── 196
   수맥을 차단할 수 있는 것들 • 197
   2층 이상 수맥을 차단하는 물질은 없다 • 204
   방바닥에 동판(銅版)을 까는 것은 무지몽매한 일이다 • 206
   우물자리는 수맥이 여러 개 모이는 곳이다 • 209

제5장 명당은 어떻게 찾는가?

1. 명당은 어떻게 찾는가? ───────────────────────── 215
   명당 찾는 방법 • 216
   지전류가 있는 곳이 바로 명당이다 • 220

3집 중 2집에는 명당이 있다 • 221
　　명당은 추나 나침반을 사용해서 찾을 수 없다 • 225
2. 나무나 풀을 보아도 명당 여부를 알 수 있다 ─── 230
　　명당에서는 싸리나무 등이 자란다 • 231
　　개나 꿩은 물론 개미집 있는 곳도 명당이다 • 233
　　우물자리를 명당으로 착각하기도 한다 • 235

제6장 이희환의 3가지 건강법

1. 명당을 활용해라 ─── 243
2. 체질에 맞는 음식을 먹어라 ─── 246
　　지금도 반복되는 이제마의 사상체질론 • 247
　　부모의 체질은 자녀가 닮고 변하지 않는다 • 250
　　머리카락을 이용한 체질판별법 • 251
　　◎ 소음인의 유익한 식품 • 253
　　◎ 소음인의 해로운 식품 • 255
　　◎ 태음인의 유익한 식품 • 256
　　◎ 태음인의 해로운 식품 • 258
　　◎ 소양인의 유익한 식품 • 258
　　◎ 소양인의 해로운 식품 • 260
　　◎ 태양인의 유익한 식품 • 261
　　◎ 태양인의 해로운 식품 • 263
　　◎ 모든 체질에 유익한 식품 • 264

체질에 맞는 음식이 더 맛있다 • 265
소음인과 소양인은 정반대 • 266
된장, 간장은 많이 섭취할수록 좋다 • 269
방울토마토와 밀가루 및 인스턴트식품은 해롭다 • 269
포도주는 소양인에게만 좋고 양주는 비쌀수록 해롭다 • 271
옻칠은 모든 사람에게 유익하다 • 276
세계보건기구 등에서 선정한 건강식품도 다 좋은 것이 아니다 • 278
세계적인 장수마을의 식품을 주목해야 한다 • 279
여드름도 음식과 관계가 있다 • 280
신토불이 • 281
체질은 어떻게 알 수 있는가 • 282

3. 온몸을 밟아줘라 — 286
아픈 부분을 밟아줘라 • 289
피부미용이나 날씬한 몸매유지에도 더없이 좋다 • 294

제1장
풍수지리설은 허구였다

1. 명당은 지형지세와 관련이 있는가?
2. 명당에 정확히 위치한 묘는 없다
3. 전통 풍수는 왜 명당을 없애고 있는가?
4. 조상의 묘를 명당에 쓰면 후손이 과연 복을 받는가?

1. 명당은 지형지세와 관련이 있는가?

풍수가들은 어쩌면 그렇게도 명당을 찾지 못하는가?

우리 한국인의 특징 중 하나는 현세적인 면이 강하다고 할 수 있다. 유태인과 비슷하다. 신을 믿지만 사후 세계에 관심이 적어 진지하게 생각하지 않는다. 그 때문인지 교회나 사찰에 다녀오는 것만으로도 종교적인 책무는 다 했다고 생각하는 것 같다. 힘들고 치열한 삶을 살다 보니, 정신적 즐거움보다 감각적인 재미를 추구하는 성향이 강하여 그럴 수도 있다. 그래서 사후 세계를 독실하게 믿는 나라보다 더 잘 살고 있는지도 모르겠다.

명당에 대한 인식 역시 매우 현실적이다. 조상에 대한 효도 때문에 그토록 명당을 선호한 것이 아니다. 더 중요한 실질적인 이유는 명당으로 인해 복을 받아 자신과 자녀들이 건강하고 출세하여 부귀영화 누리는 것이다. 그 풍수설의 긍정적인 면을 굳이 찾는다면 평등의식에 기여했다고 할 수 있다. 조상의 묘를 명당에 쓰면 누구나 추구하고 싶은 모든 일, 심지어 왕후장상도 가능하다고 믿었기 때문이다. 그 외에도 전근대 사회상의 한 면을 이해하는데 도움이 될 수 있을 것이다.

어쨌든 많은 사람들이 명당을 찾으려고 산천을 누볐지만 찾을 수 없었다. 명당이 없어서가 아니라 찾는 방법 자체를 알지 못했다. 구구단도 모르고 곱셈, 나눗셈하는 식이어서, 주위의 지형지세와 관련지어 그럴듯하게 설명할 수밖에 없었다. 더구나 풍수지리설 자체가 말장난이며 궤변에 불과한 허구여서 그 진위를 검증할 수도 없었다. 결국 목소리 크고 말 잘하는 사람에 의해 좌지우지되던 것이 풍수지리설이었다.

조선 8대 명당마저 명당은커녕 우물자리였다

그렇다면 왜 풍수지리설을 허구라고 하는가? 이를 증명할 수 있는 가장 좋은 예가 조선 8대 명당인데, 이에 대해 살펴보기로 하자. 우리나라에서 가장 좋다는 묘가 바로 조선 8대 명당이다. 그 중 하나가 경기도 남양주시 와부읍 덕소리에 위치한 김번(金璠, 1479~1544)의 묘다. 그 김번의 후손이 조선말 세도정치로 유명한 안동김씨로, 왕비 3명, 부마 2명, 정승 15명, 판서 51명, 관찰사 46명 등 많은 유명 인사를 배출했다. 그 많은 유명 인사를 배출한 원인이 김번의 묘 때문이라고 한다.

그 묘의 발복으로 그처럼 혁혁한 가문이 되었다는 것이다. 그리하여 풍수가들이 옥호저수형(玉壺貯水形, 옥으로 만든 병에 물을 담아 놓은 형국)의 묘라고 극찬하면서 자주 답사하고 있다. 그러나 그 묘는 명당이 아니라, 여러 개의 수맥이 모이는 아주 나쁜 곳이다.

또 강원도 춘천시 서면 방동리에 위치한 고려 개국공신 신숭겸(申崇謙, ?~927) 묘가 있다. 충북 청주시 상당구 남일면 가산리에 고려 삼한벽상공신이며 청주한씨 중시조 한란(韓蘭, 853~916)의 묘도 있다. 그 2묘를 8대 명당 중에서도 특히 좋은 우리나라 최고의 명당이라고 하지만, 사실은 많은 수맥이 모이는 아주 나쁜 곳이어서 우물을 파도 수량이 엄청날 것이다.

전북 순창군 임계면 마흘리에 있는 김장생의 고조부 김극뉴(金克忸, 1436~1496) 묘 역시 조선 8대 명당 중 하나라고 한다. 전국의 수많은 풍수가가 주위의 용마산(천마산) 안산 좌청룡 우백호, 문필봉을 언급하며 침이 마르게 극찬하면서 말(馬)명당이라고 하지만, 명당이 아니라 수맥이 모이는 곳이다.

그러나 그 묘역(墓域)에 있는 그의 장인 박이(朴䎽)의 묘는 더 없이 좋은 커다란 명당이다. 그들 묘에 자라는 풀만 보아도 확연히 구별되지만, 박이의 묘를 명당이라고 하는 풍수가는 없다. 가장 좋지 않은 김극뉴 묘를 명당이라면서 바로 뒤에 있는 박이의 묘를 명당이라고 한 풍수가가 없다는 그 사실이야말로, 풍수지리설이 얼마나 터무니없는 것인지 확인할 수 있다.

위에서 살펴본 곳은 조선 8대 명당 중에서도 특히 좋다고 하여 4대 명당으로도 칭해지는 곳이다. 그 외에도 8대 명당이라는 전남 나주시 반남면 홍덕리에 위치한 반남박씨 시조 박응주(朴應珠)의 묘 역시 수맥이 모이는 곳이다. 이처럼 필자가 답사한 5곳 모두 단 하나의 예외도 없이 수맥 모이는 곳이었다. 그 8대 명당에서 1시간 정도만 누워 있어도 몸 상태가 얼마나 나빠지는지 확인할 수 있다. 그러한 곳에 집 짓고 산다면, 아무리 건강하고 수맥에 둔감하더라도 3~4개월이면 암 등 중병에 걸릴 수밖에 없다. 따라서 8대 명당에 대해서는 더 이상 서술할 필요가 없다. 앞에서 서술한 5곳만 보더라도 풍수지리설의 허구성을 입증할 수 있기 때문이다.

  수맥 모이는 곳을 명당이라고 한 그 사실이야말로 풍수가들이 명당이 무엇인지도 알지 못했음을 웅변하고 있다. 수맥을 산의 정기(精氣)로 착각하면서, 주위의 지형지세와 적당히 연결시켰던 것이다. 그래서 거의 대부분 묘에 수맥이 있다.

  예컨대 조선시대 정치적 영향력이 가장 컸음은 물론, 이미 멸망하여 지구상에 존재하지도 않은 명나라만 섬기면서 우리민족의 주체성을 말살시켰던 사대주의의 중시조(中始祖)격인 송시열(1607~1689)이 있다. 또 우리민족의 주체성을 고양하며 독립운동을 하다가 순국한 단재 신채호(1880~1936) 선생이 있다. 그런데 그 못난 송시열의 묘(충북 괴산군 청천면 청천리)나, 그 훌륭한 신채호 선생의 묘(충북 청주시 상당구 낭성면 귀래리) 모두 수맥이 모이는 수맥 밭 즉 우물자리에 있다.

명당에 있는 묘는 10%도 안 된다

　이 책에서 말하는 명당은 계속 언급하겠지만 풍수지리설에서 말하는 명당과 관련이 전혀 없다. 풍수지리설에서 말하는 명당은 특별한 형국에만 있어 그 수가 극히 적은데다 그 규모도 커 어느 지역 전체를 명당이라고 하면서, 후손의 발복과 연결시킨다. 그러나 필자는 명당이 아무데나 흔전만전하고 그 규모도 작아 방 하나의 크기도 드물다고 했다. 또 명당에서 생활하는 사람은 건강하고 성적도 좋지만, 조상의 묘를 명당에 썼다고 해서 후손이 발복하는 것은 절대 아니라고 했다. 그처럼 현격한 차이가 있지만 필자 역시 좋은 곳이란 의미에서 명당이라고 칭했다.

　어느 묘든 그 주위에 명당이 있지만, 정작 명당에 쓴 묘는 10%도 안 된다. 더욱이 명당 중앙에 정확히 위치한 묘는 거의 없다. 아니 전국 어디에도 없다고 해도 과언이 아니다. 유명풍수든 동네풍수든 풍수가들이 묏자리를 잡았다. 그런데도 명당에 묘를 쓴 곳은 10%도 안 된다거나 명당 중앙에 있는 묘가 없다면, 아무데나 써도 그보다 낫다는 말이다.

　중고등학교 때 객관식 시험을 많이 본다. 그 시절 인성 좋고 사교적인데다 항상 즐거움을 주었던 친구들의 말이 아직도 생각난다. 이번 시험은 재수 없어 20점밖에 못 맞았다고 했다. 그냥 찍어도 재수 없어야 20점 맞는다는 것이다. 풍수설의 명당 찾는 방법 역시 객관식이나 ○·×형 문제에서 정답 찍는 것보다 더 엉터리였다. 그 때문에 명당에 있는 묘가 10%도 안 된다.

왕이나 왕비의 능은 당시 가장 유명한 풍수가 정했겠지만 명당은커녕 수맥 없는 곳이 없다. 더구나 앞에서 언급했듯이 조선 8대 명당이라는 김번, 한란, 김극뉴, 신숭겸, 박응주 등의 묘에 수맥이 많지만, 풍수지리나 수맥 전문가들이 명당 중에서도 최고명당이라고 극찬하면서 답사코스가 되고 있는 실정이다. 더 이상 무슨 말이 필요하겠는가?

수맥·명당 찾는 것은 자전거타기처럼 한 번 익히면 잊어버리거나 헷갈리는 일도 없다. 때문에 풍수설의 명당론에 관한 모든 인식을 송두리째 지워버려야 하며, 큰 수맥에서 익혀야 감지할 수 있다. 그러나 흔히 하듯이 수맥이 있는지 없는지도 모른 곳에서 수맥을 감지하려고 하니, 아무리 장시간 노력해도 불가능할 수밖에 없다.

수맥학원이나 평생교육원에서 말장난에 불과한 풍수설을 강의하거나 풍수설을 검증하려고 시간 낭비할 필요도 없다. 따라서 그들 단체나 학원이 계속 존립하려면 풍수설을 부정하면서, 자맥의 장단점을 설파하여 실생활에 활용할 수 있게 해야 한다. 풍수와 전혀 다른 필자가 말한 자맥의 유익한 점과 그 피해에 대한 인식이 일반화되면 그 수요도 폭증할 것이다. 그 일을 직업으로 삼아도 이른바 블루오션(blue ocean)으로 각광받을 것이다.

묘를 통해 복을 받는다는 구태의연한 생각을 버려야 한다. 그러면서 날마다 생활하는 집과 사무실에서 수맥을 피하고, 풍수지리와 전혀 다른 필자가 말한 새로운 개념의 명당을 활용해야 한다. 아울러 그러한 활용방법이 날로 발전하여 일반화되었으면 좋겠다. 의학, 물리학 등 관련 분야 학자들의 관심이 있었으면 하는 마음 간절하다.

명당은 지형지세와 관련이 없다

양지바르고 전망 좋은 묘를 보면 "저 묘는 명당이다"고 한다. 그러나 또 다른 사람은 "혈(穴)이 제대로 맺히지 못하여 기(氣)가 뭉치지 않고 흘러가는데 무슨 명당이냐? 명당은 산이 끝나는 곳(山盡處), 즉 산이나 들도 아닌 곳(非山非野處)에 있는 법이야. 주변 형국을 보면 청룡, 백호, 안산, 조산이 주밀하지 못하단 말이야. 바람을 제대로 막지 못하여 봉토(封土)가 흘러 내렸는데 무슨 명당이냐"고 한다. 이처럼 한마디씩 할 정도로 모든 사람이 풍수지리설에 익숙하다.

『맹자』를 보면 아득한 옛날에는 시신을 산야(山野)에 버렸지만 그 흉측한 모습을 보고 흙으로 덮어주었다는 기록이 있다. 매장 풍습이 상고시대부터 있었던 것이 아니라 후대에 나타났음을 알 수 있다. 그 후 매장은 물론 묘의 위치까지 중시했던 풍습이 생긴 것은 효행이 사회 윤리적으로 가장 중요한 덕목이요 규범이 되면서, 조상에 대한 효도까지 강조한 결과였다. 더구나 전근대 군주들은 왕권강화 목적으로 효를 강조했다. 부모에게 효도하면 임금에 대한 충성은 저절로 이루어진다고 생각했다.

효행을 더욱 고조시킨 또 다른 요인이 풍수지리설이다. 묘에 의해 길흉화복이 좌우된다는 것이다. 조상에 대한 효도뿐만 아니라 자신과 후손까지 부귀영화 누릴 수 있다고 했으니, 풍수설이 성행할 수밖에 없었다. 더욱이 먹고 살기 힘든 시절에는 풍수사상이 소수 특권층 부유층의 전유물이었지만, 경제성장과 더불어 일반화되면서 더 극성했다.

그렇게 풍수사상이 극성했지만, 차면 기울듯이 2000년대 이후 화장(火葬)문화가 확산되면서 쇠퇴하였다. 매우 고무적인 현상이다.

풍수지리 이론

풍수지리설은 땅을 사람에게 생명을 준 모체로 보고 있다. 그 생명의 모체인 땅의 기운이 인간의 운명에 관여하여 길흉화복을 좌우한다는 것이다. 어머니가 자식에게 영향을 미치듯이, 지기(地氣)가 사람에게 영향을 미치기 때문에 산의 형세를 보아 그 지기가 어떻게 흐르고 맺히는지를 잘 살펴야 한다는 것이다. 즉 땅의 기(氣)에 기대어 인간의 운명을 좋은 조건으로 변화시키려는 것이다.

그 풍수설은 묏자리나 집터만 보는 것이 아니다. 명당을 형성하려면 수십 리 떨어진 곳에서부터 명당의 근원인 조종산(祖宗山) 즉 태조산(太祖山)이 있어야 하며, 그 산세가 웅장하고 빼어나야 한다. 그 조종산을 시작으로 무덤 뒤쪽에 주산(主山)이 있어야 하고, 주산 앞에 좌청룡 우백호가 두 팔로 감싸듯이 이어져야 한다. 또 무덤 주위에 물길이 시작되는 지점인 득수(得水)가 양쪽에 있어야 하며, 묘 앞에서 합해져야 한다. 묘 앞쪽에 안산(案山)도 있어야 한다. 더욱이 그들 모두 좋은 형상이어야 하며 서로 조화를 이루어야 한다. 이처럼 묘 주위의 형세, 즉 좌청룡 우백호뿐만 아니라 수십 리 밖의 지형지세까지 관련되는 등 복잡하기 이를 데 없다.

그런데 그 풍수지리설이 집터나 묏자리보다 그 주위의 지형지세를 더 중시했던 원인이 무엇인지 궁금하지 않을 수 없다. 불행히도 이를 밝힐 수 있는 어떤 기록도 없지만, 필자는 중국의 한(漢: B.C. 206~9) 이후 당(唐: 618~907)대까지 성행했던 문벌숭상과 관련이 있다고 추론하고 있다. 그 무렵 문벌숭상으로 인해 어떤 사람을 평가할 때 그 개인보다 그가 속한 가문과 그 가문의 근원인 조상을 더 중시했다. 풍수지리설 역시 집터나 묏자리보다 그 근원이 되는 지형지세를 더 중시했다. 이처럼 문벌숭상 풍조와 풍수지리설이 매우 흡사하다. 또 조상 묘에 정성을 쏟는 것도 문벌숭상의 일환이었다. 따라서 당시 성행한 문벌숭상의 사회상을 반영한 공리공담(空理空談)이 바로 풍수지리설이었다.

조상의 관직으로 후손에게 음직(蔭職)이 내려졌듯이, 조상의 묘로 인해 음덕도 있을 것으로 믿었다. 그러한 희망이 그럴싸하게 포장된 것이 명당의 발복이었고, 그 발복에 기초한 가설이 풍수지리설이었다. 즉 도깨비 방망이나 요술 램프처럼 허황한 것이 풍수지리설의 명당론이었다는 말이다. 동화책에 나오는 도깨비 방망이나 요술 램프가 어떻게 현실에서 있을 수 있겠는가?

그 풍수(風水)는 장풍(藏風) 득수(得水) 즉 '바람을 갈무리하고 물을 얻는 것'이라는 뜻이다. 쉽게 말하면 주택이나 묘 위치의 좋고 나쁨에 따라 후손에게 미치는 영향이 좋기도 하고 나쁘기도 한다는 것이다. 그 풍수설의 중요한 이론서인 『장서(葬書)』, 『청오경(靑烏經)』 등이 1,700여 년 동안 애용되었지만, 풍수설 자체가 허구였으므로 그 진위를 규명하거나 반박할 수도 없었다. 따라서 풍수설의 진위를 입증하기 위해서는 명당으로 칭해지는 곳을 통해서 그 실마리를 찾아야 한다.

명당은 산이나 평야뿐만 아니라 호수 저수지에도 있다

풍수지리설이 복잡하지만 이 책에서는 그 핵심인 지형지세에 대해서만 살펴보기로 하자. 필자는 세탁소 옷걸이를 구부려 ㄱ자, 즉 L자형으로 만든 것을 이용하여 명당으로 칭해지는 곳을 비롯하여 수많은 지역을 답사했다. 그 결과 명당이라 칭해지는 곳도 극소수만이 명당이었다. 더욱이 평지나 산 외에도 호수, 저수지, 늪지대 등 어느 곳에든 흔전만전하여 우리의 상식과 너무 다르다.

풍수설을 더 살펴보자. 그 풍수설은 형국론(形局論) 즉 물형론(物形論), 형기론(形氣論) 다시 말해 형상론(形象論), 이기론(理氣論)의 3가지로 구성되어 있다. 형국론은 산의 형세를 사물이나 사람에 비유한 것이다. 형기론은 산줄기를 타고 흐르는 기운이 맺혔는지 살피는 것이다. 이기론은 물의 흐름을 중시하여 묘의 방향을 정하는 것이다. 그 모두 산의 형상, 산줄기, 물의 흐름 등 주위의 지형을 중시하고 있어 사실상 차이가 없다.

위 3가지 중 형국론을 형기론과 같은 것으로 보기도 한다. 그렇게 보면 산의 형태를 보는 형기론 즉 형국론과, 방향을 보는 이기론의 2가지다. 형기론에 의해 배산임수와 청룡, 백호, 조종산, 주산, 안산 모두 잘 갖추어진 곳을 명당이라고 하여 묘를 썼다. 그런데도 그 후손이 불행한 일을 많이 당하자, 그 형기론을 보완하려고 방향까지 중시하는 이기론이 나타났다고 한다.

풍수설에 의하면 '왼쪽의 청룡은 남자, 명예, 벼슬, 장남 등을 주관하는 기가 강하고, 오른쪽의 백호는 여자, 재물, 예술, 차남 등을 주관하는 기가 강하다'고 한다. 그러면서 배산임수(背山臨水)를 필수조건으로 하여, 완사명월형(浣紗明月形) 연화부수형(蓮花浮水形) 등 수많은 형국을 거론하고 있다.

그런데 그 풍수설에 의해 지형지세를 중시했던 것이 우리 전통사회의 문화였고 상식이었다. 지구 곳곳에 사는 사람들은 그들의 특별한 세계를 당연한 것으로 여기고 있다. 즉 '탄산음료가 좋다, 유명 메이커 옷이 좋다, 핵가족이 좋다'고 한다. 그러나 아랍국가에서는 '따뜻하고 신선한 낙타 피가 훌륭한 음료다, 멋지게 늘어진 옷이 더 좋다, 대가족이 더 좋다'고 한다. 그처럼 우리 전통사회의 풍수설에 대한 인식 역시 옳고 그름이 기준이 아니었다. 행동을 지배하고 당연한 것으로 여기는 사회의 문화가 그러했을 뿐이다.

2. 명당에 정확히 위치한 묘는 없다

명당에 정확히 위치한 묘는 전국 어디에도 없다

명당에 정확히 위치한 묘가 있는지부터 살펴보자. 결론부터 말하면 명당에 정확히 쓴 묘는 없다. 풍수이론 자체가 허구여서 명당을 찾을 수도 없었으니, 명당 중앙에 묘를 쓰는 것은 더더욱 불가능했다.

풍수지리설은 중국에서 전래된 궤변에 불과한 사이비 신념이다. 앞에서 말했듯이 중국 최초의 풍수지리서는 3세기경 중국 한(漢)나라 청오자(靑鳥子)가 쓴 『청오경(靑烏經)』이라고 한다. 그 후 4세기경 동진(東晉) 곽박(郭璞)의 『장서(葬書)』에 의해 일반화되었다. 그 『장서』는 당나라 현종이 비단 주머니에 넣고 다니면서 애독했다고 하여 『금낭경(錦囊經)』으로 칭해지기도 했다. 이 책은 지금도 풍수가들의 필독서로 알려져 있다.

그런데 그 풍수설이 우리나라에 전해진 시기는 삼국시대까지 거슬러 올라가지만, 중국의 일행(一行)에게 풍수지리를 배웠다는 도선(827~898)에 의해 신라 말 유행하였다. 그러나 도선이 중국에 유학한 사실도 불분명하지만, 일행(683?~727)과 도선의 생존 시기도 일치하지 않는다. 그럼에도 도선의 명성이 워낙 커 수많은 풍수지리서가 그에게 근거를 두고 있다.

어쨌든 풍수설이 중국에서 전래되었지만, 도선에 의해 신라 말 고려 초에 급속도로 전파되었다고 할 수 있다. 고려시대에는 태조의 훈요십조(訓要十條)에서 볼 수 있듯이 국가의 통치이념이 되기도 했다. 조선시대에는 더욱 성행하여, 도읍을 한양에서 경기도 교하(交河)로 옮기려고까지 했다.

무학대사의 한양천도론?

풍수설이 성행하게 된 이유가 다양하지만 그 중 하나가 무학대사에 의해 도읍지가 정해졌다는 믿음도 한몫했다. 그러나 무학대사가 도읍지를 정하지 않았다. 흔히 차천로(1556~1615)가 저술한『오산설림초고(五山說林草藁)』의 이성계와 무학대사의 전언을 인용하지만, 그 전언이 200여 년 후에 만들어진 설화였다는 점은 간과하고 있다. 무학대사의 풍수지리설에 의해 한양으로 천도했다는 것 자체가 당시 정치상황을 몰라도 너무 모른 소치다. 이성계는 왕씨와 권문세족이 서려있는 개성을 떠나 새 국가의 면모와 인심을 일신할 수 있는 도읍지가 필요했다. 『조선왕조실록』에 의하면 공주 계룡산, 한양(남경), 무악 등 3곳이 거론되어, 계룡산에서 도읍지 공사를 하다가 중지하기도 했다.

그러다가 태조가 한양에 와서 지세를 살피다가 무학대사에게 물으니, "이 땅은 사방이 수려하고 평탄하여 도읍으로 마땅합니다만, 여러 사람의 의견에 따라 결정하십시오"했다. 도읍지로 괜찮기는 하지만 '여러 사람의 의견에 따라 결정하십시오'라는 말이 그 핵심이었다.

태조는 서운관 관원과 대신들에게도 의견을 물었다. 그 중 가장 체계적인 견해를 제시했던 인사는 당시 실권자 정도전이었다. 그는 "무악이 나라 중앙에 위치하여 조운(漕運)은 좋으나 한 골짜기에 끼어 있어 안으로는 궁궐, 밖으로는 조정 종묘사직 시장 등을 세울 곳이 없습니다. 중국에서도 새 왕조가 그 전 왕조의 수도를 그대로 한 예가 적지 않으며, 땅의 성쇠가 있는 것이 아니라고 했습니다. 풍수도참에 의존하지 말고 유학자의 말을 귀담아 들으십시오"하였다. 그러자 정당문학 정총, 중추원학사 이직 등 거의 모든 대신들이 정도전의 한양 천도론을 옹호하고 나섰다. 고려가 망한 것은 왕씨의 운수 때문이었지 지운(地運)에 관계된 것이 아니며, 지리서에서 말하는 것도 기맥이 통하고 조운이 통하는 것에 불과하다고 했다. 그러나 유일하게 첨서중추원사 하륜은 한양보다 무악을 고집했다.

위에서 알 수 있듯이 도읍지 옮기는 과정에서 하륜 외의 모든 관료가 정도전의 견해를 지지했다. 무학대사의 풍수설이 아니라, 실권자 정도전과 그를 지지한 인사들에 의해 도로 조운(漕運) 등 편리성을 중심으로 결정되었다. 집안의 중요한 일도 가장 영향력 있는 사람에 의해 결정된다. 국가 중대사도 가장 영향력 있는 인사에 의해 결정된 것은 동서고금의 진리다. 그러나 무학대사가 조선 도읍지를 정한 것으로 굳어지면서, 풍수설을 확신시키고 전파시키는 주문(呪文)이 되어버렸다.

풍수가들이 묘를 썼지만, 명당의 중앙에 위치한 묘가 없다는 점도 주목해야 한다. 이에 대해서는 뒤에서 자세히 설명하겠지만, 필자가 답사한 수많은 묘 중 90% 정도에 수맥이 있었다. 그들 묘 주위에 크든 작든 명당이 있지만, 어쩌면 그렇게도 명당을 피하여 묘를 썼는지 의아할 정도다. 최근 풍수 책을 여러 권 저술한 인사가 정했다는 곳도 마찬가지였다.

그 유명한 조선 8대 명당마저 명당은커녕 수맥이 널려 있는 수맥 밭이었다. 그러므로 기존의 명당론을 비판하는 것이 군더더기 말이겠지만, 몇 예를 더 들어보자. 한옥과 산수가 어우러져 풍광이 수려한데다 탈춤으로 관광객이 끊이지 않은 경북 안동의 하회마을과 더불어, 그 주위에 있는 조일전쟁 즉 임진왜란 때 총지휘했던 영의정 유성룡(1542~1607)의 묘를 둘러보기도 한다. 경관이 뛰어난데다 풍수가들이 말한 명당과 일치하기 때문이다. 유성룡이 당대 가장 유명 인물이서 유명풍수가 그 묘를 정했는지, 풍수에 조예가 깊어 『신종록(愼終錄)』까지 저술했던 그 자신이 정했는지는 알 수 없다. 그러나 그 묘는 명당이 아니다. 묘 바로 옆에 꽤 큰 명당이 있지만, 그 묘는 평범한 곳에 불과하다.

조선 인조대 고승(高僧)으로 우리나라 역대 스님 중 가장 특이한 행적 즉 이적(異蹟)이 많았다는 진묵대사가 있는데, 그 어머니 묘가 전북 김제군 만경에 있다. 물에 연꽃이 떠있는 연화부수(蓮花浮水) 형국으로 천년향화지지(千年香火之地), 즉 기도하는 사람이 줄을 이어 천 년 동안 향불이 꺼지지 않을 곳이라고 한다. 너무 유명한 고승인데다 그 어머니 묘였으니 당연히 명당일 것으로 생각하여, 수험생 학부모나 사업하는 분들의 기도처로 TV에 자주 방영되었다. 그러나 그곳은 일반 아파트에도 흔전만전한 직경 40cm의 명당에 불과하다. 그 정도 명당은 직경 30m의 땅이나 건물이라면 최소한 1개 이상 있다.

명당의 중앙에 위치한 묘는 없다

고로(古老)들이 명당이라는 묘는 그 규모도 방대하여 둘레 20~30m나 되고 그 높이도 2~3m 이상이지만 명당은 거의 없다. 명당인 곳도 묘의 중앙과 명당의 중앙이 작게는 30cm, 크게는 5m 이상 차이가 있다.

풍수가들은 패철(佩鐵) 즉 나침반으로 묘의 위치나 방향을 정했지만, 명당에서는 나침반이 제대로 작동하지 않는다. 주의 깊게 관찰한 분이라면, 같은 방에서도 휴대폰에 있는 나침반의 가리키는 방위가 실제 방위와 달라 의아했던 경험이 있을 것이다. 물론 일반 나침반과 달리 휴대폰에 내장된 나침반은 방바닥에 직접 놓지 않고 측정해야만 그러한 현상을 확인할 수 있다.

그런데 명당에서 제대로 작동하지도 않은 나침반으로 묘의 방향을 어떻게 정했는지 의아하다. 게다가 명당이 원의 형태여서 방향과도 관계없다. 방향에 따라 좋고 나쁜 것이 아니라 어느 방향이든 다 똑같다. 명당에서 나침반으로 방향을 정했다는 그 사실이야말로 풍수가들이 명당에 대한 아는 바가 전혀 없다는 증거다. 당연히 묘와 명당의 중앙이 일치할 수 없었다.

흔히 '유명 사찰은 명당이다, 특히 부처님 모신 곳이 명당이다'고 하지만, 그러한 곳에도 명당은 거의 없다. 유명한 고승이 창건한 사찰이나 부처님 모신 곳을 명당이라고 생각했던 것은, 고승들의 신비주의적 행적과 결합된 결과였다. 고승들의 행적이 특이했으므로 풍수지리에도 조예가 깊을 것으로 단정하여, 가장 성스러운 곳에 부처님 모셨을 것으로 생각했다. 그러나 명당에 불상을 모신 것은 결코 아니었다. 고승들도 명당에 대해 아는 바가 없기는 일반인과 마찬가지였다.

어느 마을이나 지역 전체가 명당인 곳은 없다

조선 후기 실학자 성호 이익의 제자였던 이중환(1690~1752)은 『택리지(擇里志)』라는 책을 저술했다. 그 책에 복거총론(卜居總論) 지리(地理)라는 항목이 있다. 그 내용은 수구(水口), 들판의 형세, 산의 모양, 흙의 색깔, 조산(朝山: 앞쪽 멀리 있는 높은 산), 조수(朝水: 앞쪽 멀리 있는 물) 등 6가지를 살펴 집터를 정해야만 부귀영화 누릴 수 있다고 했다.

그 『택리지』는 풍수가들이 역사적 사실을 가미하여 자주 인용하는 책이다. 그 책에서 훌륭한 인물과 부자가 많이 나온다, 예의와 문학을 숭상하여 풍속이 인후하다, 풍속이 사납다 등 각 지방을 나름대로 간단히 평했다. 심지어 한 번도 가본 적이 없는 지역을 혹평하기도 했다.

즉 그의 어머니가 태어나 성장했던 외가가 있던 지방을 풍속이 더러워 살 만한 곳이 못된다고까지 했다. 어머니가 더러운 곳에서 태어나 성장했다면 그 역시 영향을 받았겠지만 그 점은 고려하지 않았던 모양이다. 있을 수 없는 일이다. 허무맹랑한 풍수설을 설파한 것도 모자라 각 지방에 살고 있는 사람들의 성향까지 제멋대로 재단했다.

때문에 『택리지』를 읽어서는 안 된다. 굳이 읽으려면 그 영향을 받지 않을 나이가 된 후에 읽어야 한다. 풍수지리의 허상은 물론 각 지방의 풍속을 평한 이중환의 서술이 너무 자의적이다. 어느 지역의 사람이나 풍속이 좋다거나 나쁘다고 단정할 수도 없지만, 그러한 단정을 사실처럼 믿고 혹여 예단(豫斷)하는 사람도 있을 수 있다. 풍수지리와 관계없지만 조선시대 필독서였던 『소학』 역시 학문적 이유가 아니라면 읽어서는 안 된다. 윗사람에게 순종만 강요하여 창의성을 저해하는 대표적인 책이기 때문이다.

각 지방의 풍속을 평한 이중환의 서술은 너무 자의적이다

풍수가들은 이중환보다 범위를 더 축소하여 어느 마을이나 지역을 명당이라고 한다. 예컨대, 강물이 휘돌아 쌓아놓은 백사장과 전통가옥이 조화를 이뤄 한 폭의 풍경화를 연출하는 비경으로 유명하여 관광객이 끊이지 않은 경북 안동의 하회마을이 있다. 그런데 그곳은 관광객뿐만 아니라 그 마을 전체가 명당이라고 하여 전국의 풍수가들이 자주 답사하는 곳이다. 또 산책하기에 안성맞춤인 나지막한 황방산을 끼고 있는 전주의 서곡지구도 명당이라고 한다. 그 외에도 명당이라고 불리는 지역은 헤아릴 수 없을 정도로 많다.

그러나 필자의 경험으로는 직경 15m 이상의 명당은 거의 없다. 수맥 없는 곳도 넓어야 1천 평, 즉 3,300m² 정도에 불과했다. 더 넓은 곳도 있을 수 있겠지만 넓어도 그 정도라고 생각해도 된다. 물론 수많은 명당이 포도송이처럼 얽히고설켜 직경이 30여m나 된 곳도 있지만, 그러한 곳은 극히 예외적이다. 설사 그 예외적인 사례까지 포함하더라도 명당의 크기가 한 마을, 한 지역의 넓은 땅일 수는 없다.

이름을 밝히면 풍수에 관심 있는 분 거의 다 알 수 있는 유명 풍수가가 있다. 그분이 좋은 곳이라고 하자, 많은 풍수가들도 한결같이 좋다고 했다. 자신보다 더 유명한 사람의 말이라면 무조건 따르면서 부화뇌동하는 경향이 있는데, 그러한 결과였다.

풍수가들끼리 서로 비판하는 일이 없다는 점도 주목할 필요가 있다. 풍수설에 정론이 없으니 다른 풍수가를 비판할 수도 없었다. 비판이 없으면 발전할 수 없는데, 발전이 없는 학문이 있을 수 있겠는가? 비판할 수 없고 비판하지 않는다는 그 사실이야말로 풍수설 자체가 이현령비현령의 두루뭉술한 말장난이라는 점을 대변한 것이다.

아무튼 명당이라고 소문이 나자 어느 분이 도시 근교에 있는 그곳을 매입하려고 했다. 그러나 지주들이 너무 비싸게 팔려고 하여, 20여 년에 걸쳐 야금야금 구입해야 했다. 결국 그 골짜기를 전부 매입한 후, 수억 원을 들여 한옥으로 짓고 조경까지 했다. 그러나 그 집을 확인해 보니 수맥이 많아 공짜로 주어도 살아서는 안 될 집이었다.

풍수가들이 방위나 시각을 운운하는 것은 술수에 불과하다

우리나라는 일찍부터 천문학이 발달했다. 기원전 30세기경의 고인돌(평남 증산군 용덕리)에 북두칠성과 같은 별자리가 있다. 또 조선시대 태조 4년(1395)에 유방택(柳方澤)이 만들었다는 천상열차분야도[天象列次分野圖, 중등학교 교과서를 비롯한 모든 책에서 원문 그대로 '천상열차분야지도(天象列次分野之圖)'라고 하지만 '천상열차분야의 도(圖)'라는 의미이므로 '…의'라는 뜻의 '지(之)'를 뺀 '천상열차분야도'라고 해야 정확한 표현이다]는 고구려 석각(石刻) 천문도를 원본으로 했다는 조선 초 권근(權近, 1352~1409)의 설명이 있지만, 대부분 학자들이 권근의 기록을 인정하지 않았다. 그러나 1세기경의 고구려 것이라는 사실이 최근 확인되었다.

그 천문도에 282개 혹은 295개의 별자리가 새겨 있고, 별의 수는 1,467개나 된다. 별자리나 별의 수는 물론 그 정확도에서 어느 나라 천문도와도 비교할 수 없는 세계최고 수준이었다. 『삼국사기』 일식 기록도 천문학자들이 검증한 결과 정확하다는 것이다(박창범, 『하늘에 새긴 우리역사』 참조).

농경문화가 발달한 지역은 어느 나라든 천문학이 발달했다. 고구려 백제에도 천문학을 담당하는 일관부(日官部)가 있었고 신라에도 천문박사가 있었으니, 삼국시대 천문학이 발달했음을 알 수 있다. 천문학은 풍수설과도 관련이 있어, 고구려 벽화의 4사신도나 신라 김유신 묘의 12지신은 풍수가들이 말하는 방향과 일치한다. 고려시대에도 서운관(書雲觀)이 있어 천문과 풍수지리를 연구했다.

그 풍수가들이 사용하는 나침반 즉 패철은 천간지지(天干地支)의 음양오행(陰陽五行)에 따라 자(子), 축(丑), 인(寅), 묘(卯) 등의 방위로 되어 있다. 방위만 표시하는 보통 나침반과 달리 지기(地氣)를 살펴 인물의 배출을 예상하고, 천기(天氣)의 운행을 관찰하는 도구였다. 그런데 묘의 좌향이 의미가 있을까? 아득히 먼 산을 기준으로 24방위 중 하나로 정하지만, 산도 한두 개도 아니고 켜켜이 겹쳐 있다. 수십 킬로미터에 이르는 먼 산을 기준으로 묘의 방위를 정하는 것이 과연 가능할까? 나침반도 기껏해야 손바닥 크기여서 조금만 움직여도 방위가 달라질 수 있다. 더욱이 명당은 원 모양이어서 어느 방향을 향해도 차이가 없다.

풍수가들은 시신을 안치하는 시각도 매우 중시했다. 그렇게 중요한 것이라면 출생 기준인지, 사망 기준인지, 아니면 출생·사망시각 모두 고려한다든가 어느 것을 우선해야 한다는 원칙이 있어야 한다. 그러나 그 어떤 기준도 없어 풍수가마다 각기 다르다. 객관적 기준이 없으므로 이현령비현령이어서 난해할 수밖에 없는데, 그 난해한 점이 오히려 풍수가들이 일반인과 차별화할 수 있는 수단이 되었다. 풍수지리에 전문지식이 있는 척하기 위한 수단으로 묘의 방위나 매장 시각이 이용되었던 것이다.

최근에는 생활풍수나 인테리어풍수라면서 가구 위치 운운하는 자들이 많다. 문이나 침대, 가구, 싱크대를 풍수설에 의해 배치해야 한다는 것이다. 그러나 그러한 일은 요행을 바라는 사람들의 심리를 교묘하게 이용한 돈벌이 수단일 뿐이다. 그러한 풍수가들의 농간에 이용당해서는 안 된다.

묘의 방위, 매장이나 이장의 시각이 아무런 근거도 없이 조작되었듯이, 우유의 효능도 조작되었다. 칼슘이 듬뿍 들어있다면서 '완전식품'이라고까지 했다. 지금도 칼슘이 많아 뼈가 튼튼해지고, 키가 커진다거나 몸을 튼튼하게 하는 영양소가 듬뿍 들어 있다고 믿고 있다.

그 잘못된 상식을 반박한 책이 프랑스 과학전문기자 티에리 수카르(Thierry Souccar)의 『우유의 역습』이다. 우유가 완전식품이라는 믿음은 계란처럼 낙농업자와 유제품 가공업자들이 만들어낸 신화라는 것이다. 20세기 이전에는 버터나 치즈 만들 때 우유를 썼지만, 지금처럼 그대로 마시지 않았다. 그러나 유제품 기업과 낙농업자들의 노력으로 학교에서 우유 급식이 이루어졌다. 심지어 낙농업자들이 의료계의 각종 학회를 지원하거나 의사들의 스폰서 역할을 하기도 했다. 그러면서 최고 무기라는 칼슘(Ca)을 선전하면서, 우유에서 칼슘을 섭취해야 골다공증을 예방할 수 있다고 했다.

그러나 티에리 수카르에 의하면 우유가 오히려 골다공증을 유발시키며 발암 촉진물질까지 있다고 한다. 즉 동물성 단백질이 인체를 산성화시키는데 이를 중화시키려고 뼈에 있는 칼슘까지 사용하여 골다공증을 유발한다는 것이다. 또 우유에 송아지 성장을 촉진하는 인슐린유사 성장인자(IGF)가 있어, 우유를 먹으면 IGF의 혈중 농도가 높아지면서 호르몬 체계가 교란되어 암 발병 위험이 높아진다고 한다. 때문에 우유를 가능한 먹지 않아야 하며, 맛 때문에 꼭 먹고 싶다면 최소한의 양만 먹어야 한다.

칼슘 역시 우유보다 홍화씨, 무말랭이, 콩나물, 시금치, 당근, 파래, 아몬드, 자두 등 식물성 식품에서 섭취해야 한다. 우유에 칼슘이 많은 것도 아니다. 말린 고구마 줄기에도 우유보다 10배 이상 많다고 한다. 따라서 중금속까지 해독할 수 있는 그 좋은 칼슘을 섭취하기 위해서는, 체내 흡수를 방해하는 인(P)이 들어있는 우유 등 동물성 단백질은 최대한 줄여야 한다는 것이다.

3. 전통 풍수는 왜 명당을 없애고 있는가?

식물의 뿌리나 벌레를 방지하기 위하여 숯을 사용하였다

풍수지리설의 목적은 명당을 찾는 것이다. 그리하여 생업을 팽개치고 수년 동안 이산저산 뒤지면서 명당 찾는 일이 부러움과 존경의 귀감이 되었으니, 명당 숭배사상이 더욱 성행할 수밖에 없었다. 노인들도 어느 유명 인사가 묘 때문에 잘되었다는 등 기회만 있으면 조상 묘를 언급했다.

자연히 산수가 수려한 곳에 고대광실처럼 조성한 묘를 보면 부러워하면서, 그렇게 하지 못한 자신의 처지를 한탄할 수밖에 없었다. 실제로 20세기 중반까지도 조상에 관한 일을 가장 중시했다. '전답을 팔고 끼니를 굶더라도 위선사(爲先事)를 우선해야 한다'고 했다. 다른 어떤 일보다 조상 섬기는 일을 더 중시했다는 말이다.

조상 섬기는 일 중에서도 가장 중요한 것이 묘였다. 몇 년 전 조선시대 전기의 옹주 묘가 발굴되어 TV에 방영되었는데, 그 묘를 통해서도 조상의 묘에 얼마나 심혈을 기울였는지 알 수 있다. 그 묘는 관과 곽의 이중구조였으며, 곽의 3면이 모두 숯으로 덮여 있었다.

숯을 사용하면 명당이라도 평범한 묘가 되어버린다

경상남도 함양의 조선후기 묘에서도 숯을 사용하였다. 앞의 옹주 묘처럼 숯을 정교하게 깎아 3~4cm 두께로 곽 전체를 둘러쌌다. 그처럼 우리나라 왕실이나 명문대가의 묘는 시신을 넣는 관과 그 관을 둘러싸는 곽의 이중구조였으며, 숯을 사용하였다. 물론 왕실이나 명문대가만 숯을 사용한 것이 아니다. 재력만 있으면 모두 다 그렇게 하려고 했다.

그러나 가난하면 숯을 쓰고 싶어도 그 비용 때문에 불가능했다. 흔히 양반 모두 부유했던 것으로 생각하지만, 양반 대부분이 가난하게 살았다. 세종대 우의정 유관(1346~1433)도 비만 오면 물이 줄줄 새는 초가집에서 살았다. 태종의 5대손이며 선조 광해군 인조 3대에 걸쳐 영의정을 역임했던 그 유명한 이원익(1546~1634)도 초가집에서 살았다. 이를 측은히 여긴 인조(仁祖)가 주택을 하사하기도 했는데, 경기도 광명시에 현존하여 관광객이 자주 찾는 곳이다. 조선말 위정척사로 유명한 최익현(1833~1906)의 부친도 경기도 포천에 살면서 서울의 민씨 집에 나무를 팔아 생계를 이어갔던 나무꾼이었다. 지금도 학력이 재력과 관계가 없듯이, 옛날에도 관직이나 신분은 재력과 관련이 없었다. 평민도 거부가 될 수 있었고, 천한 기생도 노비를 소유할 수 있었다고 하면 더 쉽게 이해할 것이다.

 아무튼 묘에 숯을 사용한 이유가 있었다. 습기 제거 즉 제습(除濕)의 필요도 있었지만, 더 중요한 것은 식물뿌리나 벌레가 침범하지 않게 하려는 것이었다. 쑥, 칡, 대나무 등의 뿌리가 시신을 감싸거나 혹은 벌레가 침범하면 후손에게 액운이 있다고 믿어, 이를 방지하려고 숯을 사용했다. 그러나 묘에 숯을 사용하면 명당이 있어도, 그 명당이 없어져버린다.

명당을 없애기 위한 모든 방법을 동원하였다

 조선시대 부귀영화의 가장 확실한 방법이 명당에 조상의 묘를 쓰는 것이었다. 그리하여 명당을 찾으려고 절치부심했지만, 찾는 방법 자체를 알지 못했다. 그 때문에 아무리 유명한 지관이라도 평생 하나밖에 잡지 못한다는 전언이 있다. 묏자리를 수백 기 잡았지만 그 중 명당은 하나밖에 없다는 그 전언이야말로 아무도 명당을 알지 못했다는 것을 웅변하고 있다.

 조선시대 명문대가나 부유한 인사들은 여러 명의 풍수가를 거느렸지만, 그들의 의견이 합치하는 일은 없었다. 명당 찾는 방법을 알 수 없어 각자 주관적으로 말했기 때문이다. 결국 가장 강력하게 말하는 풍수가의 말을 따를 수밖에 없었다.

 그런데 설사 명당에 묘를 썼더라도, 숯을 넣어 명당을 없애버렸다.

즉 풀뿌리, 나무뿌리 혹은 벌레가 침범하지 못하게 묘에 숯을 넣었다. 일부러 명당을 없애려는 것이 아니었지만, 그러한 관행이 오히려 훌륭한 일로 간주되어 대대손손 그렇게 하면서 명당을 없애버렸다.

시신을 넣는 관 역시 명당을 없앴다. 소나무, 오동나무, 은행나무 등의 관을 사용했지만, 그들 모두 작은 명당은 없앨 수 있다. 몇 년 지나면 썩어버리지만 아무튼 명당을 없애버린다. 더욱이 관의 무게로 인해 시신이 손상되기도 하는 등 비싼 관일수록 좋지 않다. 때문에 관을 사용하지 않고 매장하는 것이 가장 좋은 매장법이다.

도자기도 명당을 없애버린다. 생전에 사용하던 도자기를 시신과 함께 묻는 풍습이 있었다. 또 삼국시대나 고려시대 불교 영향으로 화장 후 항아리 등의 유골함에 안치했는데, 박물관에서 흔히 볼 수 있다. 그 도자기 유골함과 같이 넣었던 금붙이나 동전 등 부장품도 명당을 없애버린다.

더 구체적으로 말하면, 숯이나 금붙이 도자기 등을 놓으면 아무리 큰 명당도 없어져 버린다. 숯 등이 명당 없앨 가능성은 100%다. 명당만 없어지는 것이 아니라 수맥까지 끌어들인다. 수맥이 명당을 뚫고 가지 못하여 명당을 피해갔지만, 숯 등으로 명당이 없어지면서 수맥이 곧바로 흐르기 때문이다. 그러나 숯 등이 수맥을 차단할 확률은 거의 없다. 수맥에서 1cm만 떨어져도 소용없다.

그렇다면 숯, 도자기, 금붙이, 동전 등이 어느 범위까지 명당을 없앨 수 있는가? 위로는 대략 2.2m까지 명당의 기운을 없애버리고, 바닥에서는 전부 없애버린다. 다만 포도송이처럼 수많은 명당이 뭉쳐 있으면 숯이나 동전의 영향도 제한적이어서 직경 20~30cm정도만 없어지고, 그 주변에 다시 나타난다. 이러한 극소수 예외를 논외로 한다면, 크기와 관계없이 숯 등을 한 개만 놓아도 명당이 없어져버린다.

그래서 명당에 썼던 묘도 안팎이 다를 수 있다. 부장품인 숯, 도자기 등이 대략 2.2m 높이까지 명당의 기운을 없애버린다. 그런데 그 영향이 약 2.2m에 불과하여, 그 위에서는 다시 명당의 기운이 나타나기 때문에 묘 안팎이 다를 수 있다. 물론 부장품이 없거나 묘의 규모가 2m 이하라면 묘의 안팎이 당연히 같다.

그처럼 조선시대의 묘 축조방식이나 부장품이 오히려 더 나쁜 영향을 끼쳤다. 무지로 인한 관습이었지만 부장품이 많을수록, 값 비싼 관일수록 더 훼손했다. 그래서 명당을 없애기 위한 모든 방법을 동원했다고 말한 것이다.

4. 조상의 묘를 명당에 쓰면 후손이 과연 복을 받는가?

명당에 의해 과연 발복(發福)하는가?

명당에 대한 가장 큰 관심사는 발복이다. 과연 조상 묘를 명당에 쓰면 후손이 복을 받는가, 복을 받는다면 언제 받는가 등이 궁금하지 않을 수 없다. 복 받는 시기부터 보자. 한 때 고위인사나 졸부들에게 성가(聲價)가 있었던 어느 풍수가는 고려시대 인물인 김태서(?~1257)의 묘와 북한 최고 권력자를 관련지었다.

많은 풍수가 역시 다음과 같이 말한다. "동쪽이 트여 태양이 먼저 비치니 매우 길한 곳이다. 좌우 골짜기가 깊고 산맥이 단을 쌓은 듯 높이 올라와 운세가 매우 강하고 묘 아래 펼쳐진 맥도 길다. 빼어나게 솟은 동쪽의 고덕산이 묘에 응하여 큰 인물이 날 곳이다. 조산인 고덕산이 멀리 있으니 먼 후손이 그 복을 받게 된다. 그 최고 권력자가 시조로부터 32대손이니 고덕산 정기를 받은 것이 틀림없다"고 한다.

경주김씨였던 김태서는 관직이 문하시랑평장사에 이르렀는데, 전주부원군에 봉해졌으므로 전주김씨 시조가 되었다. 그가 죽은 직후 그 묘에 묻혔는지 혹은 이장되었는지, 이장되었다면 언제 이장되었는지는 알 수 없다. 그런데 800여 년 후에 복을 받아도 의미가 있다고 할 수 있는가? 수만 명의 후손 중 한두 명이 복을 받아도 의미가 있는가? 수만 명의 환자 중 한두 명만 낫는 약이 효과가 있다고 할 수 있는가? 그러한 약을 환자에게 처방하는 의사가 있을 수 있는가?

그 김태서 후손처럼 발복 시기가 수백 년 후, 혹은 고조의 4대 이내, 증조의 3대 이내, 조부의 2대 이내, 심지어 자식 대에 복을 받는다는 등 다양하기 이를 데 없는 것이 풍수지리설이다. 어느 가문을 거론하며 장황하게 설명하기도 하지만, 그 발복 시기에 대하여 풍수가들의 의견이 일치하는 일은 없다.

화를 당하는 시기도 다양하기는 마찬가지다. 의사가 환자에게 최악의 상황을 말하듯이 복 받는 시기보다 더 짧아 몇 십 년 혹은 몇 개월 이내라고도 한다. 이처럼 길지와 흉지의 효험이 나타나는 기간이 다르다는 것도 이상하지 않은가?

발복 여부는 어떠한가? 풍수가들은 천지인(天地人)이 일치해야 복을 받는다고 한다. 즉 장지(葬地)에 묻히는 시간이 정확해야 하고, 땅이 명당이어야 하며, 묻혀야 할 사람이 묻혀야 한다는 것이다. 묻혀야 할 사람이 묻혀야 복을 받는다면 명당 찾으려고 이산저산 헤맬 필요도 없다. 명당에 묻힐 사람은 어차피 묻히게 되고, 묻히지 못할 사람은 묻혀도 소용없기 때문이다. 심지어 시집간 출가외인도 복 받는다거나 받지 않는다고도 하는 등 복 받는 대상도 풍수가마다 각기 다르게 말한다.

그처럼 이현령비현령의 논쟁이 조선 성리학자들의 도심(道心), 인심(人心) 논쟁이다. 쉽게 말하면 도심은 좋은 것이고, 인심은 나쁜 것이다. 한 쪽에서는 '하늘은 도심만 있으나, 사람은 도심 인심이 같이 있다'고 한다. 그러나 다른 쪽에서는 '사람과 하늘에 도심 인심이 모두 있다'고 주장한다. 즉 선한 사람이 벼락에 맞기도 하고 못된 사람이 더 잘 되기도 한다는 것이다.

못된 사람과 그 후손이 번창했던 예는 수없이 많다. 친일반민족행위자재산조사위원회가 2010년 7월 반민족 행위자의 재산 상황을 발표했다. 그 중 이완용, 송병준만 보더라도, 나라 팔아먹은 대가로 일본으로부터 각각 은사금 15만 엔(2010년 30억 원 가치) 10만 엔(20억 원)을 받았다. 그들이 소유한 땅도 여의도 면적의 3배에 가까운 2,430만m^2에 이르렀다.

현세 기복신앙(祈福信仰)도 있다. 살아서 복 받으려고 기원하는 그 현세 기복신앙이 성행한 종교일수록 부패했던 것은 동서고금의 이치다. 골 넣고 기도하는 축구 선수에게 종교가 무엇인지도 모른다고 꾸짖는 어느 성직자의 말을 들먹일 것도 없다. 십일조를 내지 않아 불미스러운 일이 있었다는 사람까지 있다. 그 십일조는 '1/10세' '1/10 교구세'라고도 한다. 고대 유대교도에게 수입의 1/10을 야훼 신에게 바치라는 구약성서의 율법에서 연유하였다. 제사의식에 참여한 유대인들이 형편에 따라 각자 빵과 포도주 들고 와서 나누어 먹은 정도였다. 그 십일조는 『구약성서』 말라기 3:10, 신명기 26:12 및 『신약성서』 누가복음 11:42에 기록되어 있다. 그 십일조가 프랑스에서는 민중의 불평과 비난의 대상이 되어 1789~1790년 대혁명 때, 영국은 1688년, 독일은 1807년에 폐지되었다.

개개인의 신앙에 따라 다양하게 생각할 수 있는 십일조지만, 선진국의 추세나 우리나라 대형교회와 관련지으면 분명 시정되어야 한다. 백번 양보하더라도 먹을 것, 입을 것 줄여가며 키워 주신 부모에게 용돈 드리는 것보다 우선해서는 안 된다는 의식 있는 성직자의 말을 거론할 필요도 없다. 부모의 곤궁한 처지를 역지사지(易地思之)해서 용돈부터 드려야 한다. 반드시 1/10일 필요도 없다. 1/20이든 1/30이든 형편에 맞게 하면 된다. 매달 온라인으로 송금하면서 키워주신 부모 은혜에 다소나마 보답하려고 해야 한다. 마음만으로 고마워해서는 안 된다. 형식도 있어야 하고 물질도 오가야 애정도 더 깊어진다.

어쨌든 발복에 대해서 더 말하기로 하자. 조상의 묘 중 명당보다 흉지에 있는 묘가 훨씬 더 많다. 명당 기운이 더 강하여 흉지의 피해를 상쇄할 수 있다고 말하는 풍수가는 없다. 오히려 흉지를 피하는 것이 명당에 쓰는 것보다 더 중요하다고 한다. 그렇다면 흉지에 있는 조상 묘가 훨씬 더 많은데 어떻게 발복을 기대할 수 있겠는가?

조상 묘를 명당에 쓴다고 해서 자손이 과연 잘되었는가? 필자는 대학에서 한국사를 가르치고 있지만, 그러한 사례는 단 하나도 없다. 살아있는 부모도 도와줄 수 없는 일이 허다하지 않는가? 그런데 돌아가신 조상이 어떻게 도와줄 수 있겠는가?

역사적으로도 통념과 차이가 있다. 명당 때문에 자손이 잘된다는 것이 아니라, 자손이 잘되었기 때문에 조상의 묘 중 하나가 명당으로 칭해졌다. 즉 결과론적으로 보았다. 그런데 조상의 묘로 인해 길흉화복이 나타나는 것으로 변해버렸다. 묏자리 잡는 일이 돈벌이 수단으로 이용하면서, 묘로 인한 길흉화복이 사실처럼 굳어져버린 것이다.

후손이 잘 되었기에 조상 묘가 명당이 되었다

유명 명당이라 칭해지는 곳 모두 그렇지만, 조선시대 명문 중 광산김씨 하나만 예로 들어 설명하기로 하자. 김장생과 그 아들 김집, 김반을 비롯하여 걸출한 인물이 많이 배출되자 그 원인을 조상 묘의 발복으로 간주하여, 김장생의 고조부 김극뉴 묘를 명당이라고 했다. 즉 그 묘가 처음부터 명당으로 칭해진 것이 아니라, 뛰어난 후손이 많이 배출되자 명당으로 칭해지면서 결국 조선 8대 명당 중 하나가 되었다. 그런데 그 묘가 수맥이 모이는 가장 나쁜 곳이란 점은 앞에서 이미 언급했다.

김장생의 후손 중 자손이 없기도 하고 요절하거나 전쟁 때 피살된 후손도 많다. 같은 후손 중 잘된 후손은 극소수에 불과하다. 후손 중 일부만 잘되는 것은 발복이 아니다. 깨물어 아프지 않은 손가락 없듯이, 어느 조상이 후손 중 일부만 도와주겠는가? 능력 있는 후손만 도와준다면 발복이 아니다. 능력 여부와 관계없이 모든 후손이 잘되어야 한다.

혹 조상의 묘를 명당에 쓰면 심리적인 효과가 있을 수 있다. 예컨대 일본 군마현 만덕사에 소원을 비는 변기가 있는데, 인연을 끊으려면 검은 글씨로 쓴 부적(符籍)을 그 변기에 넣어 물을 내려 보낸다. 그 반대로 인연이 지속되기를 바라면 빨간 글씨의 부적을 사용한다고 한다. 그런데 그 해괴한 일의 효과를 믿는 사람도 있다는 것이다.

이른바 플라시보 효과(僞藥效果, placebo effect)는 있을 수 있다. '플라시보'라는 말은 '마음에 들게 한다, 만족시킨다, 즐겁게 한다'는 뜻의 라틴어다. 환자에게 가짜 약을 진짜 약이라면서 속이고 먹여도 나을 수 있다고 믿으면 어느 정도 효과가 있다는 것이다. 우리 조상들이 정화수 앞에서 기도하면 병이 낫는다고 생각했듯이, 효험이 있을 것이라는 믿음 때문에 다소 좋아지는 심리적인 현상이다.

그 반대 개념이 노시보 효과(nocebo effect)다. 나빠질 것이라는 생각 때문에 몸이 더 나빠지는 현상이다. 진짜 약을 써도 환자가 낫지 않을 것이라고 생각하면 실제로도 낫지 않는다는 것이다. 그런데 플라시보효과보다 노시보효과의 영향이 더 크다고 한다. 흉지에 있는 묘의 나쁜 영향을 그렇게 생각할 수도 있지만, 그 일시적인 심리현상까지 거론할 필요는 없다.

그렇게까지 말했는데도 묘의 피해를 걱정한다면, 숯을 이용하여 묘의 수맥을 차단하면 된다. 주택에서 수맥을 차단하면 피해가 없듯이 묘도 그와 같기 때문이다. 그렇게 하면 적어도 조상 묘로 인한 피해를 걱정할 일이 없을 것이다.

묘를 통해 복 받는다는 믿음은 좋은 날이 있다고 믿는 것처럼 일종의 민간신앙에 불과하다. 흔히 이장(移葬)이나 이사, 결혼 등에 '손 없는 날'을 택한다. '손(손님)'이란 날짜에 따라 여기저기 다니면서 방해하는 귀신을 가리킨다. 그 귀신이 음력으로 매월 1~2일은 동쪽에 가서 방해하는 요술을 부리고, 3~4일 남쪽, 5~6일 서쪽, 7~8일에는 북쪽에 있다가, 9~10일에 하늘로 돌아간다고 한다.

그래서 1~2일에는 동쪽으로 이사 가지 않고, 3~4일에는 남쪽으로 가지 않았다. 때문에 동서남북 따질 것 없이, 하늘로 돌아가 방해하지 않는 9~10일, 즉 매월 9, 10, 19, 20, 29, 30일을 좋은 날이라고 한다. 그 때문에 그러한 날이나 윤달(閏月)에 이사, 결혼식, 상량식, 이장을 했다. 흥취를 위한 놀이문화로는 가능하겠지만 그것이 과연 효과가 있는지, 온갖 어려움을 무릅쓰고서라도 꼭 그렇게 해야 하는 것인지 생각해보라.

그 좋은 날이나 '아홉수', '삼재(三災)' 등 허구에 불과한 것이 묘에 의한 발복이다. 그러나 그 명당바람에서 자유스러운 사람은 거의 없다. 독실한 종교인도 좋은 것이 좋다면서 묵인하기 마련이다. 사실 '복(福)'이라는 용어가 추상적이어서 아무도 알 수 없어 '복'타령을 했을 뿐이다. 지금은 세배나 조상과 연결시킬 때만 쓰는 말이지만, 옛날에는 요즈음의 '사랑'타령 하듯이 '복'이란 말을 입에 달고 살았다.

아무튼 조상의 음덕으로 복 받으려고 명당에 묘를 썼듯이, 부모에게 효도하려고 손가락을 자르거나 허벅지 살을 떼어 봉양하기도 했다. 즉 단지(斷指) 할고(割股)라 하여 손가락 찢어 피를 먹이거나 허벅지 살을 떼어 먹이는 것이 조선시대 효행이었다. 또 여묘(廬墓) 즉 '시묘살이'라고 하여 묘 주위에 움막을 짓고 3년(만 2년)이나 살았다. 모든 생활을 전폐하면서 머리도 감지 않고 돌아가신 부모에게 애도만 했다. 그러한 폐습이 당시에는 효행이었고 미풍양속이었다. 전근대 효도가 그렇게 터무니없었다. 그들 풍속이 흔적도 없이 사라졌듯이, 묘의 발복에 대한 믿음 역시 사라져야 할 폐풍이다.

일본 강점기 쇠말뚝은 과연 영향이 있었는가?

일본 강점기 쇠말뚝 이야기는 종종 뉴스가 되기도 한다. 그 쇠말뚝 제거는 '역사 바로 세우기' 운동의 일환으로 김영삼 정부(1993~1997) 때 본격적으로 전개되었다. 반일감정과 풍수지리설이 결합된 특이한 민족주의 현상이다.

풍수지리설에 의하면 명산에는 지기(地氣)가 흐르는 지맥(地脈)이 있는데, 일본인이 우리나라 명산의 지맥을 끊어 명당의 발복이 있지 못하게 했다는 것이다. 때문에 지맥을 끊어 훌륭한 인물이 출현하지 못하게 했던 쇠말뚝을 제거할 필요가 있다는 것이다. 그 쇠말뚝 제거는 매스컴의 지원 아래 대대적으로 전개되면서 뉴스가 되기도 했다.

쇠말뚝 뽑는 것보다 잘못된 역사 바로 잡아야!

우리의 민족정기를 말살하려 했던 일본의 불순한 의도는 지탄받아야 마땅하다. 그러나 쇠말뚝 문제보다 더 중요하고 시급한 것이 식민사관 청산이다. 중국의 황하문명보다 1,000~2,000년 전, 이집트 피라미드보다 500~1,000년 전 꽃피운 세계 최고 문명이라는 요하문명

(홍산문화)의 주체가 바로 우리 민족이다. 그 찬란한 문화를 꽃피웠지만 어느 나라 역사든 흥망성쇠가 있듯이, 19세기 말 국력이 약해지자 일본은 우리나라를 식민지로 삼으려고 수단 방법을 가리지 않았다. 근대화 명분으로 일본의 역할과 사명을 강조하면서 침략을 합리화 정당화했다. 즉 우리 민족이 의타주의 사대주의 성향이 강하고, 자주성 협동성이 적고 체념적이라면서 반도적 성격, 정체성(停滯性), 사대주의, 당파성 등 부정적인 면을 강조하였다. 심지어 식민사관에 의해 우리 역사를 서술하기도 했다. 그 대표적인 책이 1938년 총독부에서 간행한 총 37권 24,111쪽으로 이루어진『조선사(朝鮮史)』인데, 이병도(1896~1989) 등이 그 편찬에 참여했다.

문교부(전 교육부)장관까지 역임했던 이병도는『삼국사기(三國史記)』고구려, 백제, 신라의 초기 기록을 아무런 근거도 없이 믿을 수 없다고까지 했다. 일본 식민사학자의 제자답게 우리 역사를 왜곡한 것이다. 서울시 송파구 풍납동에 있는 백제 초기 풍납토성(風納土城)의 축성시기, 축성기법이나 그 규모만 보아도 그러한 주장이 터무니없음은 너무도 자명하다.

그런데도 그의 주장은 그와 똑같이 사료를 제멋대로 해석하는 그의 제자들과 주류사학자들에 의해 금과옥조처럼 신봉되고 있다. 그리하여 고구려, 백제, 신라의 건국 전후시기를 '삼국시대 전'이나 '삼국시대 초'로 칭하지 못하고, '원삼국시대(原三國時代)'라는 해괴한 용어로 서술하고 있는 실정이다. 이 정도만 이야기해도 우리나라 고대사학자들이 얼마나 병신 짓을 하고 있는지 짐작할 것이다.

이병도는 '조선총독부 중추원 부의장 이위대훈위 우봉 이공지구(朝鮮總督府 中樞院 副議長 二位大勳位 牛峯 李公之柩)'라 씌어 있는 이완용(1858~1926)의 관을 태워버리기까지 했다. 이완용은 33촌 간의 전라관찰사 이호준(재임기간: 1870~1872)의 양자가 되면서 승승장구했다. 결국 1905년 을사5적 중 하나였으며, 1910년에는 총리대신으로 한일병합조약을 체결하여 나라까지 팔아먹었다. 그의 관이 그의 고향 익산시 낭산에서 출토되어 원광대학교 박물관에 보관되어 있었다. 그런데 이병도가 그의 친척 이완용의 흔적을 지워버리려고 그 관을 태워버렸다. 사이비 역사학자였음을 자처한 것이다.

그 흠결 많은 이병도의 학설은 아직까지 생명력이 있다. 그의 손자가 2000년대 서울대총장과 문화재청장까지 역임했다. 그런데다 역사적 사실에 근거한 건전한 비판은 물론 스승 선배 및 주류학자들의 주장마저 비판하지 못했으니, 그처럼 생명력이 있었던 것은 어쩌면 당연한 결과다. 따라서 이병도 같은 문화 권력자의 흔적을 지워버리는 것이야말로 가장 중요한 우리 역사 바로세우기다. 잘못된 역사 바로잡는 것이 쇠말뚝 뽑는 것보다 더 시급하고 중차대한 일이어서 언급한 것이다.

명당이든 수맥이든 쇠말뚝의 영향을 받지 않는다

풍수지리에서 산의 기운이 용의 형상처럼 뻗어 내려간다고 해서 지맥(地脈)을 용맥(龍脈)이라고도 한다. 인체의 혈맥처럼 산의 기(氣)가 지맥을 통해 흐르는데, 쇠말뚝을 박으면 지맥 즉 산의 기운인 정기(精氣)

가 끊겨버린다는 것이다.

그러나 지맥은 실체가 없는 허상일 뿐이다. 실체가 없는 지맥을 끊는다는 것 자체가 어불성설이지만, 명당·수맥 모두 쇠말뚝의 영향을 받지 않는다. 일본 강점기 우리나라 명산에 쇠말뚝 박아, 풍수설을 믿었던 우리국민에게 패배의식을 각인시켜 식민지배에 체념하게 했던 것은 사실이다. 그러나 명당으로 인한 발복도 있을 수 없지만, 쇠말뚝으로 인해 명당이 없어지지도 않는다. 쇠말뚝을 박으면 명당이 없어진다는 그 통념은 허구에 불과하다. 이러한 점은 그 흔한 철근 한 토막 주워다가 확인해보면 금방 알 수 있다.

숯 뜸 역시 의미가 없다. 일본인들은 쇠말뚝 박듯이 명산에 숯으로 뜸을 뜨기도 했다. 숯은 쇠말뚝과 달리 명당·수맥 모두 없애버리는 것은 사실이다. 그러나 일본인도 명당 찾을 능력이 없어 숯 뜸떴던 곳에 명당은 거의 없다. 백 번 양보하여 뜸떴던 곳의 명당 여부는 논외로 하더라도, 뜸 자체가 의미가 없다. 주택이나 아파트는 물론 아무데나 흔전만전한 것이 명당이다. 그 많은 것 중 인간과 거의 관계가 없는 깊은 산 속의 몇 백, 몇 천 개를 없앴다고 해서 무슨 의미가 있겠는가? 의미 없는 일에 견강부회할 필요가 없다. 쇠말뚝박기나 숯 뜸은 황당한 풍수설에 의한 무지의 소치였다고 치부해버리면 그만이다.

묘는 도장(倒葬)해도 무방하다

도장은 두 가지 뜻이 있다. 하나는 남의 땅에 몰래 시신을 묻는 암장(暗葬), 투장(偸葬), 암매장(暗埋葬) 등의 도장(盜葬)이 있다. 또 하나는 후손의 묘가 조상의 묘 위쪽에 있는, 즉 조상과 후손의 묘를 거꾸로 썼다는 뜻의 도장(倒葬)이 있다. 여기서는 뒤의 도장, 즉 역장(逆葬)에 대해 언급하려고 한다.

흔히 도장하면 안 된다지만, 조선시대에는 널리 행해진 장례 풍습이었다. 전북 부안에 위치한 석동산(席洞山)은 돼지 젖처럼 명당이 많다고 해서 저동산(猪洞山)이었다. 그런데 돗자리 깔만한 곳만 있어도 묘를 썼다고 해서 석동산으로 바뀌었다. 아무튼 부안김씨 묘 수백 기가 있는데 그 중 한 구릉만 조사해보면, 조상이든 후손이든 가리지 않고 빈자리만 있으면 묘를 썼다.

그들 묘는 조선 초부터 18세기까지 조성되었다. 그 옆 구릉의 전주최씨 묘도 마찬가지다. 그처럼 18세기까지는 도장이 전혀 문제되지 않았다. 이러한 현상은 필자가 조사했던 부안김씨나 전주최씨 묘만 그러한 것이 아니다. 묘가 집단적으로 있는 곳은 모두 다 그러했다. 도장하면 안 된다는 풍습이 생긴 것은 조선시대 말기다. 가문숭상의 풍조가 심화되면서 도장이 금지되고 묏자리도 조상과 후손이 차별화된 것이다.

도장만 금지된 것이 아니다. 묘를 옆으로 나란히 쓸 때도 관행이 있었다. 망자(亡者) 즉 묘 주인공을 기준으로 오른쪽(서쪽)에 조상 묘, 왼쪽(동쪽)에 후손 묘를 썼다. 즉 '살아서는 동쪽을 상위(上位)로 하고(生則以東爲上), 죽어서는 서쪽을 상위로 한다(死則以西爲上)'는 관습은 조선시대 초·중기 왕실에서나 통용되었다. 그러나 그 관습이 조상숭배 풍조가 만연하게 되는 18세기 이후 일반 백성의 묘에까지 점차 확대되었다.

게다가 가족의 사주(四柱)까지 보면서 이장하기도 한다. 사주는 60(년)×12(월)×30(일)×12(시각)=259,200의 사례에 불과하다. 태어난 연월일시(年月日時) 즉 사주가 같으면 그 운명도 같아, 우리나라 5천만 중 200명, 세계인구 60억 중 24,000명 모두 똑같은 삶을 살고 죽는 날까지 같다고 한다. 그 사주를 2~3군데에서 보기만 해도 각기 다르다는 것을 확인할 수 있지만, 그 정확성 합리성에 대해서는 논외로 하자. 아무튼 가족의 사주까지 고려해서 이장한다는 것 자체가 얼마나 허황한 일인가? 현실적으로 그 많은 후손의 사주에 맞추어 조상 묘를 이장할 수도 없다. 더욱이 처음 묘 쓸 때는 사주보지 않는데, 이장할 때 사주를 보아야 한다면 그 이유가 분명해야 한다. 그러나 그 이유를 설명할 수 있는 풍수가는 없다.

풍수설의 불합리성에 대해서는 할 말이 너무 많다. 그러나 이만 줄이고 매년 추석이 다가오면 피할 수 없는 벌초 문제에 대해서 잠시 생각해보기로 하자. 전국 각지에 흩어져 살던 자손들이 함께 벌초하면서 화목해 하는 모습은 정겨울 수밖에 없다. 그러나 자녀가 적은데다 조상숭배 의식도 변하여 서로 미루면서 불화가 있기도 한다. 때문에 몇 시간 걸리는 곳에 있는 조상 묘의 벌초가 쉬운 일이 아니다.

풍요로울수록 이기적이고 똑똑할수록 싸가지가 없다. 부족해야 겸손해져 상대방을 배려하는데, 부족한 것이 없으니 상대방을 배려하지 않는다. 옛날 효성이 지극했던 것도 사회풍조가 그러하기도 했지만, 부모가 고방(庫房)열쇠를 쥐고 있었던 결과다.

그러나 부모의 경제권이 없어지면서 자식사랑이 더 중시되었다. 부모와 달리 자식은 만만한데다 즐거움까지 준다. 하기 싫어도 해야 하는 부모봉양과 좋아서 하는 봉사활동이 다르듯이, 간섭하는 부모에 대한 사랑과 간섭할 수 있는 자식 사랑이 같을 수 없다. 그래서 그럴싸하게 합리화 포장하여 '내리사랑'이 더 크다고 한다. 그처럼 경제적 독립과 더불어 효도에 대한 인식도 변해버렸다.

살아있는 부모에 대한 효도인식도 변했는데, 장례(葬禮)나 제례(祭禮)는 더 급격히 변할 수밖에 없다. 사실 1960년대까지도 장례 풍습이 매우 엄격하여 반드시 곡(哭)을 했는데, 사위나 손자는 '아이고 아이고'하지 못하고 '어이 어이'했다. 장례 후에도 3년 동안 아침저녁으로 영실(靈室, 靈戶)에 상식(上食)을 올렸고, 초하루·보름에는 삭망제(朔望祭)라 하여 음식을 평소보다 성대하게 차렸다. 심지어 2,000년대 이전에는 집밖에서 사망하면 객사(客死)라고 하여 자손에게 해악이 있다고 믿었다. 때문에 그 객사를 피하려고 병원에서 사망하기 직전 집으로 모시고 왔다. 그래서 주택이나 아파트가 아닌 장례식장에서 장례를 치루면 문상가면서도 수군거리며 흉보았을 정도였다. 그러나 지금은 그러한 풍습이 흔적도 없이 사라져 모두 장례식장에서 장례 치루고 있다.

벌초문화 역시 변하기 마련이다. 조선 태조 이성계의 묘 즉 건원릉은 벌초하지 않는다. 태조가 유언으로 고향 함흥에 묻어달라고 했다. 그러나 그 아들 태종은 여러 여건상 그 유언을 따를 수 없어 함경도 함흥에서 가져 온 잔디를 쓰는 것으로 대신할 수밖에 없었다. 그 때문에 건원릉은 벌초하지 않는다고 한다. 중국에서도 묘에 풀이 무성해야 후손이 잘된다고 믿어 일부러 벌초하지 않았다.

벌초하지 않으면 안 되는 특별한 이유가 있는 것도 아니다. 조상에 대한 효도와 연결시키면서 관습적으로 했을 뿐이다. 더욱이 벌초문제로 형제 간에 불화까지 생긴다면, 그 어려움을 무릅쓰면서까지 계속해야할지 고민할 때가 되었다. 늦가을이면 풀은 어차피 죽는다. 추석 때만이 아니라 여유 있을 때 벌초할 수도 있고, 벌초하지 않더라도 틈날 때 추모하면서 대충 정리해도 된다. 벌초보다는 부모님이 항상 강조했던 '남에게 죄짓지 말라'는 그 평범한 말씀이라도 되새기는 것이 더 중요할 것이다.

제2장
수맥에서는 아토피는 물론 성적도 좋을 수 없다

1. 수맥은 신체리듬을 교란한다
2. 수맥 위에서 공부 잘하는 학생은 없다
3. 수맥 위에서는 두통에 시달리고 신경질적이다
4. 수맥은 암과 중풍, 불임의 원인이 되기도 한다
5. 아토피의 원인도 수맥이다
6. 수맥의 영향은 체질과 관련이 없다

1. 수맥은 신체리듬을 교란한다

    수맥의 실체나 영향은 너무 복잡하여 이를 규명하면 노벨상도 받을 수 있을 것이라고 한다. 그런데 한국사를 연구하는 필자가 그 복잡한 것을 규명하기는 불가능한 일이다. 그 실체나 영향을 규명하는 것은 과학자들의 몫으로 남겨두고, 단지 내가 느끼고 감지했던 것을 가감 없이 정리해보려고 한다.

수맥이란 무엇인가?

    그 복잡한 것을 단순히 수맥으로 칭하기에는 문제가 있다. 수도관이나 물탱크가 있다고 해서 수맥파가 감지되지 않는다. 물의 양이 적어서 그렇다고 할 수도 있다. 그렇다면 호수나 바다처럼 엄청난 양의 물

위에서는 항상 수맥파가 감지되어야 하지만, 땅 위에서처럼 있는 곳에만 있다. 또 물의 압력에 의해 파장이 발생한다면 높이에 따라 그 영향이 달라져야 한다. 아파트에서도 저층보다 고층에서 그 영향이 적어야 하지만, 높이와 관계없이 똑같아 물의 파장으로 설명할 수 없다. 동남아시아에서 흔히 볼 수 있는 수상가옥에서도 큰 불편 없이 산다. 때문에 수맥을 물의 파장이나 영향으로 설명할 수 없다.

수맥과 반대 개념인 명당은 물과 관계가 없어, 자기장맥(磁氣場脈) 즉 자맥(磁脈)으로 설명해야 한다. 따라서 수맥·명당의 영향을 함께 설명하려면 자맥이라고 해야 할 것 같다. 설사 자맥이 정확한 용어는 아니더라도 더 근접한 용어일 것이다.

필자의 추론으로는 자기장이 어느 곳이든 일정하게 있는 것이 아닌 것 같다. 옷처럼 구김살도 있고 그 구김살 때문에 주위가 더 펴진 곳도 있듯이, 자기장이 뭉쳐있거나 흩어지기도 하여 그 강약에 차이가 있는 것 같다. 이러한 현상을 현재 과학으로는 측정하기 어렵다지만 수온이 1°만 달라져도 어류 생태계가 바뀌듯이, 자기장의 강약에 의해 인체에 미치는 영향도 차이가 있는 것 같다.

그런데 아무리 큰 수맥도 명당을 뚫고 가지 못하고 피하여 흐른다. 그러나 숯, 다이아몬드, 금붙이(백금은 영향을 미치지 않음), 동전 등에 의해 명당이 없어지면서, 수맥도 그 전과 전혀 다른 방향으로 흐른다. 자기장의 강약에 의해 그 영향을 받는다고 할 수 있다. 때문에 명당이 없어진 후에 나타나는 수맥의 이동현상은 자기장의 영향으로 설명할 수밖에 없다. 따라서 수맥·명당의 영향을 더 쉽게 설명하려면 자기장 즉 자맥의 영향으로 서술해야 할 것 같다.

 필자가 출판사에 처음 원고를 넘길 때 자맥이라는 용어를 썼지만, 그 생소한 용어를 쓰기에는 한계가 있었다. 독자들에게 익숙한 수맥으로 서술할 수밖에 없었다. 그러나 이 책이 출간된 지 수년이 지나, 필자의 의도대로 자맥으로 칭하려고 한다. 그 자맥에는 수맥·명당이 있는데 인체에 해로운 영향을 미치는 것이 수맥이고, 유익한 영향을 미치는 것이 명당이다. 자맥의 하위 개념으로 수맥·명당이 있다고 이해하면 될 것이다. 이처럼 용어를 바꾸어 풍수설이나 미신으로 취급하는 작금의 실태에 변화가 있었으면 하는 바람이다.

 수맥·명당 모두 자맥으로 칭한다고 해서 독자들이 혼란스러울 것도 없다. 더 정확하다거나 근접한 용어라고 생각하면 된다. 물론 수맥·명당이 부정확한 용어라고 단정하기도 쉽지 않다. 자기장이 물을 유인하거나 배척하는 현상이 있는데, 눈으로 직접 볼 수 있는 물의 유무(有無)에 의해 구별했다고 할 수도 있기 때문이다. 따라서 독자들에게 혼란을 주지 않기 위해 더 익숙한 수맥·명당이라는 용어를 주로 사용하되, 자맥과 혼용하여 서술하기도 할 것이다.

 외국에서는 주로 '지구물리학적 스트레스(geophysical stress), 지구유해파(harmful earth radiation)'로 정의하고 있다. 즉 지각이 물리학적 스트레스를 받을 때 발생하는 해로운 파, 혹은 지각에서 발생하는 해로운 방사선이라는 것이다. 물의 흐름에서 발생하는 파장이라기보다는 지각에서 발생하는 해로운 모든 에너지를 칭하고 있다.

 모든 유해파라는 것이다. 이처럼 우리가 '수맥파'라고 하는 것을 외국에서는 지각에서 발생하는 '모든 유해파'로 정의하고 있다. 이처럼 수맥의 실체에 대해서는 지구 내부 현상에 기인하여 만들어지는 파장으로 인한 지하수 흐름, 지구의 자기적 에너지, 방사선, 지질학적 균열이나 단층을 포함한 지각에서 나오는 모든 해로운 파형에너지 등으로 다양하게 칭하고 있다.

그러나 필자는 독자들이 이해하기 쉽게 다음과 같이 정의하려고 한다. 지각에서 발생하는 자맥의 파장 중 인체에 해로운 파장이 발생하여 신체리듬을 교란하는 것이 수맥이고, 유익한 파장이 발생하여 신체리듬에 도움을 주는 것이 명당이다.

수맥탐사의 역사와 그 현황

수맥탐사의 현황과 그 역사에 대해서는 김창규,『수맥 그리고 현대인의 건강』(대학서림, 2008) 및 강진수,『수맥과 현대인의 건강』(새벽소리, 2002) 등을 참고해서 간단히 서술하기로 하자. 그 역사는 기원전까지 올라간다. 기원전 1,700년대 이집트의 파라오 람세스가 버드나무 가지로 사막에서 우물을 찾았다는 기록이 있다. 중국에서도 기원전 3~4천년에 우물을 파기 위해 개암나무나 진이 없는 나무를 이용했다고 한다.

그러나 그 탐사가 활발해진 것은 20세기 이후였다. 미국의 ASD (American Society of Dowsers) 즉 수맥탐사가협회를 비롯하여, 영국 독일 프랑스 등에 수맥을 연구하기 위한 각종 협회나 학원 및 전문대학이 많다고 한다.

과학자들도 많은 연구결과를 발표하였다. 그 중 몇 가지만 간단히 서술하기로 하자. 독일 물리학자 슈만(W. O. Schuman)은 1952년 전기자장이 발생하여 호르몬 분비에 영향을 준다고 했다. 지구의 고유 주파수 7.8Hz는 인체에 해롭지 않지만, 수맥파는 전자파의 간섭에 의해 발생하는 비정상적인 파동으로 뇌파에 영향을 미친다는 것이다.

네덜란드의 지질학자 트롬프트는 1968년 유네스코에 제출한 보고서에서, 수맥에서는 흥분을 유도하는 아드레날린 분비가 많아지고 호흡이 빨라져 심장박동수가 많아져 산소 소비량이 증가한다고 했다. 독일 베스트셀러 작가 괴테 바흘러도 "수맥에서 생활하면 아무리 건강한 사람도 10여 년 후에는 치명적인 병에 걸린다. 그 병은 암이거나 그 이상의 병이다."고 했다.

미국이나 유럽에서 수맥 찾는 일을 전문으로 하는 수맥탐사가(dowser) 역할이 크다고 한다. 미국에서는 탐사와 더불어 건강 상담도 한다고 한다. 독일에서도 이들을 자연치유사라고 하여 건강증진에 기여하게 하면서, 그들 협회의 인증 없이는 건물도 짓지 못하게 한다는 것이다. 그리하여 주택이나 건물의 수맥 감정서를 요구하는 것이 상식이라고 한다. 이처럼 서양에서는 과학으로 인식하고 있다.

우리나라에서 수맥으로 가장 잘 알려진 분은 프랑스 신부 에밀리아노다. 그는 한국전쟁 후 농촌과 군부대에 우물자리를 500여 개나 지정해주었던 공로로 훈장까지 받았다. 임응승 신부도 우물이나 성당의 위치를 지정해 주거나 책도 저술하여 많이 알려져 있다. 그들의 활동으로 인하여 수맥에 대한 인식도 점차 확산되었다.

그러나 그 신부들도 풍수지리설과 연결시켰고, 자칭 수맥 전문가들도 묏자리 잡는 일에 치중하면서 풍수설의 전철을 밟고 있다. 더욱이 조상 묘로 인한 길흉화복을 믿는 사람들이 많아 묘와 관련지어야 성가(聲價)도 높아져 큰돈을 벌 수 있었다. 그렇더라도 수맥을 정확히 차단할 수 있다면 다행이지만, 어설픈 능력으로 임하는 자들이 대부분이다. 심지어 초능력이나 투시력, 텔레파시 운운하는 자들까지 있다.

수맥은 신체리듬을 교란하여 각종 질병을 유발한다

수맥으로 인해 생기는 파장이 수맥파여서, 수맥과 수맥파를 구분해야 한다. 그러나 그 영향을 지상으로 한정한다면 구분하지 않거나 혼용해도 된다. 지하의 영향까지 확대하는 것은 전문 학자들의 일이다. 지상의 영향으로 한정한다면 수맥과 수맥파를 구분할 필요가 없어, 이 책에서도 혼용할 것이다.

수맥파의 영향은 헬리콥터에서도 감지된다고 한다. 그러므로 고층빌딩이나 기껏해야 30~40층의 아파트 높낮이 운운할 필요가 없다. 그러나 수맥파는 수직 상승하는 특징이 있어, 그 옆에서는 영향을 받지 않는다. 또 수맥을 차단하더라도 그 위아래 층에서는 차단효과가 없다.

수맥은 신체리듬을 교란하여 각종 질병을 유발한다. 건강한 사람과 달리 허약한 사람은 에너지장이 약하다고 한다. 수맥도 인체의 에너지장을 약하게 한다. 즉 수맥파가 면역기능을 떨어뜨리고 DNA 증식을 억제하면서, 정상적인 세포분열을 방해하여 질병에 취약하게 한다. 이처럼 신진대사가 원활하지 못하여 발생하는 대사성 질환은 물론, 몸이 약해져 세균성 질환에도 취약하다는 것이다.

그런데 수맥파가 신체리듬을 어떻게 교란하는가에 대해 설명하기는 쉽지 않다. 물리학, 의학의 어려운 용어까지 동원해야지만, 자세히 설명할수록 더 어렵고 복잡해진다. 따라서 앞의 '수맥탐사의 역사와 그 현황'처럼 그들 책을 요약하면서 수맥으로 인한 결과만을 서술하기로 하자.

독일의 브론 프라이헤르(Bron Freiherr)는 1929년 다뉴브 강변의 암 발생률이 높은 한 마을을 조사했는데, 그 마을의 암 사망자 54명 모두 수맥에서 생활했다고 했다. 아돌프 엘라헤메거(Adolf Elachemegger)도 수맥으로 인해 혈액장애, 악몽, 우울증, 자살기도 등의 발생률이 높다고 했다. 하거(Hager) 역시 1910~1932년 암 사망자 5,348명의 주택을 조사했는데, 그 대부분이 침대에 수맥이 있었다고 했다.

오스트리아 카데 바하(Kathe Bacher)도 그가 조사했던 3,000여 주택 중 암에 걸린 500여 명의 침실에 수맥이 있었다고 했다. 또 학습장애 학생 95%가 수맥파가 강한 곳에서 잠자거나 학습했다고 했다. 비인대학 교수 오토 버그만은 수맥에서 10분만 있어도 혈액순환, 혈압, 맥박, 호흡, 피부 등에 해로운 영향이 있다고 했다.

미국 머시 암센터의 한 학자는 암환자 1/2 이상은 수맥과 관련이 있다고 했다. 일본의 노동성 산업의학연구소에서도 수맥파로 인해 암 등 종양세포에는 혈액의 TNF-a가 보통 때의 75% 수준으로 떨어진다고 했다.

위의 많은 사례를 통해서 수맥이 암 등 각종 질병의 원인이었음을 확인할 수 있다. 그 사례들이 수맥피해 중심이어서 다른 요인보다 수맥을 더 확대 해석했을 수도 있다. 설사 그렇더라도 질병의 중요한 원인이 수맥이라는 것은 분명하다.

2. 수맥 위에서 공부 잘하는 학생은 없다

학부모의 가장 큰 관심사는 자녀의 성적이다. 못 배워 서러움 당한 부모만 그러한 것이 아니다. 많이 배워 부와 명예를 이룬 부모일수록 더 열성적이다. 맹자 어머니가 3번이나 이사했다는 맹모삼천(孟母三遷) 의 고사도 있다. 『효경(孝經)』에도 효의 시작은 부모가 준 몸을 상하지 않게 하는 것이고, 효의 끝은 입신양명하여 부모까지 현양하는 것이라고 했다.

그 거창한 목적이 아니더라도 우리 현실에서 하고 싶은 일 하면서 여유 있게 살려거나, 언제 어디서든 주눅 들지 않고 당당하게 살려면 공부하지 않을 수도 없다. 그래서인지 임신하면서부터 태교(胎敎)하기도 하고, 파출부나 막노동하면서도 자녀 과외 시키고 있다. 효험이 있다는 곳에서 기도하는 광경도 흔히 볼 수 있다. 그처럼 자녀교육에 열성적이다.

열심히 공부해도 성적이 오르지 않는다면 수맥을 의심해라

공부 잘하기 위해서는 다양한 방법이 있겠지만, 모든 사람에게 적용할 수 있는 객관적인 방법이 있는 것은 아니다. 게다가 유전적 환경적 요인도 있다. 그렇지만 목표와 꿈이 있다면 못할 일도 아니다. 욕심까지 있어 열심히 공부해도 성적이 향상되지 않는다면, 특히 다음 증상이 있다면 그 원인을 곰곰이 따져보아야 한다.

"책상 앞에 앉기만 하면 머리가 무겁다. 멍하게 있을 때가 많고 무기력하다. 다른 사람보다 월등히 많은 시간 공부해도 성적이 향상되지 않는다. 정신이 산만하다."고 한다. 그렇다면 그 원인으로 수맥을 의심해야 한다.

앞에서 '학습장애를 받는 학생들의 95%가 수맥파가 강한 곳에서 잠자거나 학습했다'는 연구가 있었다. 수맥이 작거나 수맥에 민감하지 않다면 의지력으로 어느 정도 극복할 수 있다. 그러나 대부분이 책상에 계속 앉아 있지 못하고 들락거려 공부시간이 적을 수밖에 없다. 학업성적은 집중력과 시간에 비례하는데, 집중력이 떨어진 상태에서 학습시간까지 짧다면 학업성적이 좋을 수 없다.

수맥과 관계없지만 공부 이야기가 나왔으니, 여담으로 그 유명한 정약용(丁若鏞, 1762~1836)의 제자 황상(黃裳, 1788~1870)에 대해 잠시 언급하면서 쉬어가기로 하자. 황상은 정약용의 가르침으로 대성한 학자다. 그는 1802년 천주교(天主敎) 신자였다는 죄목으로 전라도 강진(康津)에 귀양 온 정약용을 만나면서 공부하기 시작했다. 그는 모든 사람들이 천주장이라며 문을 걸어 잠그고 받아주지 않아, 주막의 방 한 칸 빌려 기식하던 정약용을 찾아갔다. 한양에서 온 분이 아전의 아이들을 가르친다는 말을 듣고 용기 내어 주막을 찾아 간 것이다. 이렇게 해서 정약용을 만나게 되었고, 정약용으로부터 문사(文史) 즉 고전을 공부하라는 권유를 받았다.

그러자 쭈뼛쭈뼛하더니 부끄러워하면서 "선생님! 제가 세 가지 병통이 있습니다. 첫째는 너무 둔하고, 둘째는 앞뒤가 꽉 막혔으며, 셋째는 답답합니다."라고 하였다. 그러자 정약용이 "배우는 사람에게 흔히 세 가지 큰 병통이 있다. 네게는 그것이 없구나. 첫째 외우기를 빨리 하면 재주만 믿고 공부를 소홀히 하는 폐단이 있고, 둘째 글재주가 좋은 사람은 속도는 빠르지만 문장이 부실하게 되는 폐단이 있고, 셋째 이해가 빠른 사람은 한번 깨우친 것을 대충 넘기고 곱씹지 않아 깊이가 없다."고 했다.

이어 "우둔한데도 계속 열심히 하면 지혜가 쌓이고, 막혔다가 뚫리면 그 흐름이 성대해지며, 답답한데도 꾸준히 하면 그 빛이 찬란하게 된다. 둔한 것이나 막힌 것, 답답한 것도 첫째도 부지런하고, 둘째도 부지런하고, 셋째도 부지런하면 풀리기 마련이다. 너는 평생 '부지런함'이란 글자를 결코 잊지 말아라. 부지런하려면 네 마음을 다잡아서 딴 데로 달아나지 않게 해야 한다. 그렇게 할 수 있겠느냐"라고 했다.

그 후 황상은 정약용의 가르침을 평생 잊지 않고 실천하였다. 스승의 말을 마음에 새기고 뼈에 새겨 감히 잃을까 염려했다. 그리하여 정약용이 가장 아끼는 제자로서 훌륭한 학자가 될 수 있었다. 그의 시는 추사 김정희도 극찬했다고 한다.

황상은 열다섯 살에 시작했지만 훌륭한 학자가 되었다. 그처럼 어렸을 때부터 공부를 잘해야 대성할 수 있는 것은 아니다. 늦었다거나 우둔하다고 포기해서도 안 된다. 아무리 늦게 시작해도 부지런히 노력하다보면 언젠가는 대성할 수 있다.

무조건 기숙사에서 나가겠다는 자녀

아동기에 주로 많이 나타나는 주의력 결핍 및 과잉행동 장애(Attention Deficit/Hyperactivity Disorder: ADHD)라는 질환이 있다. 주의력이 부족하여 산만하면서 과다행동이나 충동성을 보이는 질병이다. 그러나 그 질병을 말하려는 것이 아니라, 집중력이나 산만한 정도가 장소에 따라 다를 수 있다는 점을 언급하려고 한다. 집에서 공부가 되지 않는다거나, 그 반대로 학교에서 공부가 되지 않는다고도 한다. 선생님 말씀에 집중할 수 없다면서 좌석을 자주 옮겨 다니기도 한다.

수맥 위에 있으면 정신이 산만해져 공부가 되지 않는다

기숙사에 있으면 통학하지 않아 시간을 절약할 수 있어 학생이나 학부모 모두 선호한다. 그런데 자녀가 기숙사에서 나오겠다고 하면, 학부모들은 황당해하면서 설득하기 마련이다. 입시가 가까워지면서 불안하여 그럴 수도 있지만, 어쩐지 마음이 산만하여 공부가 되지 않는다면서 고집부리기도 한다.

그렇다면 설득할 것이 아니라 자녀의 뜻을 존중해야 한다. 지금까지 잘 해왔는데, 공부가 되지 않는다면 그럴만한 이유가 있다. 수맥 있는 곳으로 좌석을 이동한 결과다. 그 옆이나 앞뒤 학생들은 그렇지 않다고 반박할 수 있지만, 수맥에서 조금만 떨어져도 그 영향이 없다. 더욱이 수맥의 영향에 개인차가 있을 수 있어 다른 학생과 비교해서도 안 된다.

수맥의 영향은 어느 도서관에서도 확인할 수 있었다. 소수 학생들에게 지정좌석제를 운영하는 학교가 있었는데, 학생들이 지정좌석에 앉지 않고 한쪽으로만 몰린다는 것이었다. 그 학교 도서관에 가보니, 그 지정좌석에 큰 수맥이 두 개나 있었다. 그러나 학생들이 모여들었던 곳은 수맥과 정반대의 좋은 곳이었다. 따라서 학생들이 선호하는 곳에서 자유스럽게 공부하게 해야 한다. 그렇게 하는 것도 수맥을 피하고 좋은 곳을 활용할 수 있는 한 방법이다.

오래된 건물 바닥은 균열에 의해 수맥을 확인할 수 있다. 부실공사를 논외로 한다면, 균열은 수맥으로 인해 생긴다. 육안으로 확인할 수 있을 정도라면 제법 큰 수맥이므로 어떻게든 피해야 한다. 그러나 최근 환경공해를 이유로 다양한 바닥재를 사용하여 눈으로 직접 볼 수도 없다. 그래서인지 수맥피해가 더 심해지고 있다.

너무 딱딱한 이야기만 했다. 주의력 결핍과도 관련이 있는 달콤한 설탕에 대하여 잠시 언급하면서 쉬어가자. 갓난아기가 먹는 분유에도 설탕성분이 20%나 된다고 한다. 태어나자마자 설탕을 맛보면서 평생 단

맛을 좇아다닐 수밖에 없다.

설탕은 사탕수수나 사탕무에서 채취하는 것으로 알고 있다. 그런데 원료당을 물에 녹인 후 활성탄 등을 첨가하여 불순물을 걸러내는 화학공정에서, 원료당의 각종 무기질과 섬유질이 90% 이상 없어져 버린다. 이러한 백설탕의 진실이 알려지면서 황설탕, 흑설탕을 찾기 시작했다. 그러나 백설탕에 색소와 향을 더한 것이 황설탕이며, 캐러멜시럽을 섞은 것이 흑설탕이어서 그 차이가 없다.

필리핀 네그로스 섬에서 전통적으로 만들어온 '마스코바 설탕'은 화학공정을 전혀 거치지 않는다. 칼슘, 마그네슘, 아연, 인 등 무기물이 풍부한데다 비타민도 함유하고 있다. 그러나 우리가 먹고 있는 설탕은 전통방식의 설탕이 아니다. 화학공정을 거친 것이어서 먹지 않을수록 좋다.

설탕이 직접적인 원인으로 입증된 것도 당뇨병, 면역체계 억제, 주의력 결핍과 과잉행동장애, 관절염, 천식, 암 등 헤아릴 수 없을 정도다. 그 화학공정을 거친 설탕만이 문제가 아니다. 시중에서 파는 포도당, 덱스트린, 뉴슈가, 아스파탐, 올리고당, 자일리톨, 솔비톨, 미리톨 등 다양한 이름으로 불리는 당 성분이 있다. 설탕보다 더 위험한 것들이다. 그 중 백미는 액상 과당의 일종인 고과당 옥수수시럽(HFCS)이다. 『슈퍼마켓이 우리를 죽인다』의 저자 낸시 드빌에 따르면, 그 옥수수 시럽의 사용으로 당뇨병은 47%, 비만도는 80%가 높아졌다고 한다. 과자나 음료수 성분을 살펴보면 위에서 열거한 성분이 들어있는 것을 확인할 수 있다.

밤마다 울며 보채는 아이

우리나라 민속신앙에 삼시랑 할머니, 즉 산신(産神)할머니가 있다. 잉태와 출산 및 양육(養育)을 관장하는 신(神)이어서 산신이라고 했다. 1970년대까지도 아기 낳으면 산모와 아기의 건강을 기원하면서 안방 윗목에 쌀밥과 미역국으로 산신 상을 차렸다. 그렇게 해야만 산신할머니가 보살펴준다고 생각했다. 옛날에는 산후 후유증이나 각종 전염병으로 산모나 아기에게 탈이 많아 산신할머니에게 의존할 수밖에 없었다.

어릴수록 환경의 영향에 민감하다. 흔히 말하는 새집증후군의 영향도 성인보다 어린이가 더 크다. 수맥의 영향도 마찬가지다. 성인보다 질병에 취약한 어린이에게 그 영향이 더 클 것이라는 점은 쉽게 짐작할 것이다.

5살짜리 꼬마가 엄마 아빠의 침대에 오지 않고, 데려와도 울면서 가버린다고 하소연하는 제자가 있었다. 맞벌이여서 할머니와 함께 있는 시간이 많아 그러한 것 같다고 했다. 다른 방에서도 엄마 아빠가 부르면 오지 않냐고 묻자, 다른 곳에서는 그렇지 않다고 했다. 더 이상 질문할 필요가 없었다. 그 집에 가서 수맥을 차단해 주었다. 그 후 남편의 두통도 없어지고 꼬마도 그 전과 달리 침대에서 잘 논다고 했다.

어린 아이일수록 수맥에 민감하다

수맥이 유아에게 미치는 영향을 보기로 하자. 갓난아기가 밤마다 심하게 울면 안절부절하기 마련이다. 병원에 가도 별다른 효과가 없다. 감기 등 잔병치레가 많다. 잔병치레만 하면 그래도 다행이지만 더 큰 질병으로 이 병원 저 병원 전전하기도 한다.

그러나 몸을 뒤집을 수 있으면 우는 횟수가 적어지고 병치레도 줄어든다. 뒹굴 수 있게 되면서 수맥을 피한 것이다. 그러나 모든 애기가 그러한 것이 아니다. 침대를 사용하지 않고 방바닥에서 키울 때만 가능한 일이다. 침대에서는 애기가 몸을 뒤척이기도 힘들지만, 뒤척여도 침대 안에서만 이동하므로 수맥 없는 곳까지 갈 수가 없다.

어린 애기만 그런 것이 아니다. 성인도 악몽에 시달리거나 잠을 설친다. 아침에 일어나면 머리가 무겁고 아프지만, 낮에는 그 증상이 없어져 대수롭지 않게 여길 뿐이다. 두통에 대해서는 계속 언급하겠지만, 성인이 머리가 아플 정도라면 갓난아기에게 미치는 영향이 얼마나 크겠는가? 갓난아기가 커다란 수맥에 노출되면 심하게 울거나 병치레가 잦을 수밖에 없다. 더 쉽게 말하면, 애기가 밤마다 울어 잠을 설친다면 수맥 때문이라고 생각해야 한다.

더욱이 발병 후에는 수맥을 차단하거나 피한다고 해서 곧바로 낫는 것도 아니다. 어떤 질병이든 그 치료가 쉽지 않으므로 예방의 한 방법으로 수맥을 생각해야 한다. 특별한 요인이 없는데도 애기가 질병에 자주 걸린다면 수맥과 관련지어야 한다.

수맥과 관계없는 것이지만 어린이들의 핸드폰 사용도 심각한 일이다. 어린이의 핸드폰 사용을 간과해서는 안 된다. 성인도 휴대폰 사용으로 인해 전자파의 영향이 크다고 한다. 국립암센터의 연구결과 '휴대

전화를 사용하는 사람의 암 발생률이 높고, 10년 이상 사용하면 암 발생률이 30%이상 높아진다'고 하면서, 오래 살고 싶으면 휴대폰을 없애라고 했다. 성인도 그렇다면 유약한 어린이에게 미치는 영향에 대해서는 자세히 서술할 필요가 없을 것이다.

3. 수맥 위에서는 두통에 시달리고 신경질적이다

사춘기는 대개 12~16세라고 하지만 개인차가 있어, 대략 중고등학교 시절이라고 이해해도 된다. 심신 양면으로 성숙기에 접어든 청년기(adolescence) 전반기로, 성적 성숙에서 변화가 있는 시기라는 뜻으로 사춘기(puberty)라고 한다. 그러나 영국, 미국에서는 청년기와 사춘기를 같이 쓰기도 한다.

그 사춘기는 성적 성숙이 현저하여 성에 대한 관심과 성적 충동이 많아지고, 육체적 변화와 함께 감수성이 고조된다. 자아의식이 강해지면서 부정적 성향이 강하다. 구속이나 간섭을 싫어하여 반항하는 일이 많고, 정서나 감정도 불안하다. 의리랍시고 친구들과 떼 뭉쳐 다니면서 일탈하기도 한다.

부모에게 반항하고 가출까지 했다

사춘기는 가장 많이 공부해야 할 시기라거나, 공부하지 않으면 평생 후회한다면서 부모나 선생님 모두 공부를 강조한다. 그러나 호기심이 많아 밖에 싸돌아다니면서 '공부가 인생의 전부가 아니다'고 반항하기도 한다. 그 상황에서 교실이나 공부방에 수맥까지 있다면 더 심할 수밖에 없다.

어느 날 교수 한 분이 찾아왔다. 이런저런 이야기하더니 아들이 초등학교 때는 부모 말도 잘 듣고 욕심까지 있어 공부도 잘했다고 했다. 그런데 중학교 2학년 때 가출하기도 했다는 것이다. 큰 집으로 이사해서 방까지 혼자 쓰게 했는데 그렇게 속을 썩이더니, 3학년이 되면서 좀 나아졌지만 여전히 불안하다고 했다. 그러면서 수맥을 차단해 주었으면 했다.

그 집을 살펴보니, 그 학생의 침대 밑에 수맥이 2개나 있었다. 2학년 때 잤던 곳은 아침마다 두통이 있을 정도의 크기, 즉 3~5년 내에 암에 걸릴 수 있는 수맥이었다. 그러나 3학년 때는 잠자리를 옮겼기 때문에 몸을 오그리고 자면 수맥을 피할 수 있었다. 그래서인지 2~3일에 한 번 정도 두통이 있다고 했다. 그리하여 수맥을 차단해주고 얼마 후에 근황을 묻자, 그 전과 달리 공부도 열심히 하지만 특히 표정이 밝아졌다고 했다.

수맥 영향으로 가출까지 했던 사례를 보았다. 수맥 때문에 그 고생을 했다. 사춘기인 중고등학교 시절은 대학 진학 등 인생의 많은 부분을 좌우한다. 경쟁도 치열하여 단기간 방심해서도 안 되는 그 불안한 시기에, 수맥의 영향까지 더해진다면 후회할 일이 더 많아질 수밖에 없다.

몇 년째 두통을 호소했던 여대생

한 여대생은 몇 년째 아침마다 두통이 심하여 병원에 한두 번 간 것이 아니었다. 대학병원에서 MRI 검사도 했지만 이상이 없다면서 휴식을 취하라고만 했다는 것이다. 그런데 그 아버지가 수맥의 영향일 수 있다는 말을 우연히 듣고 필자를 찾아왔다. 그 아파트 같은 라인에 살고 있는 분도 그러한 증상이 있는지 물었다. 같은 라인에서는 똑같은 증상이 나타나기 때문이다. 그러나 인사하는 정도여서 서로 대화한 적이 없다고 했다. 아침에 일어나면 두통이 심하지만 낮에는 괜찮았다면서, 몇 가지 증상을 더 말하기도 했다. 그리하여 수맥을 차단해 주자, 두통이 없어졌고 아침에도 일찍 일어난다고 했다.

수맥의 영향은 매우 다양하게 나타나, 잠을 자더라도 몸이 공중에 붕 떠있는 것 같다는 분도 있고 두통이 심하다는 분도 있다. 그러나 여기서는 가장 흔한 증상인 두통에 대해서만 말하기로 하자. 수면 후에는 피로가 풀리므로 잠이 피로를 푸는 가장 좋은 방법이어서, 수면을 보약이라고도 한다. 특별한 요인이 없다면 잠자고 일어난 아침에는 몸도 마음도 상쾌해야 하지만, 두통이 있거나 피로하다면 정상이 아니다.

수맥의 영향 중 가장 흔한 증상이 두통이다. 몸의 균형이 무너지면 그 징조나 흔적이 어딘가에 나타나는데, 통증이 바로 몸에 이상이 있다는 신호며 구조요청이다. 몸에 이상이 있으면 정상으로 돌아가려고 한다. 그 과정에서 근육이 수축되어 혈액순환이 순조롭지 못해지면서, 통증을 알리는 물질이 생겨 신경 말단을 자극한다. 그래서 통증이 없으면 몸의 이상을 알아차릴 수 없어, 통증이 반드시 나쁜 것만은 아니라고도 한다.

수맥의 영향으로 나타나는 가장 흔한 증상이 두통이다

공원 의자에서 10~20분 졸았는데 두통이 심했다면 그 원인은 전적으로 수맥의 영향이다. 그 두통은 수맥차단 후 곧바로 없어진다. 수맥을 아무리 믿지 않아도 그러한 일을 경험하면 더 이상 왈가왈부하지 않는다. 필자가 일가친척이나 주위 친지들로부터 수맥차단 효과를 신뢰받은 계기도 두통이었다.

신체 활동이 가장 왕성한 청년기에는 약간 부패한 음식을 먹어도 탈이 나지 않는다. 그러므로 아침마다 머리가 아프다거나 고통을 호소해도 병원에 가보라는 것이 고작이다. 그러면서 몇 달이 가고 몇 년이 훌쩍 가버린다.

혈기왕성한 청년과 달리 허약한 노인은 수맥차단 효과가 더 크다. 특히 이사 후 두통이 있어도 수맥을 차단하면 곧바로 좋아지지만, 실제로는 그 차단 효과를 잘 모르겠다는 분이 대부분이다. 합병증으로 인해 크게 실감하지 못한 결과다. 그러나 노약자일수록 그 영향이 더 크다는 것은 상론할 필요가 없다.

　수맥차단 후 두통이 심한 사례도 있었으나, 그러한 증상이 얼마 후 모두 사라졌다. 그 이유를 정확히 알 수 없지만 수맥의 영향으로 몸의 어딘가에 이상이 있을 수 있다는 걱정이 많았을 수 있다. 혹은 '명현(瞑眩) 현상'일 수도 있다. 허약하거나 질병으로 균형을 잃었던 몸이 정상화되는 과정에서 일시적으로 악화되거나 엉뚱한 반응이 나타나는 현상이다. 장기간 수맥의 영향에 적응하려고 했던 몸의 리듬에 갑작스러운 변화가 있자 나타난 현상이다. 그러므로 수맥차단 후 일시적인 두통이 있더라도 곧 사라지기 때문에 걱정할 필요가 없다.

매사에 신경질적인 기독교를 믿는 부인

　신경질이란 신경이 매우 예민하거나 약해져 사소한 일에도 자극되어 곧잘 흥분하는 성질 혹은 그러한 상태를 말한다. 여기서는 그 사전적 의미를 말하려는 것이 아니라, 별다른 이유 없이 자주 짜증내는 것에 대해서만 살펴보기로 하자.

　한 교사가 찾아와, 이사 후 부인의 짜증이 심하다는 것이었다. 새 아파트는 그 전보다 넓은데다 전망도 좋다고 했다. 스트레스 받을 일도 없고 40대 초여서 갱년기 증상도 없는데, 짜증이 너무 심하다는 것이었다. 그러면서 "수맥과 관계가 있냐? 자신은 괜찮은데 부인만 그럴 수 있냐" 등 궁금한 점이 많았다.

그 집을 확인해보니 1~2년 방치하면 중병에 걸릴 수 있는 큰 수맥이어서, 수맥차단 후 '내일 아침이면 좋아질 것이다'고만 했다. 그 후 연락이 왔는데, 그렇게 심하던 부인의 짜증이 없어지고 표정도 밝아졌다고 했다. 남편에게 별 이상이 없었던 것은 운동을 열심히 했기 때문에 수맥의 영향을 어느 정도 상쇄했던 것 같다. 그러나 그 부인의 심한 짜증의 원인은 전적으로 수맥이었다. 그 사례를 통해서 수맥으로 인해 항상 나른하고 무기력하면서 짜증이 심해도, 반드시 두통이 있는 것은 아니라는 점도 확인할 수 있었다.

수맥에서 생활하면 사람만 짜증이 심한 것이 아니다. 개도 사나워진다. 혹 '개집을 옮겼더니 사나운 개가 순해졌다'는 말을 들은 적이 있을 것이다. 수맥에서 살던 개를 명당이나 수맥 없는 곳으로 옮겼던 결과다. 그러므로 개가 유달리 사납거나 야위었다면, 개 목줄을 길게 하거나 개집을 옮겨 수맥을 피할 수 있게 해야 한다.

집중력이 떨어진 교수

집중력 저하도 수맥의 영향으로 인한 여러 증상 중 하나다. 그러므로 집중력만 차이가 있는 것은 아니지만, 그 점에 국한해서 보기로 하자. 학생의 예는 주위가 산만하다는 항목에서 이미 언급했지만, 성인의 집중력에 대해서는 단언하기가 쉽지 않다. 다양한 원인이 있을 수 있고, 사안의 중요성에 따라 그 차이가 있을 수도 있다.

그러나 좌석을 옮기고 집중력이 현저하게 떨어져 그 정도가 심한 분이 있었다. 한 교수는 항상 피곤하고 집중력이 떨어져, 그 전보다 운동도 열심히 하지만 효과가 없다고 했다. '책상을 옮긴 적이 있냐, 언제부터 그렇게 집중력이 떨어지고 피곤하냐'고 묻자, 2~3년 전 책상을 옮기면서부터라고 했다.

수맥의 영향이 분명했지만 그 말을 일부러 꺼내지 않았다. 전문가들일수록 각 분야에서 장기간 연구하다보면 나름대로 권위자가 되어서 그런지, 남의 말을 잘 믿지 않는다. 게다가 하지 않으면 안 되는 일이 대부분인데다, 아는 사람 말은 동네무당 믿지 않듯이 믿지 않기 때문이다.

그런데 계속 '머리가 아프다. 멍하고 있을 때가 많다. 생각이 잘 나지 않는다'고 해서, 결국 수맥을 차단해 주었다. 또 어느 한 곳을 가리키면서 '그 전에는 책상이 이곳에 있지 않았느냐'고 묻자, 그렇다고 했다. 그래서 그 전처럼 책상을 놓으라고 했다.

그 며칠 후 연락이 왔는데 계속 졸린다는 것이었다. 수맥 있는 곳에서 수맥 없는 곳으로 옮기면, 몸 상태가 곧바로 좋아진 분도 있지만 대부분 졸린다고 한다. 암환자처럼 몸이 극도로 허약한 사람은 더 심해서 침대 옮긴 후 2주일 동안 계속 잠만 자기도 했다. 졸리는 것은 신체리듬이 제자리로 돌아가면서 회복되는 좋은 현상이다. 그러므로 몸 상태가 좋지 않을수록 졸리는 기간이 더 길다고 생각하면 된다.

아무튼 그 2~3주 후 또 연락이 왔다. 며칠간 계속 졸렸지만, 그 후 몸도 편해지고 집중력도 훨씬 좋아졌다고 했다. 성인의 집중력에도 그렇게 큰 영향을 미치는 것이 수맥이다.

어느 약국에 아프지 않은 사람이 없다고 해서 간 적이 있다. 33m²도 되지 않은 좁은 곳에 수맥이 5개나 있어, 개업 3개월에 불과했지만 아프지 않은 사람이 없었다. 이처럼 이유 없이 아픈 분들이 많다면 수맥 때문이라고 생각해야 한다.

여담으로 집중력과 밀접한 창의성에 대한 편견을 보기로 하자. 머리가 가장 좋은 민족이 한국인이라지만 '착해서 하기 싫어도 시키는 대로 하고, 똑똑해서 대충대충 해도 남들만큼 할 수 있다'고 한다. 그리하여 세계 최고의 자질이 있으면서도 그 자질을 발휘하지 못하고 있다는 것이다.

국내 한 연구소에서 창의성을 방해하는 몇 가지 편견이 있다는 연구 결과를 발표하기도 했다. "튀는 인재나 젊고 개성이 강한 괴짜들이 창의적이다. 과도한 업무에서 벗어나 여유로운 환경에서 발현된다. 지능지수가 높아야 한다. 금전적 보상 등의 인센티브가 창의성을 높인다. 생산직보다 연구직이나 마케팅 등 특정분야에 필요하다. 나이가 많으면 창의성이 떨어진다"는 등의 통념은 사실과 다른 편견이라고 했다.

그러면서 "지능지수는 일정 수준이상이면 된다거나 관행에 얽매이지 않고 해당 분야의 전문성이 바탕이 되어야 한다, 강한 목적의식과 고도의 몰입이 있어야 가능하다."고 했다. 결론적으로 말하면 수많은 시행착오를 거치면서 거칠고 모호한 아이디어를 가다듬고 구체화하는 고단한 활동이 창의성의 본질이라는 것이다. 목적의식이 강하고 구체화할 수 있게 몰입해야 한다는 말이다. 그러나 아무리 목적의식이 강하고 몰입하려고 해도 그렇게 할 수 없게 하는 것이 수맥이다. 수맥에서 생활하는 사람은 어느 누구든 좋은 성과를 낼 수가 없다.

한마디 덧붙이면 각종 사업장에 수맥이 많다면 그 사업도 원활할 수 없다. 고객이 거의 없거나 폐업한 곳의 수맥 여부를 조사한 적이 있는데, 그 대부분 수맥이 많았다. 주인이나 직원 모두 몸 상태가 좋지 않으면 고객에 대한 서비스도 좋을 수 없다. 자기 몸이 좋지 않으면 고객에 질 좋은 서비스를 할 수 있겠는가? 실제로 손님이 거의 없는 매장이나 음식점의 서비스가 좋지 않았다. 그곳을 찾았던 손님 역시 몸 상태가 저하되어 구매욕도 적었을 것이고 음식도 맛있는 줄 몰랐을 것이다.

따라서 사업이 부진하거나 폐업한 원인이 다양하겠지만 수맥 역시 그 한 원인일 수 있다. 때문에 각종 사업장이나 사무실 병원 호텔 등 어느 곳이든 수맥에 유념하여 미리미리 대처해야 한다. 이에 대해서는 할 말이 너무 많지만 이만 줄일 수밖에 없다. 이렇게만 말해도 수맥으로 야기되는 다양한 상황을 예상할 수 있어야 한다.

4. 수맥은 암과 중풍, 불임의 원인이 되기도 한다

불면증에 시달린 고등학교 교사

 불면증의 원인이나 그 치료법은 수없이 많다. 심지어 침실을 어둡게 한다거나, 색채요법(Colour therapy)이라고 하여 파란색이나 녹색 도배지로 침실을 꾸며도 불면증에 도움이 된다고 한다. 70대 이후에는 '잠은 잘 자냐'라는 말이 인사라고 하지 않는가? 그 불면증의 원인이 다양하겠지만, 수맥의 영향을 확인할 수 있는 흔한 증상 중 하나다.
 한 교사가 찾아와, 매일 밤 뒤척이며 잠을 자지 못하거나 악몽에 시달려 아침에 일어나면 머리가 아프다고 했다. 병원치료도 받았지만 별다른 효과가 없다는 것이었다. 같은 아파트에 사는 어머니는 더 심하다고 했다. 어머니 집은 4층이고, 자신의 집은 같은 라인 12층이라는 것이다. 그 어머니는 이틀 동안 잠을 자지 못하다가 하룻밤 정도 자는데 그것도 뒤척이면서 자주 깨어 겨우 두세 시간 잔다고 했다. 새 집으로 이사 온 후 그러했는데, 정신신경과 치료도 받았지만 효과가 없다는 것이다.

그 집을 살펴보니 큰 수맥이 있어 악몽이 잦고 불면증이 심할 수밖에 없었다. 수맥차단 후, 내일 아침부터 반드시 좋아질 것이라고 했다. 그 어머니 집에는 갈 필요도 없었다. 같은 라인은 층수와 관계없이 똑같기 때문에, 그 어머니 방에도 그 집처럼 1cm도 틀리지 않게 정확히 숯을 놓으라고 했다. 그런데 그 후 두통이 없어졌고 그 어머니도 숙면한다고 했다. 다만 소화불량의 증세는 여전하다고 했다.

수맥과 관계없지만 소화불량으로 고생하는 분이 많아, 그에 대해서도 잠시 언급하기로 하자. 몸이 약해지면 흔히 나타나는 증상이 소화불량이다. 이를 해결하려면 민들레(하얀색 꽃의 토종), 돼지풀, 쑥, 솔잎 등의 복용을 비롯하여 다양한 방법이 있을 것이다.

여기서는 사시사철 구하기 쉬운 솔잎에 대해서만 언급하기로 하자. 아침·저녁 식사 전 솔잎 20~30개를 3~6개월 먹으면 소화불량은 거의 해결되며, 완쾌 후에는 1주일에 두세 번 정도 먹으면 된다. 솔잎은 물가보다 바위틈 등 척박한 곳에서 자라는 것을 채취하는 것이 좋다. 솔잎 분말을 복용하거나 차로 마셔도 되고, 즙을 내서 마셔도 된다. 그러나 복잡하면 지속하지 못하므로 씹어 먹는 것이 가장 편리하다. 비닐봉지에 넣어 둘둘 말아 냉장고에 넣어두면 3~4개월이 지나도 이상이 없다.

솔잎 채취할 때 1속 2엽의 흔히 볼 수 있는 2엽의 소나무여야 한다.

다만 섬이나 해변에 많은 해송(곰솔, 흑송)도 2엽이나 그 잎이 너무 뻣세어서 먹을 수도 없지만, 먹어서도 안 된다. 해송은 방풍림으로는 좋지만 모든 체질에 해롭다. 따라서 체질에 맞지 않은 나무가 많은 숲을 산책해도 건강에 해롭다. 참고로 리기다소나무(왜송)는 3엽이고, 전나무, 잣나무는 5엽이다.

의사들은 소화제가 부작용도 없어 자주 복용해도 괜찮다고 한다. 유해성이 밝혀지지 않은 소화제의 화학물질에 대해서는 논외로 하더라도, 자주 복용해도 괜찮은 약이 어디 있겠는가? 소화제 복용으로 위의 기능이 회복되었다고 해도 계속 복용하면 그 기능이 약해질 수도 있다.

예컨대 조선시대 왕은 죽을 하루에도 5~6회나 먹었다. 그들이 장수하지 못한 원인도 죽 때문일 수 있다. 영조(1694~1776)만이 83세까지 살았는데, 그가 밥과 채소를 많이 먹었던 일은 잘 알려져 있다. 그의 장수 원인이 금주와 더불어 인삼을 많이 먹기도 했지만, 죽보다 밥을 주로 먹었기 때문일 수도 있다는 것이다. 따라서 소화가 잘 되는 죽을 너무 자주 먹어 야기되는 다양한 문제점도 생각할 수 있어야 한다.

첨언하면 옛날에도 평균수명은 짧았지만 장수하는 분이 많았다. 즉 100세가 되는 노인들에게 정월달에 음식을 하사했는데, 그 성명까지 『조선왕조실록』에 기록되어 있다. 그 중 고종대 초기만 살펴보아도 1865년 46명, 1869년 16명, 1870년에 31명이나 되었다. 이처럼 조선시대에도 장수한 분이 많았다는 것은 수명에 관한 우리의 상식과 크게 다르다.

아무튼 스님들이 많이 이용했던 솔잎은 혈액순환에도 좋다고 한다. 또 송순의 크기로 그 해 풍흉을 예상하기도 했다. 노인들에 의하면 송순이 길게 자란 해는 풍년이고 짧게 자란 해는 흉년이라고 한다.

솔잎이나 송순의 용도는 다양했다. 옛날 사찰에서 행사가 있을 때마다 밥을 주었으므로 많은 인파가 모여들었다. 먹고 살기 힘든 시절에는 밥 주는 것이 가장 고마운 일이었다. 그런데 그 행사 날에 비가 오면 우산이 없어 갈 수도 없었다. 자연히 밥이 많이 남지만 그 귀한 밥을 버릴 수도 없었다. 상하지 않게 보관해야 했는데, 그때 솔잎을 이용했다. 즉 옹기에 솔잎과 밥을 번갈아 놓으면 여름철에도 상당기간 상하지 않았다. 따라서 그 솔잎으로 천연 방부제를 개발하는 방법도 있을 것이다.

부황(浮黃)의 예방이나 치료에도 이용했다. 옛날에는 부황이 많았다. 오랫동안 굶주려 살가죽이 들떠 붓고 누렇게 되는 병이다. 요즈음에도 부풀려 말하거나 과장이 심한 사람을 가리켜 '부황기가 심하다'고 하는데, 그 부황이란 말에서 유래했다. 굶주림이 계속되면 몸이 붓다가 사망하는데, 그 부황의 민간처방이 바로 소나무 속껍질 즉 송기를 물에 불려 떫은맛을 대충 제거한 후, 끓인 물을 먹거나 죽을 쑤어 먹었다.

날마다 솔잎 몇 개씩만 먹으면 중풍을 예방할 수 있다고 했다. 어깨 관절 통증을 유발하는 50견에도 송순주 몇 병만 먹으면 낫는다고도 했다. 그처럼 고로들은 솔잎이 좋다는 것을 경험적으로 알았다. 잠자기 전에 먹어도 새벽에 그 효능을 실감할 수 있다. 은행잎에서 추출한 혈액순환 약은 잘 알려져 있지만 은행은 소음인에게 해롭다. 그러나 솔잎은 모든 체질에 유익하다. 관련분야 학자들의 관심이 있었으면 한다.

최근 술 담글 때 솔잎을 활용하기도 한다. 가양주 담글 때 30° 소주를 사용하면 너무 독하다. 25°가 좋지만 부패가 염려될 때 솔잎을 넣으면 독하지도 않고 부패하지 않아 안성맞춤이다.

어쨌든 불면증을 낫게 한 사례는 수없이 많지만 그 중 유달리 심한 노인의 예만 소개하였다. 불면증이 너무 심해 3일 동안에 겨우 두세 시간밖에 잠을 자지 못했다. 그 집에 가보지도 않고 그 아파트 같은 라인에서 수맥을 차단했던 것처럼 똑같이 하라는 것이 전부였는데 그 후 숙면했다. 그렇다면 수맥의 영향과 불면증의 관계를 더 이상 설명할 필요가 없을 것이다.

암에 걸린 어느 병원장 부인

앞의 '수맥은 신체리듬을 교란한다'에서 암과 수맥의 관계에 대한 연구결과를 소개했다. 여기서는 암 등 중병의 중요 원인도 수맥이라는 사실을 다시 한 번 강조하려고 한다.

필자는 암환자 30여 명을 조사한 적이 있다. 그 연령대나 암 종류도 다양했고, 발병 기간도 짧게는 6개월, 길게는 10년 이상이었다. 또 어느 아파트 같은 라인에 췌장암, 위암, 대장암 등의 환자가 있거나 사망하기도 했다. 암에 걸린 후 이사한 집도 있었다. 그들 암 환자 집을 조사한 일이 필자에게는 더없이 좋은 경험이었다. 그들의 발병과 수맥의 관계를 확인한 후, 가족력이 없는데도 발병한 젊은 분을 중심으로 몇 가지 가능성을 추론해 보았다.

물론 그 추론은 환자의 증언에 의존한 것이다. 더욱이 개인차가 있을 수 있고, 수맥 외에도 부부관계나 가족관계, 직장이나 사회적 대인관계, 음식, 환경요인 등 다양한 요인이 있을 수 있다. 그러므로 수맥과 암의 관계를 규명하는 일은 필자의 능력 밖의 일이다. 단지 암의 중요한 원인 중 하나가 수맥이라고 확신하여, 필자의 경험적인 몇몇 단상을 서술하려고 한다.

필자 나름대로 수맥의 크기와 암의 발병기간을 계량화했다. 그 계량화는 필자가 처음 시도한 것이다. 즉 숯으로 수맥차단할 때를 기준으로 하면 다음과 같다. 그 차단거리가 20cm 미만이라면 6개월, 30cm라면 1년, 40~50cm라면 2~3년, 60~70cm라면 4~5년 후에 암에 걸릴 수 있다. 물론 예외도 있어 20cm 미만에서도 하루 종일 생활하지 않은 직장인은 6개월이 아니라. 1년여 후에 암에 걸리기도 했다. 그곳을 피했던 낮 동안에 몸이 다소 회복되었기 때문인 것 같다. 또 수맥에 민감하지 않거나 운동을 열심히 해도 더 연장되었다.

혹은 5~6년 후 암이 발병할 수 있는 수맥이었지만, 3년 만에 발병하기도 했다. 침대뿐만 아니라 낮에 생활하는 거실과 주방에도 수맥이 있었기 때문이다. 또 가족력이 있거나 자주 아픈 부위가 있어도 더 빨리 발병했다. 같은 수맥에서도 암에 걸린 분이 있고, 항상 피곤했지만 암에 걸리지 않는 분도 있었다. 정신적 스트레스에 따라 차이가 있기도 했다. 따라서 수맥에 예민한 사람이 운동도 거의 하지 않고 하루 종일 수맥 있는 집에서 생활할 때 그렇다고 생각하면 될 것이다.

뇌졸중 즉 중풍에 대해서도 잠시 언급해야겠다. 중풍은 뇌혈관이 터지거나 막혀서 나타나는 질병이다. 흔히 전조현상이 있다. 등뼈 맨 윗부분이 살이 많고 툭 튀어나오거나 귀 뒷부분이 아프거나, 두통이 심하거나, 어지럽고 속이 메스꺼운 증상이 있다면 중풍을 예고한다고 한다.

뇌혈관이 경색되거나 터지는 직접적인 원인은 고지혈, 고혈압, 당뇨, 스트레스 등이라고 한다. 그런데 뇌졸중이 화장실에서 많이 나타난다는 점이다. 그 원인을 고지혈증 등으로 건강이 악화된 상태에서 대·소변 후 체온 급강하와 더불어 수맥의 영향까지 더해진 것으로 추측하고 있다.

화장실이 아닌 곳에서 떨어졌어도 그 떨어진 곳에는 거의 대부분 수맥이 있다. 약할 대로 약한 상황에서는 수맥의 영향을 더 크게 받을 수밖에 없다. 인체처럼 오묘한 것도 없어 버틸 수 있는 한 버티다가 더 이상 버틸 수 없어야 발병한다. 따라서 중풍의 여러 원인 중 하나도 수맥의 영향이라고 할 수 있다.

수맥은 암, 중풍 등 중병의 원인이 되기도 한다

앞에서 암이나 중풍의 원인 중 하나가 수맥이라고 했는데, 그 사례를 일일이 거론할 필요가 없을 정도로 많아도 너무 많다. 그러므로 암 등 중병에 걸렸다면 가장 먼저 잠자리부터 옮겨야 한다. 그렇지 않으면 치료 후에도 재발 가능성이 높다. 그러나 수맥을 무시하는 분들이 많아 그 예를 더 거론해야 할 것 같다.

어느 병원장 부인이 스트레스나 다른 특별한 요인이 없는데도 암에 걸렸다. "수맥에 관해서 들은 적이 없냐? 믿지 않았냐? 믿지 않은 것은 아니지만 암과 관련이 있다고 생각하지 않았다." 등을 이야기하면서, 그 집을 살펴보았다.

그러자 수맥에 예민한 분을 기준으로 하면 3년 정도, 둔감한 분이라면 4~5년 내에 암에 걸릴 수 있는 수맥이 있었다. 그런데 이사 후 3년 만에 암에 걸렸다면서, 그 방에서 초등학생 딸과 부부가 같이 잔다고 했다. 그 정도 수맥이면 딸이 잠을 자지 못할 것이라고 하자, 그 때서야 딸이 뒤척이며 잠을 제대로 자지 못한다고 했다.

수맥차단 후 "어른도 몸이 좋아지겠지만, 특히 어린 딸은 내일 아침부터 반드시 일찍 일어날 것이요."라고만 했다. 그 후 딸이 잠을 잘 자 아침에도 일찍 일어났고, 그 병원장도 몸 상태가 좋아졌다고 했다. 그 분이 하루 2시간여 굳이 산책해야만 했던 것이나 그 부인이 암에 걸린 것도 수맥 때문이었다.

이른바 흉가라는 것도 큰 수맥이 있는 집이라고 생각하면 된다. 밤마다 악몽에 시달리거나 각종 질병으로 죽은 사람이 많다면 그 원인을 알 수 없어 귀신과 결부시킬 수밖에 없었을 것이다.

수맥을 무시하다가 암에 걸린 사례는 일일이 열거할 필요가 없을 정도로 많다. 수맥 무시하다가 중병에 걸린 분들을 보면 안타깝고 답답할 뿐이다. 그러한 분들에게 수맥에 대한 경각심을 불러일으켜, 건강한 삶에 보탬이 되었으면 하는 바람도 이 책을 쓰게 된 이유 중 하나다.

부부관계도 수맥의 영향이 크다

화목한 가정을 이루려면 서로 신뢰해야 하고 건강도 유지해야 한다. 그 외에도 경제적 능력 등 다양한 요인이 작용하겠지만 부부관계도 무시할 수 없다. 정력이 좋아야 매사에 의욕이 있다고 하여 수많은 건강식품, 보신식품이 날개 돋치듯 팔리고 있다.

그러나 정력에 좋은 식품이라고 해서 모든 사람에게 좋은 것이 아니다. 인삼도 자신의 체질에 맞아야 좋다. 인삼을 너무 많이 먹어 농아가 되었다는 말도 있다. 인삼이 해로운 소양·태양인에게 나타날 수 있는 부작용이다. 그 유명한 홍삼도 인삼이 체질에 맞지 않은 사람에게는 백해무익하다. 인삼이 해로운데 어떻게 홍삼이 좋을 수 있겠는가? 우리나라 사람 약 40%는 인삼, 홍삼, 산삼이 해롭다. 녹용, 복분자, 산수유 등 흔히 알려진 건강식품 대부분이 소양·태양인에게는 해롭다.

체질과 음식에 대해서는 뒤에서 다시 언급하겠지만, 환절기 흔히 복용하는 보약(補藥)도 소음·태음인 중심이다. 당연히 소양·태양인에게는 해로운 것이 더 많다. 체질과 관계없이 효과가 있다는 것 모두 주섬주섬 넣고 있는 결과다. 의학이 하루가 다르게 발전하고 있는데, 400여 년 전에 만들어진 허준(許浚, 1539~1615)의 『동의보감』과 똑같이 처

방해서야 되겠는가?

　아무튼 정력 문제만 제기되면 폭소가 이어진다. 긴장해소나 즐거움을 추구할 수 있어서인지 모든 사람이 한마디씩 하기 마련이다. 그 횟수도 사람마다 달라 심하게는 옹녀나 변강쇠도 있지만, 대체로 다음 2가지 예를 말한다. 한 예는 20대는 4일에 1회, 30대는 9일에 1회가 좋다고 한다. 즉 20대는 2×2로 4일에 한 번, 30대는 3×3으로 9일에 한 번, 이렇게 연령대의 앞 숫자를 제곱한 것이 이상적이라고 한다. 또 다른 예는 20대는 10일에 8회, 30대는 20일에 7회, 즉 20대는 2×9로 10일에 8회, 30대는 3×9로 20일에 7회, 50대는 5×9로 40일에 5회라고 한다. 물론 고로(古老)들이 자신의 경험에 비추어 말한 것이어서, 어느 것이 더 정확하다고 할 수는 없을 것이다.

　부부관계는 웃어넘길 수 있는 일이지만, 이혼의 원인이 되기도 한다. 또 금실이 좋으면 이혼까지 이르지 않는다고 한다. 그래서인지 혼인 전에 궁합을 보기도 한다. 그 합리성에 대해서는 논외로 하겠지만, 사주(四柱)를 오행(五行)에 맞추어 길흉을 점치는 방술(方術)이 궁합이다. 그 궁합(宮合)은 글자 그대로 부부관계의 만족도를 의미한다. 겉궁합, 속궁합을 구분하기도 하지만, 원래 속궁합을 의미했다고 한다.

　오늘날 개인주의 경향이 심화되면서 남의 일에 관심이 없다. 그러나 1970년대까지도 우리네 삶이 너무 단순하여 이웃집 제삿날이나 생일까지 알았다. 남편은 놀고 부인이 경제활동을 하던 집도 꽤 많았지만 그 남편들도 큰소리치며 살았다. 하는 일이라고는 고작 조기 축구였는데, 왜 그렇게 당당했을까?

그 부부관계에 지대한 영향을 미치는 것이 수맥이다. 한 친구는 어느 호텔에 묵었을 때 부부관계가 정상이 아니었다고 하면서, 부인의 두통이 심했다는 말도 덧붙였다. 여행 중에는 부부간에 화목하기 마련이다. 지치거나 피곤한 일도 없는데 부부관계가 평소와 다르다면 정상이 아니다. 그래서 그 친구가 묵었던 호텔 방을 확인해보자, 과연 큰 수맥이 있었다.

그 후 많은 사례에서 수맥과 부부관계의 관련성을 확신할 수 있었다. 큰 수맥에서는 부부관계가 정상적일 수 없거나 때로는 불가능했다. 이에 대해서는 수맥과 정반대인 명당의 영향과 비교하면 더 확실히 알 수 있다. 수맥 믿지 않는 사람을 믿게 하는 가장 확실한 방법은 계속 서술하겠지만, 두통, 불면증, 아토피와 더불어 부부관계의 관련성이었다.

수맥차단 후 임신이 된 제자

신체적 결함이 없는데도 임신되지 않는다면 수맥의 영향도 그 한 원인이다. 불임에 대해서는 매우 조심스러운데다 실망을 주지 않기 위해 임신할 수 있다면서 수맥을 차단해 준 일은 없다.

그런데 어느 날 제자들이 찾아와 이런저런 이야기하면서, 불면증으로 아침마다 두통이 심하다고 했다. 또 딸이 6살인데도 동생이 생기지 않아 걱정이라고 했다. 그 제자는 30대 초반인데다 출산경험도 있어 신체적 결함이 있는 것도 아닌데 임신이 되지 않는다고 했다. 그런데 침대에 있는 수맥을 차단해주자, 그 2개월 후 임신이 되었다면서 매우 고마워했다. 몸의 변화를 잘 알 수 있는 자기 자신이 임신 원인을 그렇게 생각했다면, 수맥의 영향이 불임의 한 원인이었다고 할 수 있다.

수맥도 불임의 원인이 될 수 있다

한 예를 더 소개하자. 어느 날 친구와 같이 등산했는데, 조카 집에 잠시 들르자고 했다. 전에 그 친구의 친척인 암환자 집을 봐준 일이 있다. 그 암환자는 수술도 할 수 없을 정도로 악화되어 요양하고 있었다. 그래서 수맥을 차단하고 명당 찾아주면서 그곳에서 최대한 많은 시간을 보내라면서, 체질에 맞는 음식만 섭취하라고 했다. 그리하여 상당히 호전된 일이 있었는데, 이를 전해들은 조카의 부탁이 있었던 모양이다.

40대 만혼인데다 3년이 지나도 임신이 되지 않는다고 했다. 그 부부의 침대에 상당히 큰 수맥이 있어 그 수맥을 차단했는데, 2개월 후 임신했다는 연락이 왔다. 필자가 그 결과를 물어 본 적도 없다. 그런데 당사자가 수맥차단 후 임신되었다고 한다면 그 불임의 원인이 수맥이었다고 할 수 있다.

이상에서 수맥차단 후 임신한 2사례만 서술했지만, 그 후 9명의 사례를 더 확인할 수 있었다. 그런데 그 9명의 침대에 공통점이 있었다. 큰 수맥이 있거나 작은 수맥이라도 여러 개 모이는 곳이었다. 그런데 그들 수맥을 차단하면, 대부분 1~2개월 늦어도 1년 내에 임신했다. 물론 수맥차단 후 더 건강해졌지만 임신되지 않는 분도 있었다. 그러한 분은 신체적 결함이 있을 것으로 추론하고 있다. 따라서 신체적 결함이 없는데도 임신되지 않는다면, 직장이나 살고 있는 집의 수맥 여부를 따져 볼 필요가 있다. 몸이 너무 약하거나 부부관계가 적었든 간에 그 모두 수맥과 관련되어, 수맥이 불임의 한 원인이 될 수 있다는 것이다.

한마디 첨언하기로 하자. 인공수정을 해도 착상이 되지 않거나 착상되어도 유산이 잦아 그 성공률이 높지 않다고 흔히 말한다. 그러나 인공수정한 분들이 살고 있는 집의 수맥을 차단하거나, 명당에서 생활하게 하면 그 성공률도 훨씬 더 높아질 것이다. 이에 대해서는 앞의 9명의 예에서 확인할 수 있듯이, 자세히 설명하지 않아도 될 것이다. 따라서 불임부부나 산부인과 의사들이 수맥과 명당에 특히 유념해야 한다.

5. 아토피의 원인도 수맥이다

　새 아파트로 이사한 후 건강이 나빠지면 흔히 새집증후군을 거론한다. 성인보다 어린이, 특히 갓난아기들이 그 영향을 많이 받는다고 한다. 실제로 신축 아파트는 톨루엔, 포름알데히드, 아세톤, 크실렌, 스티렌, 에틸벤젠 등 오염물질이 발생하는데, 그 농도가 시일이 경과하면서 점차 줄어든다.
　그래서 이사 후 몸이 좋지 않으면 새집증후군으로 생각하는 분이 많다. 감기에 자주 걸리고 오랫동안 지속되어도 새 집으로 이사하면 다 그렇다고 생각하지만, 성인에게는 그 영향이 그렇게 크지 않다. 더 크고 새집으로 이사했다는 심리적 만족감으로도 그 정도 영향은 상쇄할 수 있다. 그러나 새집증후군보다 더 큰 영향이 수맥이라는 것을 아는 사람은 거의 없다.
　몸이 약해지면 나타나는 가장 흔한 질환이 감기다. 신종 플루처럼 촌

각을 다투는 감기도 있지만, 일반 감기는 시일이 지나면 낫기 마련이다. 그처럼 하찮은 질병이지만 만병의 근원이라고도 한다. 그 감기에 자주 걸리거나 잘 낫지 않으면 면역력 약화로 인한 것이겠지만, 그 면역력 약화의 원인으로 수맥도 생각할 수 있어야 한다.

감기가 낫지 않았던 지인의 처제

지인의 처제가 이사 후 몸이 항상 찌뿌드드하고 감기에 자주 걸리는데, 한 번 걸리면 보통 1~2개월 지속된다고 했다. 그 전에는 그렇지 않았는데 새집으로 이사 후 그러한 일이 잦다는 것이다. 그 이유가 궁금하다면서, 이사 때문만은 아닌 것 같다고 했다.

그 집에 가보니 침대에 작은 수맥이지만 3개나 있었고, 거실 소파에도 2개가 있었다. 침대와 소파 등 하루 종일 수맥에서 생활했다. 그러나 어린이와 달리 성인은 다양한 요인이 있을 수 있고 병을 키울 수도 있어, 수맥을 차단해 주면서 지켜보라고 했다.

그런데 수맥차단 후 그렇게 오랫동안 지속되던 감기가 나았다고 했다. 따라서 감기가 잦고 잘 낫지 않는다면 가장 먼저 생각해야 할 것이 수맥이다. 성인도 그 정도라면 유약한 어린이의 잦은 감기는 더 자세한 설명이 필요 없을 것이다.

아토피의 원인도 수맥이다

아토피 피부염은 주로 유아기, 소아기에 많이 나타나는 만성적 재발성의 염증성 피부질환이다. 가려움증과 피부 건조증 및 습진을 동반한다. 유아기에는 얼굴이나 팔다리 접히는 부분의 습진으로 시작된다. 그러나 성장하면서 점차 호전되는 경향을 보인다. 성인은 팔다리 접히는 부분의 피부가 거칠고 두꺼워지는 태선화현상이 나타나고, 유소아기에 비해 얼굴에 습진이 많이 생긴다. 그 아토피 피부염은 세계적으로 증가하는 추세이며 발병률이 전 인구의 20% 이상이라지만, 발병 원인은 아직 정확히 알려져 있지 않다.

서울시내 어린이들의 아토피에 걸린 비율이 40%에 달한다는 신문기사를 본 적이 있다. 그 통계가 과장되었는지 모르겠지만 어린이에게 가장 흔한 질환이라는 점은 분명하다. 대기오염이나 음식, 새집증후군 등이 원인일 수도 있지만 가장 큰 원인은 수맥이다.

옛날에는 공기가 오염되지 않았고 음식도 유해요인이 적었다. 수맥의 영향도 거의 없었다. 뒤의 '침대를 치워라'에서 다시 서술하겠지만, 아궁이에 불을 땠으므로 수맥이 없었다. 아궁이에 불을 때면 연기가 온돌을 거쳐 굴뚝으로 나오는 과정에서 온돌 밑에 시커먼 숯검정이 생기는데, 그 숯검정이 수맥을 차단했다. 아토피 원인이 다양하지만, 가장 큰 원인인 수맥을 차단했으므로 옛날에는 아토피가 거의 없었다.

아토피로 고생하는 집에 수맥 없는 사례를 본 적이 없다. 수맥의 영향을 믿지 않은 분들을 믿게 했던 것도 누차 언급했던 두통이나 부부관계를 비롯하여 아토피도 그 중 하나였다. 필자에게 수맥차단을 부탁한 사람 중 30~40%가 아토피로 고생하는 집이었다.

아토피가 있는 집은 무조건 수맥을 의심해라

어느 아파트의 방 하나에 10여 개의 작은 수맥이 있었다. 수맥이 작다는 것은 필자 기준이지만, 10원 짜리 동전으로 수맥이 차단되는 길이가 2~3m 정도를 가리킨다. 아무튼 방 하나에 수맥이 10여 개나 있다면 어떻게 잠을 자든 피할 수 없다. 1~2개 있다면 잠자리를 옮겨 피할 수도 있지만, 4~5개 이상이면 어떻게든 피할 수 없다. 그 때문에 어른도 아프지 않은 사람이 없었고, 어린이 모두 아토피로 고생했다. 진물 때문에 하룻밤에 2번 이상 옷을 갈아입힌다고 했다.

각종 생산시설이나 자동차, 혹은 다양한 생활용품에서 발생하는 유독화학물질 등 특별한 요인이 없는데도 아토피로 고생한다면 무조건 수맥을 의심해야 한다. 같은 라인의 어린이들을 살펴보아도 많은 어린이가 시달릴 것이다. 때문에 어린이 아토피는 수맥 때문이라고 해도 과언이 아니다. 아토피는 수맥차단 후 곧바로 낫지도 않는다. 수맥차단과 뒤에서 서술할 체질에 맞는 식품을 섭취해서 1~3개월 내 치유되기도 했지만, 더 많은 기간이 필요하기도 했다.

그러나 젊은 세대는 아토피 원인으로 수맥을 생각하지 않는다. 유약할수록 그 영향을 많이 받아, 어린이 키우는 젊은 부모들이 특히 유념해야 하지만 오히려 더 믿지 않는다. 선천성 질환의 일정 부분 역시 수맥의 영향일 수도 있다. 따라서 임신 중이거나 질병에 취약한 영·유아 키우는 부모들은 수맥에 더 많은 관심을 가져야 한다.

그러나 젊은 부모들은 꼭 믿어야 할 수맥은 믿지 않으면서 크게 신경 쓰지 않아도 될 청결은 너무 중시하고 있다. 몇 년 전 이탈리아 의학자의 연구결과를 본 적이 있다. 손발 자주 씻을수록 면역력이 약해져 질병에 걸릴 확률이 높다는 것이다.

가장 지저분한 환경인 농장에서 자란 아이들의 알레르기 질환이 적다는 것은 잘 알려진 일이다. 농장 배설물의 다양한 미생물에 노출 빈도가 잦아지면서 면역력도 강해진다. 깨끗한 환경일수록 알레르기에 더 잘 걸린다는 것이다. 불결한 주거환경일수록 알레르기를 유발하지 않는다는 것은, 무조건 깨끗해야 한다는 젊은 엄마들의 생각과 정반대다. 무균실에서 근무하는 연구원이 감기에 더 잘 걸릴 수밖에 없다는 말이다.

젊은 부모들의 지나친 청결만이 문제가 아니다. 요즈음 초등학생 등교하는 것을 보면 부모들의 극성이 자식 장래를 망치려고 몸부림친다는 것을 확인할 수 있다. 학교 현관까지 데려다주는 것도 모자라 신발끈 풀어주고 슬리퍼까지 꺼내어 신겨준다. 숙제해주는 것도 자랑삼아 말한다. 자녀가 자립할 수 없게 온갖 방법을 다 동원하고 있으니, 자식을 평생 책임지려는 것인지 애완동물로 생각하는지 알 수가 없다. 잡초처럼 키워야 한다. 방치하듯이 키울수록 사회적응 잘하고 부모도 더 공경한다.

지나친 청결처럼 잘못 알고 있는 상식이 많다. 독일의 베스트셀러를 번역한『상식의 오류사전』은 그러한 것을 모은 책이다. 그 대표적인 것이 '낙타가 바늘귀를 통과하는 것이 부자가 하늘나라에 들어가는 것보다 더 쉽다'는 말이다. 성경의 마태복음 19장 24절, 마가복음 10장 25절에 나오는 그 유명한 구절은 아랍어 '밧줄(gamta)'을 '낙타(gamla)'로 잘못 번역한 것이다. 그러므로 '밧줄이 바늘귀를 통과하는 것이 부자가 하늘나라에 들어가는 것보다 더 쉽다'가 맞다. 신데렐라의 유리 구두도 잘못된 번역이다. '털가죽(Vair)'을 '유리(Verre)'로 잘못 번역한 것이다. 신데렐라는 유리 구두가 아니라 가죽 신발을 신었다. 어떻게 유리 구두를 신을 수 있겠는가?

흔히 개를 가장 영리한 동물이라고 한다. 그러나 사람과 친근한 동물 중 가장 머리가 좋은 동물은 돼지다. 전체 동물 중에서는 침팬지나 돌고래보다 떨어지지만 개나 고양이보다 머리가 더 좋다. 보통 인간은 뇌의 10퍼센트 정도밖에 활용하지 않는다는 말도 틀렸다. 어느 뇌세포든 사용하지 않은 뇌세포는 없다. 모든 뇌세포를 활용하고 있지만 최대한 활용하느냐 안하느냐의 차이가 있을 뿐이다.

낙타가 바늘귀에 들어간다거나, 유리 구두를 신는다는 것이 있을 수 있는 일인가? 한 번만이라도 곰곰이 생각해보았다면 그럴 수 없다는 것을 알 수 있을 것이다. 그래서 무엇이든 편협하게 생각하지 말고 폭넓게 생각해야 한다.

아토피가 단순한 피부병이라고 생각할 수도 있다. 그러나 아토피로 인해 장기간 가려워서 집중하지 못하다보면 그러한 성향이 습관이 되어버린다. 집중하지 못하면 어떠한 일도 좋은 결실을 맺지 못한다. '어릴 때 습관이 여든까지 간다'고 하지 않는가? 아토피의 치료로 끝나는 것이 아니라, 매사에 집중하지 못하는 습관이 생길 수 있다. 흔한 것이라고 해서 단순하게 생각해서는 안된다. 공부도 어릴 때 습관이 중요하듯이, 어린 자녀들의 아토피 역시 심각하게 생각해야 한다. 어린이 키우는 젊은 부모들이 수맥에 더 많은 관심을 갖게 하려는 것도 이 책을 저술한 이유 중 하나이다.

아침부터 졸고 있던 고등학생

수면 후 피로가 풀리므로 수면은 피로회복제다. 어린이의 성장도 밤에 이루어지며, 성인의 수염도 낮보다 밤에 더 자란다고 한다. 뇌의 발육에도 수면이 중요한 역할을 한다고 한다. 그 수면의 원인이 아직까지 밝혀지지 않았지만 모든 생물에 활동과 휴식이 교체하는 주기성이 있는데, 수면도 그 고유 리듬의 하나라는 것이다. 리듬이 깨질 때 그 리듬을 회복하기 위해 졸린다고 한다. 그러므로 더울 때, 추울 때, 피곤할 때, 지루할 때, 심지어 긴장이 풀릴 때도 졸린다.

그러나 졸음의 원인을 말하려는 것이 아니다. 약이나 수면성분 있는 식품을 먹고 난 후, 혹은 점심식사 후 몰려오는 졸음을 말하려는 것도 아니다. 특별한 이유가 없는데도 매일 오전 졸음이 쏟아진다면 수맥의 영향일 수 있다.

한 교사의 부탁을 받고 한 학생 집의 수맥을 차단해 준 일이 있다. 매일 오전 졸고 있는데, 착하고 성실하며 유머감각까지 남다른데다 공부도 열심히 하지만 성적이 예상 밖이라면서, 그 학생의 집에 가보자는 것이었다. 특별한 이유 없이 오전부터 졸고 있다면, 그 전날 숙면하지 못한 결과다. 이를 확인하기 위하여 그 집을 보니 과연 침대 밑에 제법 큰 수맥이 있었다.

수맥차단 후 그 학생이 그 전처럼 졸고 있는지 지켜보라고 했다. 그 후 연락이 왔는데 더 이상 졸지 않는다고 했다. 잠이 부족하면 졸릴 수밖에 없다. 다만 졸음 문제는 신중히 접근해야 한다. 조울증 등 질병의 치료 중에도 졸음이 심하다. 그처럼 남에게 알리고 싶지 않은 질병 때문에 졸음이 심할 수 있는데, 수맥 운운하면 당사자에게 더 큰 상처 줄 수 있다.

그런데 그 교사는 신체 성장도 수맥과 관련이 있냐고까지 물었지만 "수맥이 무슨 만병통치약이냐"고 하면서 별다른 관심을 보이지 않았다. 그러나 한 학생이 키가 작지만 그 형제자매나 부모 모두 키가 크다는 것이었다. 그분은 수맥의 영향을 잘 알고 있어 그렇게까지 추론하였다. 외가, 친가 모두 키가 큰데다, 어린이 성장은 주로 밤에 이루어진다는 연구결과도 있으니, 잠자지 못하면 신체 성장에도 영향 받을 수 있다. 그러나 유전적 요인이 몇 세대 후에 나타날 수 있어, 그 가능성을 제기하는데 그치려고 한다.

아무튼 별다른 이유 없이 아침부터 졸고 있다면 수맥을 의심해야 한다. 흥미가 없으면 졸리겠지만, 그렇더라도 아침부터 졸고 있다면 정상이 아니다. 더구나 공부하려는 의욕까지 있는데 매일 1·2교시에 졸고 있다면 그 이유를 따져 보아야 한다.

그토록 다양한 영향을 미치는 수맥이지만, 믿지 않는 사람이 대부분이다. 잘못 알고 있는 것이 한두 가지가 아니겠지만, 모르면 그러려니 생각하는 것이 너무 많다.

　그 한 예로 경상북도 안동을 전국 어느 지방보다 대표적인 양반 고을이라고 칭하고 있다. 그러나 그 정도 양반 전통이 남아있는 곳은 삼남지방 어느 고을이든 마찬가지다. 안동이 하회마을이나 도산서원, 병산서원 등으로 유명하지만, 고건축물이 허물어지던 시기에 문화재 복원을 영남지방에 집중한 결과다. 호서·호남 지방도 안동처럼 10~20년만 먼저 복원했다면, 수많은 고건축물이 사라지지 않았을 것이다.

　안동을 양반 고을이라고 생각하는 분들은 조선시대 안동김씨 세도정치와 관련짓고 있다. 그러나 안동 출신이 고위직에 오른 예는 거의 없다. 임진란 이후 안동뿐만 아니라 경상도 출신 정승은 고종대의 유후조(1798~1876) 단 한 명에 불과했다. 조선시대 말기 세도가였던 안동김씨도 흔히 장동김씨(壯洞金氏)로 칭해지는 서울 출신이다. 그처럼 본관과 출신지는 다르다. 본관은 아득한 먼 조상의 출신지에 불과하여 그 후손들의 출신지와 관련이 없다.

　흔히 양반들은 서울을 제외하면 도시보다 시골을 선호했다. 각 고을의 수령(守令, 현재의 시장 군수)이 도시(邑)에 살았기 때문이다. 수령은 백성의 어버이였고 왕의 대리인이어서, 정승도 예를 갖추어야 했다. 제자인 수령이 찾아와도 집에서 맞이할 수 없고 동구 밖까지 마중 나가야 했고, 방에서도 아랫목의 상석(上席)을 내주어야만 했다. 국왕이 행차할 때에도 그 고을 수령을 특별히 대우했다. 왕릉이 많은 양주에

행차할 때마다 양주군수를 극진히 대우하여 '양주군수(楊州郡守)는 국왕과 동격'이라는 농담까지 있었다.

그런데 자신의 가문보다 못한 가문의 인사가 수령일 수도 있다. 학문이 높지 않다면 자신보다 낮은 가문 인사와 상대하지 않는 것이 조선사회 관행이었다. 그러나 아무리 낮은 가문 출신 수령이라도 대우해야만 했다. 체통을 중시했던 양반들은 그러한 수령과 마주칠 일이 없는 시골을 선호했다. 그래서 양반전통이 후미진 시골에 많이 남아있어, 안동뿐만 아니라 삼남지방 어느 고을이든 양반고을로 칭할 수 있다.

정약용(1762~1836)을 예로 들면 조선시대 문벌과 체통을 얼마나 중시했는지 알 수 있다. 현대 민주주의와 연결시킬 수 있는 조선시대 인사를 꼽으라면 정약용을 거론한다. 『목민심서』, 『경세유표』 등에서 백성의 고통을 많이 언급한 결과다. 그러나 정약용은 조선시대 유명 가문의 종합족보였던 『백씨통보(白氏通譜)』에 기록되지 않은 가문 인사와 상대하지도 않았다는 전언이 있다. 그처럼 가문을 중시했다. 당시의 정치도 일반 백성이 아니라 지배층인 양반을 위한 정치였다. 이는 '민심은 잃을지언정 양반의 마음을 잃어서는 안 된다(民心은 可失일지언정 士心은 不可失이라)'는 말에 잘 나타나 있다. 이 말을 자주 했다는 정약용 역시 그 시대를 뛰어넘는 사고방식의 소유자는 결코 아니었다.

하루에 1시간 이상 운동을 할 수밖에 없었다

건강에 대한 관심과 비용은 국민소득에 비례한다. 소득이 향상될수록 건강에 대한 관심이 높다. 육체적으로 건강한 사람은 일상생활에 피로를 느끼지 않고 질병이나 육체적 기능저하에도 저항력이 강하다. 또 유산소 운동으로 심장과 호흡 기능을 향상시킬 수 있는데, 1주일에 3회, 1회에 20분 이상 운동해야 효과가 있다고 한다.

건강유지 방법도 다양하다. 단전 두드리기, 웃기, 네발로 걷기, 뒹굴기, 절 운동, 앉았다 일어서기, 손발 주무르기, 호도 비비기, 걷기, 자전거타기, 요가, 심지어 1년에 한두 번의 단식으로 건강을 유지하기도 한다.

건강에 관심이 고조된 계기는 경제성장과 더불어 2000년대 초 건강에 좋은 걷기가 TV에 자주 방영된 이후인 것 같다. 아프리카 동부의 케냐와 탄자니아 경계의 초원에 거주하는 마사이족의 걷기 방식이 가장 좋은 걸음걸이라고 했다. 그 후 천변이나 공원에서 걷는 사람으로 북적이고 있다.

그러나 운동을 너무 많이 하는 분들이 있다. 운동이 좋아서라면 별문제지만, 좋아하지도 않는데 매일 1시간 이상 운동하지 않으면 몸에 이상이 있다는 분들이 의외로 많다. 하루에 30분도 어려운데, 1시간 이상 운동해야 한다면 정상이 아니다.

어느 교수는 매일 1~2시간 운동하지 않으면 몸이 항상 찌뿌드드하다고 했다. 일어나기도 힘들지만 어떻게든 아침마다 스트레칭 중심으로 수년째 운동한다면서, 운동하지 않은 분은 타고난 건강 체질이라는 말도 덧붙였다. 운동을 좋아하지 않는 분이 40대 초반에 그토록 열심히 운동하는 것은 흔한 일이 아니다. 그래서 그 집 수맥을 차단해주었는데, 그 후 운동하지 않아도 별 이상이 없다고 했다. 그러면서 잠이 너무 일찍 깨어 말똥말똥한 채 누워있는 일이 많다며, 오히려 이상하다고 했다. 이상한 것이 아니라 수맥차단 후 숙면할 수 있어 그렇게 일찍 깨었던 것이다.

또 다른 분 역시 매일 한두 시간씩 운동한다고 했다. 출장가면 그렇지 않는데, 집에서는 몸이 항상 무겁다고 했다. 수맥차단 후 내일 아침부터는 상쾌해질 것이라고만 했다. 그 후 연락하여 하루 만에 몸이 그렇게 달라질 수 있느냐, 지금까지 그런 곳에서 살았다는 것을 생각만 해도 끔찍하다, 정말 큰 선물을 주었다, 그 영향이 그렇게 클 수 있느냐 등 많은 이야기를 했다.

운동하지 않으면 몸을 가눌 수 없을 정도로 기력이 없다는 분이 많아, 그러한 사례를 더 소개해야겠다. 어느 섬 학교는 출퇴근할 수 없는 곳이어서 숙소가 2개 있었다. 그 중 한 숙소에 있는 분들은 할 일이 없어도 운동하거나 교무실에 있다가 밤 10시 이후 숙소에 들어간다고 했다. 숙소에 들어가는 일 자체가 내키지 않아 밤늦게 들어가지만, 자면서도 악몽에 시달린다는 것이다. 아침에 일어나기도 힘들지만, 일어나서도 몸을 가눌 수 없을 정도로 멍하다고 했다. 그러면서 하루에 1~2시간 운동하지 않으면 건강에 이상이 있다고 호소했다. 그러나 다른 숙소에 있는 분들은 퇴근 후 방에 틀어박혀 운동하지 않아도 건강하다고 했다.

같은 학교인데 숙소에 따라 그 상황이 너무 달랐다. 그런데 재미있는 사실은 교장선생님의 진단이다. 건강이 좋지 않은 분들은 가족과 떨어져 외로움이 심한 결과라고 했다. 외로움이 심할 수도 있고 심하지 않을 수도 있다. 그러나 한 숙소의 교직원 모두 외로움이 심하고, 다른 숙소에서 생활하는 교직원 모두 그렇지 않을 수는 없다.

그래서 조사해보니 한 숙소는 큰 수맥이 매우 많아, 그곳에서 생활하는 분 모두 건강이 좋지 않았다. 그러나 다른 숙소는 수맥이 전혀 없는 데다 명당이 7~8개나 있어, 그 숙소에서 생활하는 분 모두 건강했다. 그들 숙소는 수맥과 명당의 영향을 적나라하게 비교할 수 있는 좋은 사례였다.

어쨌든 앞에서 말한 두 분이나 섬 학교에서 열심히 운동해야 했던 직접 원인은 수맥이었다. 매일 걸어서 출퇴근하거나, 1시간 이상 운동해야 할 정도로 건강이 좋지 않은 분들은 수맥을 의심해야 한다. 아니 의심할 것이 아니라 예외가 없다고 생각해야 한다. 때문에 의자 놓은 곳이나 잠자리를 이리저리 옮기면서 수맥을 피해야 한다.

조선시대 가체(加髢)가 유행한 적이 있다. 가체는 부녀자들이 머리숱이 많아 보이려고 덧씌우는 가발이다. 사치풍조의 만연으로 쌀 1가마에 2냥, 서울에서 좋다는 집값이 300~400냥일 때 그 가체 가격이 무려 800냥에 이르기도 했다. 당시 국왕 영조, 정조가 가체 금지령까지 내렸지만 여전히 성행했다.

그러나 1850년대 이후 점차 사라지면서 왕실행사에만 가끔 사용되었다. 왕명으로도 막을 수 없는 것이 유행이고 사치였지만, 사라질 수밖에 없는 이유가 따로 있었다. 가체의 무게로 인해 목이 부러지거나 너무 아파 고생하는 사람이 많아지면서 사라졌다. 그 가체처럼 수맥으로 고생하는 사람이 더 많아져야만 수맥에 대한 부정적인 인식도 사라질 것이다.

6. 수맥의 영향은 체질과 관련이 없다

우리나라 사람 중 수맥의 영향을 받는 비율에 대해서는 70%, 30% 등 다양하게 말한다. 혹은 사상체질(四象體質)로 구분할 때 소음·태음인은 수맥의 영향을 받지만, 소양·태양인은 그 영향을 받지 않는다고도 한다. 그 체질론에 대해서는 뒤에서 다시 설명하겠지만, 결론부터 말하면 수맥의 영향을 받지 않는 사람은 없다. 체질과 전혀 관련이 없다.

40대 소양인 체질의 병원장이 있었는데, 개업한지 몇 개월밖에 되지 않았으나 진료가 어려울 정도로 항상 나른하고 피곤하다는 것이었다. 그 진료실을 살펴보니 큰 수맥이 있어, 수맥을 차단하자 얼마 후 그러한 증상이 사라졌다. 그처럼 소양인도 수맥의 영향을 받았다.

소양·태양인이 수맥으로 인해 암 등 중병에 걸린 사례는 열거할 수 없을 정도로 많아도 너무 많다. 그처럼 수맥의 영향을 받지 않은 사람은 없으며, 체질과도 전혀 관련이 없다고 단언할 수 있다.

　체질에 관계없이 모든 사람이 수맥의 영향을 받지만 개인차는 있을 수 있다. 전자파에 민감하거나 둔감한 사람이 있듯이, 굳이 비교하자면 전자파에 비유할 수 있다. 필자의 경험에 의하면 전자파에 민감할수록 수맥에 취약했다. 예컨대, 장시간 컴퓨터를 사용하면 눈이 충혈되거나 손가락이 저린 적이 있다면 수맥에 민감하다고 생각하면 된다. 물론 수맥이 작을 때 그렇다는 것이지, 크다면 전자파에 비유할 정도가 아니다. 그 영향이 전자파보다 수십 배 더 크기 때문이다.

　참고로 한마디 덧붙여야겠다. 수맥차단을 직업으로 하는 분들이 간혹 추(錘)나 엘로드 반응에 따라 체질을 구분하기도 하지만, 그러한 구분은 일고의 가치도 없다. 예컨대 '몸에 이롭다' 'ㅇㅇㅇ체질이다'라고 해서, 맞으면 추가 흔들리고 엘로드는 X자로 교차한다는 것이다. 그 반대라면 흔들리지 않거나 X자로 교차되지 않는다고 한다. 이른바 '질문법'이라고 하여 '예·아니오'로 대답할 수 있게 질문하여 그 반응에 따라 체질을 판별하는 것이다. 그러나 질문에 의해 추나 엘로드의 반응이 달라진다는 것 자체가 얼마나 비과학적인 일인가? 절대 있을 수 없는 일이다. 이에 대해서는 뒤에서 자세히 설명할 것이다.

제3장
명당에서는 건강하고 과외도 필요 없다

1. 명당은 왜 좋은가?
2. 가장 효율적인 아침공부하려면 명당을 활용해야 한다
3. 금반지·금목걸이 등 금붙이를 버려라

1. 명당은 왜 좋은가?

　풍수지리설로 인해 식상할 정도로 자주 들었던 말이 명당이다. 흔히 묏자리나 집터가 좋은 곳을 칭한다. 명당에 묘를 쓰거나 집을 지으면 발복한다고 해서 누구나 솔깃해 하는 말이기도 하다. 그러나 '풍수지리설은 허구였다'에서 서술했듯이, 명당으로 인해 복을 받는 것이 아니다.

　앞에서 지구 내부에서 일어나는 현상으로 지각에서 발생하는 모든 유해파가 자맥의 일부 즉 수맥이라고 했다. 그 반대로 유익한 파장이 나오는 곳이 명당이다. 필자가 말한 명당은 풍수들의 주장처럼 어떤 지형 때문에 생기는 것이 아니어서, 지형과 전혀 관계없다. 집 전체가 하나의 명당으로 이루어진 곳도 없고, 대부분 수맥과 혼재한다.

　어느 집은 명당이 무려 16개, 수맥도 6개나 있었다. 명당이 옷장 속이나 신발장에 있기도 했다. 따라서 필자의 명당론은 풍수설에서 중시했던 산, 강 등의 지형지세나 전망, 방향과 관계없이 '지전류'가 있는 곳이다. 복을 받는 것이 아니라 몸에 유익한 파장이 나오기 때문에 건강할 수 있다. 지형지세와 관계없이 '방바닥과 의자 놓은 곳만 좋으면 된다'는 말이다. 다만 '건강에 좋은 곳'이란 의미의 마땅한 용어가 없어, 풍수지리설의 명당이란 용어를 차용했다고 이해하면 될 것이다.

그런데 명당이 어떠한 이유로 형성되는지는 알 수 없다. 나침반이 정상적으로 작동하지 않기도 하여, 자기장이 인체에 영향을 미치는 것으로 추측할 뿐이다. 그 원인을 밝히는 일은 필자의 능력 밖이어서, 관련 분야 학자들의 검증을 기다리는 것 외에는 달리 방법이 없다.

다만 필자는 많은 사례에서 그 영향을 확인할 수 있었다. 명당의 가장 큰 영향은 숙면하여 건강할 수 있고, 자녀 성적을 걱정하지 않아도 된다는 점이다. 건강과 성적 모두 해결할 수 있다면 더 바랄 것이 없을 것이다. 자녀의 성적 때문에 집을 팔기도 하고 기러기 생활도 한다. 기도발이 있다는 명산대천을 찾아다니며 고생하기도 한다.

명당에서 생활하게 하면서 공부습관을 들이게 한다면 그런 고생을 하지 않아도 된다. 그렇게 말하면 혹 과대망상증 환자라고 말할 수도 있을 것이다. 그러나 어려서부터 명당에서 생활한다면 건강과 성적을 어느 정도 담보할 수 있다. 수맥과 정반대라고 생각하면 이해가 더 쉬울 것이다. 이에 대해서 더 자세히 살펴보기로 하자.

명당에서는 과외하지 않아도 성적이 쑥쑥 오른다

자녀의 성적향상을 위해 부모들은 어떤 고생도 마다하지 않는다. 노후생활에 대한 대비는커녕 끼니걱정하면서도 자녀교육에 열성적이다. 씁쓸한 현상이지만 경쟁이 치열한 현실에서 공부하지 않고서는 살아남을 수 없다고 생각한 결과이다. 그래서인지 많은 부모가 유아기부터 조기교육 시키고 있다.

그러나 조기교육의 부작용으로 성적부진이나 정신이상자가 되기도 한다. 기억하고 상상할 수 있는 능력은 5세부터 형성되기 시작하여 9세가 되면 거의 완성된다. 그 기간에 너무 많이 교육시키면 과부화현상이 있을 수 있다. 더욱이 조기교육의 부작용이 표면적으로 나타나지 않아도 치매가 일찍 올 수 있다는 연구도 있다.

과외 시킨다고 부모의 바람대로 성적이 반드시 향상되는 것은 아니다. 공부는 스스로 해야 한다. 과외는 보조수단일 뿐이다. 자녀 스스로 공부할 수 있다는 확신과 의지를 길러주는 것이 더 중요하다. 그러려면 재미있게 공부해야 하는데, 재미있으려면 쉬워야 한다.

그러나 부모들은 자녀 수준보다 높은 책을 사주려고 한다. 그렇게 하는 것은 공부하지 말라는 것이다. 재미있으면 보지 못하게 해도 보지만, 어렵고 재미없는 책은 보지 않는다. 그러므로 부모가 원하는 책이 아니라 자녀가 원하는 책을 사주어야 한다. 동화책뿐만 아니라 중고등학교 참고서도 마찬가지다. 자녀 수준보다 높은 수준의 참고서로 공부하게 해서는 안 된다. 어려우면 작심 3일에 그친다. 쉬운 책으로 공부하면 과외가 필요 없다. 서두르거나 욕심 때문에, 혹은 불안해서 과외 시킨다. 우리나라 교육 현실에서 그러한 말을 할 수 있냐고 할 수도 있다. 부모와 자녀가 서로 믿지 못하고 기다리지 못해서 그런 것이라고는 생각하지 않는다.

어릴 때는 한꺼번에 20~30권씩 사줄 것이 아니라 서점에 데리고 가서 2~3권만 직접 선택하게 해야 한다. 적게 사주면 같은 책을 여러 번 읽기 마련이다. 여러 번 읽다보면 그 내용을 완전히 파악할 수 있어 자유자재로 활용할 수 있다. 중국의 한유(韓愈, 768~824)가 당송(唐宋) 8대 문장가 중 하나가 될 수 있었던 것도 『대학』을 만 번이나 읽었던 결과라고 한다.

흔히 논술을 잘하려면 신문사설 많이 읽으라고 하지만, 신문 사설 몇 개 읽었다고 글이 잘 써지는 것이 아니다. 독서를 통해 사고의 폭이 넓어지고 깊어져야 창의력도 좋아져 논술을 잘할 수 있다. 그러려면 다양한 분야의 책을 많이 읽어야 한다. 조선시대 이이(李珥, 1536~1584)는 9도(九度) 장원으로 유명하다. 과거시험에 최종 합격하기까지 9번의 시험에서 모두 1등을 했다. 그러한 일도 다양한 독서 덕분에 가능했을 것이다. 그는 어머니 사후 절에 들어가 불교 책까지 섭렵했다. 남들이 보지 않은 다양한 부류의 책까지 섭렵했으므로 더 심오한 문장을 쓸 수 있었다.

이왕 하던 끝에 한마디 더 하기로 하자. 학부모들은 특수고등학교를 선호한다. 선배나 동기들의 도움을 받을 수 있다는 것이다. 그러나 치열한 경쟁사회에서 자신의 앞가림도 하기 어려운데 선후배 도와줄 여유가 없다. 학벌 간판으로 살 수 있는 세상은 지났다. 30~40대에 구조 조정되는 것을 보면서도 옛날 생각하고 있는 것이다.

좋은 고등학교에 다니면 우수한 학생들만 모여 경쟁심을 불러일으킬 수 있지만 그 경쟁심도 어느 정도다. 열심히 했는데도 성과가 없으면 의기소침해지기 마련이다. 기가 꺾이면 공부도 싫어져 성적이 하위권에 머무를 수밖에 없다. 하위권에 있는 한 내신 성적이 낮아 남들에게 좋은 일만 하게 된다.

잘난 학생들을 위해 들러리 설 필요는 없다

사춘기까지 감안하여 자녀 성적이 상위 20~30%에 속할 자신이 없다면 특수고등학교에 보내서는 안 된다. 잘난 애들 위해서 들러리 설 필요는 없다. 특수고등학교는 우수한 학생만 모였으므로 모두 좋은 대학에 들어가야 한다. 일반고등학교 상위권 대부분은 중학교 때 성적이 좋지 않아 특수고등학교에 가고 싶어도 갈 수 없었다. 그러나 특수고등학교 중위권보다 일반고등학교 상위권 학생들이 더 좋은 성과를 내고 있다. 그것만 알아도 많은 생각을 할 수 있어야 한다.

부모 허영심으로 특수고등학교 학생 대부분이 하지 않아도 될 마음 고생하면서 남 좋은 일만 한다. 그 허영심도 몇 달 가지 않는다. 첫 학기 성적이 기대 밖이면 걱정할 수밖에 없다. 대학도 마찬가지다. 턱걸이해서 들어간다고 기뻐할 일이 아니다. 여유 있게 입학해야 재미있고 신나게 생활하면서 자신의 뜻을 맘껏 펼친다. 어느 대학이든 상위권은 취직 걱정하지 않는다.

점수에 맞추어 대학 갈 일이 아니다. 하고 싶은 일 할 수 있는 전공을 찾아가야 한다. 명문대에 입학한다고 취업이 보장된 것이 아니다. 시대착오적 생각은 버려야 한다. 졸업 후 전공과 관계없이 취업하는 사례가 60~70% 이상이다. 지금 대학생들은 100세 이상까지 살 수 있다는데, 그 긴 생애에서 몇 년 늦었다고 늦은 것이 아니다. 졸업 후에도 전공을 바꿀 수 있고, 하고 싶은 일 재미있게 하려면 몇 년 늦게 시작해도 늦지 않다.

대학에 입학했다고 끝나는 것도 아니다. 취직시험이 기다리고 있다. 그런데 과외하지 않는 학생의 취업률이 더 높다. 따라서 사교육에 매달리지 않아도 된다는 확신을 갖게 해야 한다. 자신의 능력을 향상시키면서 성취감을 느낄 수 있게 스스로 공부하게 해야 한다.

자녀 스스로 공부하면서 사교육이 필요 없다는 것을 인식하게 하려면, 어려서부터 사전 찾으면서 스스로 공부하게 해야 한다. 애들이 질문할 때도 가능한 국어사전이나 백과사전 찾아 대답해주어야 한다. 쉬운 일 같으나 매우 어렵고 귀찮은 일이지만, 부모가 사전 찾는 것을 보면서 애들도 사전 뒤적이게 된다. 그러한 것이 바로 공부습관이다. 스스로 해결하면서 재미까지 있는데 시간낭비하면서 사교육 받으려 하지 않는다.

다만 영어를 처음 배우는 애들에게는 가능한 영어사전 찾지 않고 앞뒤 문맥을 통해 이해하게 해야 한다. 우리가 어려서 한글 배울 때나 동화책 읽으면서 국어사전 뒤적이지 않았다. 미국 어린애들도 처음 배울 때 영어사전 뒤적이지 않는다. 어째서 영어사전 찾지 않을수록 좋다고 하는 것인지, 그 이유를 길게 설명하지 않아도 알 수 있을 것이다.

아울러 어린 시절부터 인생의 가치를 중시하게 해야 한다. 그러려면 사랑스런 자녀들이 홀로 서려고 할 때 삶의 길라잡이가 될 수 있는 책을 사주는 것도 좋은 방법이다. 가족의 소중함과 배려심을 일깨워주면서 꿈을 실현할 수 있게 기(氣), 즉 기개(grit)를 길러주고 규칙적으로 공부하는 습관을 길러주는 것 외에는 부모가 할 일이 별로 없다.

아울러 마음이 편하고 안정되어야 공부도 할 수 있다. 커튼이 귀하던 옛날에는 동향(東向) 방을 자녀에게 주지 않았다. 풍수지리설과 관련 있을 것으로 생각하지만 그렇지 않다. 햇볕이 제일 먼저 드는 곳이 동향 방이다. 아침 햇살은 유난히 눈부신데 그 강한 햇살로 인해 아침부터 기분이 들뜰 수 있다. 들떠 흥분한 상태에서는 무슨 일이든 제대로 할 수 없다. 때문에 자녀들이 차분히 공부할 수 있게 하려고 동향 방을 주지 않았다. 물론 노인들은 항상 침체되어 무기력하고 우울하여, 햇볕으로 인해 기분이 좋아지도록 동향 방을 더 선호했다.

앞에서 수맥에서는 아무리 열심히 공부해도 성적이 오르지 않는다거나, 수맥차단 후 성적이 향상되었다고 했다. 그런데 명당에서는 더 큰 효과가 있다. 명당으로 책상을 옮겨 공부 잘하게 된 예는 굳이 언급할 필요가 없을 정도로 많아도 너무 많다.

필자는 어느 집에 가든 공부방에 명당이 있다면, 자녀가 공부 잘해서 좋으시겠다고 한다. 그러면 깜짝 놀란다. 본 적도 없으니 놀랄 수밖에 없다. 어떻게 알 수 있냐고 하면, 방이 그렇게 생겼다면서 공부 못하면 정상이 아니라고 한다. 물론 공부습관이 들지 않아 놀기 좋아하여 공부 못하는 애들도 있다.

  그러나 놀기 좋아하는 애들도 집중하면 성과가 있어 의기양양하다. 하지 않기 때문에 못한다고 생각할 뿐이다. 그처럼 기개가 있으면 언젠가는 부모가 예측하지 못한 좋은 결과가 있을 수 있다. 열심히 해도 성과가 없는 애들이 문제다. 수맥에서 아무리 열심히 해도 성과가 없었으므로 무슨 일이든 남들보다 못한다고 생각하기 때문이다.

  명당에서 생활하는데도 공부 못하면 정상이 아니라는 것은 무슨 말인가? 명당에서는 마음이 차분해져 하는 일마다 성과가 있어 재미있으니, 의기양양하여 무슨 일이든 계속하려고 한다. 좋아서 하는 사람은 어느 누구도 이길 수 없다. 가장 이기기 어려운 상대가 좋아서 하는 사람이지 않는가?

  아파트 같은 라인에 공부 잘하는 학생이 많다는 말을 들은 적도 있을 것이다. 대개는 자신과 관계없는 일이라고 생각할 뿐만 아니라 믿지도 않는다. 어떤 아파트라고 특정할 수 없지만, 같은 라인에 사는 10여 명이 누구나 선호하는 대학이나 학과에 입학한 일이 있다. 주위에 공부 잘하는 사람이 있으면 경쟁심도 생길 수 있지만 경쟁심 때문만은 아니다. 층수에 관계없이 명당의 영향이 같아서 그러한 것이다.

  공부 잘한다고 효도하는 것은 물론 아니다. '부모 배반하기 위해 태어난 것이 자식'이라고 하지 않는가? '굽은 소나무 선산 지킨다'고 했듯이, 자식이 못나야 부모 도움이 필요하고, 부모 도움이 필요해야 효도도 한다. 심지어 '효도도 돈 주고 사야 한다'고 말 할 정도다. 그렇긴 하지만 어느 부모가 자식 공부 못하는 것을 바라겠는가?

공부하라 다그치지 말고 명당을 찾아주어라

거실에서 공부하는 애들이 있다. 유치원생이나 초등학생들이 흔히 그렇게 한다. 자녀가 거실에서 공부하면 부모들은 방에 들어가 공부하라고 하지만, 그렇게 해서는 안 된다. 아예 책상을 그곳으로 옮겨 주어야 한다.

거실에서 공부하려고 한다면 명당이 있어 그러한 것이다. 몸도 마음도 편하고 공부도 잘 되기 때문에, 그곳을 떠나려 하지 않는다. 부모한테 꾸중 듣고 공부방에 들어갔다가 잠시 후 다시 나온다. 방이 비좁다거나 어두워서 그러한 것이 아니다. 어릴수록 명당·수맥에 더 민감해서 그러한 것이다.

거실이든 어디든 자녀가 있고 싶어 하는 곳이 있다면, 아예 그곳으로 책상을 옮겨 주어야 한다. 필자는 명당이 있다면 그곳으로 책상을 옮겨주라고 한다. 심지어 장롱을 옮겨서라도 책상을 옮겨 주라고 한다. 어떻게 그렇게 하느냐는 분도 있지만, 대부분 옮겨주었다.

명당이 있는데도 활용하지 않는다면 더 이상 할 말이 없다. 그 효과 의심하면서 고집부릴 일이 아니다. 자녀 교육도 쓸데없이 고집부리는 것이 가장 위험한 일이다. 공부하지 않는다고 다그치면서도 자신은 양보하지 않는다. 그러한 분들은 대부분 남들보다 뒤늦게 깨닫는다. 늦었으니 당연히 서두를 수밖에 없다.

그 한 예만 소개하자. 어느 집 수맥을 차단했는데, 명당도 있어 그곳으로 자녀의 책상을 옮겨주라고 했다. 그러나 그 부모는 옮겨주기는커녕 수맥을 차단한 동전마저 치워버렸다. 일부러 수맥에서 생활하게 한 것이다. 누차 이야기했지만 수맥에서 공부한다는 것은 거의 불가능한 일이다.

그러나 그 부부는 자녀에게 공부하라고 다그치기만 하다가 결국 유학을 보냈다. 그러나 우리나라에서 공부 못한 학생이 외국에서 잘 하기는 쉬운 일이 아니다. 예외적인 일이다. '기러기 부부'라는 용어도 1960년대 말부터 일본에서 쓰였다. 그러나 요즈음 일본에서는 조기유학 거의 보내지 않는다. 경제력이나 국가 위상 때문이 아니라 유학 보내도 소용없다는 '학습효과'가 있었던 결과다.

더욱이 외국에서 초·중·고등학교를 다니다보면 사고방식도 우리와 달라지기 마련이다. 경제적인 면은 우리나라에서처럼 부모에게 의존하고, 나머지는 서구의 개인주의적인 면을 닮게 된다. 졸업 후 우리나라에 돌아오지 않을 수도 있다. 외국인과 결혼하면 그 자녀도 외국인이 된다. 아들 보고 싶어 외국 들락거리면서, 아들 집이 아닌 호텔에서 지내다 올 수도 있다. 자식 없는 셈 치는 것에 그치지 않고 주위의 온갖 비웃음까지 감수해야 한다. 예외도 있겠지만 조기유학 좋아할 일은 분명 아니다.

어릴 때는 부모와 같이 부대끼며 살아야 한다. 공부하지 않는다고 다그칠 필요도 없다. 명당 찾아 책상만 놓아주면 된다. 그 많은 돈 들여 고생하면서 조기유학 보낼 일이 없다. 대학이나 대학원 때 유학 보내도 늦지 않다.

미국의 여류시인 메리 올리버(Mary Oliver)의 산문집 『휘파람부는 사람』에 나오는 '이 우주가 우리에게 준 두 가지 선물은 사랑하는 힘과 질문하는 능력'이라고 했다. 그처럼 어린애들에게 가족과 이웃을 사랑하고 배려하며 언제 어디서든 자연스럽게 질문할 수 있는 기개를 길러주는 것이야말로, 조기유학 보내는 것보다 훨씬 더 중요한 일이다.

2. 가장 효율적인 아침공부하려면 명당을 활용해야 한다

갓난아기는 매사에 민감하다. 앞에서 수맥에서는 갓난아기가 심하게 울고 자주 아프다고 했다. 그 반대로 명당에서는 밤새 깨지 않고 잠을 잔다. 밤새 깨지 않고 잠잔다고 하면, 어떻게 그러한 일이 있을 수 있냐고 의심할 것이다.

필자는 자녀가 둘이 있다. 애들 어렸을 때는 애들 이야기를 많이 한다. 특히 칭얼거리면서 잠자지 않아 밤새 잠을 설친 일이 흔하다는 말도 많이 했다. 그런데 우리 애들은 그런 일이 없다고 하면, 어떻게 그러한 일이 있을 수 있냐며 아무도 믿지 않았다. 그래서 그러한 말을 삼가던 기억이 있다. 필자는 애들 키우면서 자다가 깬 적이 거의 없다. 아니 없었다.

숙면을 취할 수 있었던 우리 애들

그때는 자맥을 알지도 못했지만, 알고 난 후 애들이 밤에 깨지 않았던 일이 불현듯 생각이 났다. 남들이 믿지 않을 만큼 잠을 잘 잤던 이유가 궁금했다. 그리하여 애들이 어렸을 때 살았던 두 집을 찾아 갔는데, 다행히 한 집은 우리가 살던 그대로여서 사정을 말하고 확인해보자 애들 잤던 곳이 명당이었다. 그 좋은 곳에서 잤으므로 숙면할 수 있었다. 침대 없이 살았던 것도 명당을 제대로 활용하게 했지만, 그 침대 문제는 뒤에서 언급하기로 하자.

수맥만 없어도 잘 자는데, 명당에서 자면 더 숙면할 수밖에 없다. 그 후 어린애 키우는 몇몇 집을 조사했는데, 똑같은 결과를 얻었을 수 있었다. 밤중에 깨지 않으면 키우는 부모도 편하지만, 모르긴 해도 애들의 발육이나 정신건강에도 더 좋을 것이다.

앞에서 수맥이 불면증의 한 원인이라고 했다. 그러므로 수맥과 정반대의 명당에서는 숙면할 수 있다는 점을 쉽게 이해할 것이다. 노인도 명당에서는 숙면할 수 있다. 초저녁부터 졸지만 아침에 일찍 깬다. 잠이 부족하지 않다면 일찍 깰 수밖에 없다. 저녁에 숙면하지 못하여 아침에 피곤할 때가 문제지만, 명당에서 자면 그러한 일이 없다. 숙면하면 일찍 깨어도 피곤하지 않다.

그래서 사무실이나 집에 명당이 있다면 최대한 활용해야 한다. 그런데 앉아있기만 하면 잠이 쏟아진다는 분들이 의외로 많다. 잠이 쏟아지는 것은 피로로 인해 비정상이던 신체리듬이 정상으로 돌아가려는 과정이다. 항상 잠이 쏟아지는 것도 아니고 피곤할 때만 그렇다. 졸려서 TV를 시청하지 못할 정도라는 분도 있다. 그러나 그러한 분들도 졸고 난 후에는 몸이 거뜬해지기 때문에 그곳을 떠나지 않고 계속 있으려고 한다.

자주 졸려도 나른하거나 머리 아픈 일이 없다면, 그 앉아 있는 곳이 명당이라고 생각해도 좋다. 졸리면서도 떠나지 않고 계속 있으려는 것은 몸이 편해서 그러한 것이다. 때문에 자주 졸리는 곳이 있다면 그곳을 최대한 활용해야 한다.

명당에서는 아침에 일찍 일어나진다

명당에서 생활하면 아침에 일찍 일어날 수 있다. 일찍 일어나면 하루가 여유로워져 하고 싶은 일도 생기기 마련이다. 하고 싶은 일이 있으면 어떤 어려움도 극복할 수 있기 때문에 성과가 있을 수밖에 없다.

우리나라 이민사(移民史)에서 대표적인 성공사례로, 1988년 미국 교육부에서 '아시아계 미국인 가정교육 연구대상'으로 선정되었던 고광림 가족이 있다. 6남매 모두 훌륭하게 키워 매스컴에 소개되기도 했다. "자녀를 위해 헌신하지 말아야 한다. 개개인의 특성을 살린 리더로 키워야 한다. 다른 사람에게 도움이 되는 삶이 가치 있다. 덕이 재주를 앞서야 한다. 공부 습관들이는 데는 규칙적 학습이 중요하다. 엘리트보다 사람이 되어야 한다. 한국인처럼 어디서든 잘 살 수 있는 민족은 없다. 무슨 일이 있어도 아침식사를 같이 해야 한다. 한국적 가족주의 가치관을 갖게 해야 한다" 등 자녀 교육에 주옥같은 말이 많다.

가정교육의 성공이 사회적 성공으로 이어진다는 점은 필자도 동의한다. 그러나 그들의 성공신화를 말하려는 것이 아니다. 교포사회에서 어울리지 못한 분들에게 더 많은 관심을 가져야 한다. 그래야만 중국, 스페인, 이스라엘 다음으로 해외교포가 많은 700만 우리 교포사회가 발전할 수 있다.

아침시간이 가장 효율적이다

그런데 그들 부부의 교육 방법 중에 '아침시간이 오전보다 낫고, 오후가 저녁보다 낫다'라는 말도 있다. 저녁보다 아침에 더 능률적이라는 것은 잘 알고 있지만, 일찍 일어날 수 없어 아침시간을 활용하지 못할 뿐이다. 물론 밤늦게 공부하는 것이 더 능률적이라면 그렇게 해야 한다. 사람마다 각기 다를 수 있기 때문이다. 어쨌든 아침에 일찍 일어나려면 숙면해야 하는데, 숙면할 수 있는 곳이 바로 명당이다.

또 그들은 가정을 중시했다. 한국적 가족주의의 가치관을 소중히 여겼다. 특히 가장의 역할을 중시했다. 남편을 대우하고 챙긴 것은 우리나라 어느 가정보다 보수적이었다. 그 점이 바로 자녀를 훌륭하게 키웠던 요인이었다. 부부간에 엇박자가 되면 자식도 편할 수 없다. 마음이 편하지 않으면 공부만이 아니라 인성에도 영향이 있다.

때문에 부부는 서로 공경해야 한다. 우리나라 전통은 음양의 조화를 중시하여 부부간에 차별이 없었다. 외출할 때도 서로 큰 절을 했다. 고려시대에도 요즘처럼 남녀구별 없이 재산을 똑같이 상속했으므로 제사도 아들딸이 번갈아가며 지냈다. 여자가 호주도 될 수 있었고 재가(再嫁)도 마음대로 했다.

그런데 조선시대 이후 성리학과 더불어 남자 중심이 되더니 일본 식민통치의 영향으로 남녀차별이 더 심해졌다. '빨리빨리'하려는 조급함도 일본의 영향이다. 목공소에서 사용하는 대패만 보아도 그러한 점을 유추할 수 있다. 우리나라 대패는 앉아 밀어내면서 나뭇결을 다듬었다. 그처럼 대패질도 앉아서 천천히 여유 있게 했다. 그러나 일본의 대패가 들어와 서서 당기는 것으로 바뀌면서 바빠졌다.

신발을 바깥쪽으로 향하게 하는 것도 일본의 영향이다. 우리나라에서는 복 나간다고 해서 안쪽으로 놓았다. 싸리비도 안쪽을 향해 놓았다. 그러나 일본인의 신발 즉 게다(げた, 슬리퍼 비슷한 나막신)는 뒤쪽 볼이 없어 만지면 흙이 묻고 보기에도 좋지 않아 항상 밖을 향해 놓았다. 그런데 그것이 좋은 줄 알고 신발을 밖을 향해 놓고 있다. 아울러 우리나라에서는 채소라고 했지, 일본처럼 야채라고 하지 않았다.

그 다양한 일본의 영향 중 남존여비 풍조는 가장 대표적이다. 우리나라에서 『소학(小學)』의 영향이 컸듯이, 일본에서는 『여자대학(女子大學)』의 영향이 컸다. 그 책에서 '남편은 왕'이라고 했다. 부인에게 충성해야 할 왕은 남편이었다. 남편이 역적질하면 부인도 남편을 따라 역적질하라고 했다. 그처럼 남편의 역할이 커 남편이 부인에게 반말했고, 부인은 남편을 '아빠'라고 했다. 남녀차별의 원인이 조선시대 성리학의 영향보다 일본의 영향이 훨씬 더 컸다는 말이다.

우리 전통풍습은 조선시대 말까지도 부부가 서로 공경했으며, 남편은 한 가정의 가장 역할만 했다. 부인 동의 없이는 양자(養子)의 입양(入養)이나 파양(罷養)도 불가능했다고 하면 더 쉽게 이해할 것이다. 특별한 때만 남자에게 우선권이 있었다. 즉 임시방편의 일을 결정할 때만 가장의 우선권이 있었다. 그러나 일본의 영향으로 남녀차별이 심해지더니, 요즈음에는 그 반대로 어머니의 역할이 더 중시되고 있다. 그렇다고 가부장 사회를 옹호하려는 것은 아니다.

남편이든 자녀든 기를 살려 주어야 한다. 가정에서 기가 살면 밖에서도 기가 살기 마련이다. 기가 있으면 없던 능력도 생긴다. 큰소리치고 살게 하면서 자신을 낳아 준 부모에게 최선을 다하게 하는 것이 가정교육의 핵심이다. 효도 역시 어버이를 위한 것만은 아니다. 부모 돌아가신 후 후회하지 않고 자식에게 당당하려는 것이다. 효도하라고 해서 효도하지 않는다. 대화가 통해야 효도도 하고 공경하기도 한다. 지적능력이 아니라 마음이 서로 통해야 한다. 부담 없고 만만해야 하고 싶은 말도 많아지고, 하고 싶은 일이 많아져야 공부 욕심도 생긴다. 어렸을 때 거짓말하거나 지갑에서 몰래 돈 꺼내가는 것만 엄하게 하면서 믿고 맡겨야 한다.

물론 가장 어렵고 생각대로 되지 않는 것이 자식농사다. 자고로 반타작이면 그런대로 자식농사 잘 지었다고 했다. 옛날에는 가난과 질병으로 반만 살아남아도 자식농사 그런대로 지었다고 했다. 지금은 자식들이 하도 싸가지가 없어서 그 중 반만 싸가지가 있어도 자식농사 그런대로 지었다고 한다. 오죽했으면 선진국에서 18세에 독립시키겠는가?

싸가지 없던 자식들 수없이 지켜보았던 결과가 아니겠는가?

우리 부모들은 가난에서 벗어나려고 너무 많이 고생하여, 자식만이라도 출세하여 편히 살게 하려고 했다. 그 출세의 지름길이 학벌이라고 생각하여 성적만 중시했다. 그러면서 부모에 대한 배려, 가족에 대한 배려, 상대방에 대한 배려를 가르치지 못했다. 자식에게 헌신하지 않아야 했는데 헌신했고, 당연히 해야 할 집안일 했어도 칭찬하면서 용돈까지 주었다. 식사 때 잠자고 있어도, 묻는 말에 대답하지 않아도, 이유 없이 짜증내도, 심지어 거짓말을 해도 내버려두었다. 불편하지 않게 하려고 명절이나 생일날에도 오지 말라고 했고, 병원에 입원해도 알리지 않았다. 자식 키워보면 알겠지, 언젠가는 후회하겠지 하면서 무작정 참고 기다리기만 했다. 심지어 가치관이 흔들리면서까지 과잉보호했으니, 누구를 탓하겠는가?

억울하지 않은 인생 없다지만, 그래도 내가 낳아 애지중지 키워, 보기만 해도 웃음이 절로 나오는 내 자식 내 새끼인데 어찌하겠는가? '내 돈 쓰고 내 밥 먹을 때만 내 자식'이라는 사실만이라도 일찍 알았으면 좋으련만 인생 말년이 되어서야 겨우 알게 되는데, 그때서야 어찌하겠는가? 별다른 방법이 없으니 끈이라도 달아서 쓸 수밖에 없지 않은가?

정력에도 명당보다 더 좋은 것이 없다

정력에 좋은 것이라면 하나라도 더 먹으려고 한다. 전 세계 웅담과

녹용의 상당부분이 우리나라에서 소비된다고 한다. 겉으로는 초연하거나 천박하다면서도 정력에 신경 쓰기 마련이다. 어떤 학자는 성격 차이로 인한 이혼의 상당부분이 정력 때문이라면서 그 원인을 부부관계에서 찾기도 했다.

앞의 '부부관계도 수맥의 영향이 크다' '수맥차단 후 임신이 된 제자'에서 수맥의 피해를 서술했다. 그러므로 명당이 정력에 좋으리라는 것은 쉽게 짐작할 수 있을 것이다. 자고 일어날 때 눈치 없이 뻣뻣한 일이 잦으면 명당에서 생활한 것이고, 젊은데도 그런 일이 없다면 수맥에서 생활한다고 생각해야 한다. 그처럼 부부관계에 지대한 영향을 미치는 것이 수맥이고 명당이다.

성기능이야말로 수맥·명당의 효능을 실감할 수 있는 가장 좋은 방법이다. 부부생활이 비정상적이라면 잠자리를 바꿔야 한다. 수맥에서 수맥 없는 곳으로 옮기기만 해도 확인할 수 있지만, 명당으로 옮기면 그 차이가 더 분명하다. 자맥의 영향 중 가장 민감한 것이 성기능이다. 직경 30cm와 1m의 명당에서도 그 차이를 느낄 수 있다. 다만 필자 경험으로는 직경 1m 이내는 클수록 좋지만 그 이상의 크기에서는 차이가 없었다.

애완용 개를 집에서 키운다면, 개가 항상 잠자는 곳으로 잠자리를 옮기는 것도 좋은 방법이다. 어떻게 그러한 곳으로 잠자리를 옮길 수 있냐고 하겠지만 배부르면 무슨 말을 못하겠는가? 개가 사람보다 더 소중할 수는 없다. 개만도 못해서야 되겠는가? 이에 대해서는 뒤에서 다시 서술할 것이다.

명당에서 살면 성기능으로 위축될 일이 없다. 자신 있으면 무슨 일을 하든 의기양양하다. 죽기 전까지 버려서는 안 될 것이 바로 자기 자신에 대한 '무한신뢰'와 '무한사랑'이라고 하지 않는가? 자신 없으면 어떠한 일도 좋은 성과를 낼 수 없다. 가장 편한 가정에서까지 위축된다면 밖에서는 더 위축될 수밖에 없다. 안팎에서 위축된 남편을 보면 신뢰하거나 존경할 수도 없다. 남편 하는 일 모두 시원찮아 보이면, 조그만 실수도 크게 보이고 불만도 쌓이면서 결국 성격차이 운운한다.
　별장에서 정력이 좋다는 사람도 있다. 자기 집에 없는 명당이 별장에 있어 그러한 것이다. 그러나 대부분의 전원주택이나 별장에는 수맥이 많다. 수맥을 산의 기운으로 착각하거나 전망을 중시한 결과다. 공해도 없고 풍광까지 좋아 아침에 두통이 있어도 과음한 탓으로 돌리지만, 자주 머무르지 않아 그 심각함을 느끼지 못해서 그렇게 말한 것이다.

3. 금반지·금목걸이 등 금붙이를 버려라

고금(古今)을 막론하고 금은 부의 상징이다. IMF 금융위기로 인한 금 모으기 운동에서도 금의 가치를 새삼 느끼게 했다. 화폐가치가 떨어질수록 금의 가치는 높아진다. 그래서인지 많은 사람들이 반지, 목걸이 등에 금을 선호하고 있다.

그 좋은 금도 몸에 해로울 수 있다

그런데 그 좋은 금도 몸에 해로울 수 있다. 반지는 보통 넷째 손가락에 낀다. 그러나 넷째 손가락에 금반지 끼어 좋은 사람은 태음인뿐이다. 그 외 체질은 모두 해롭다. 태양인은 첫째 손가락, 태음인은 넷째 손가락, 소양인은 다섯째 손가락, 소음인은 셋째 손가락에 낄 때만 건강에 좋다.

은반지나 백금반지도 잠시 언급하면 다음과 같다. 태양인은 넷째, 태음인은 첫째, 소양인은 셋째, 소음인은 다섯째 손가락에 끼어야 한다. 그 외 손가락에 끼면 보기에는 좋지만 건강에 해롭다는 것은 상식이 되었다. 심지어 도금한 것도 똑같다. 예컨대 금을 백금으로 도금하면, 금이 아니라 백금과 같다.

한 지인이 금반지 끼는 넷째 손가락부터 팔 위쪽으로 가슴 부위까지 결린다고 해서, 반지를 빼라고 했다. 소음인은 셋째 손가락에 금반지 끼어야 하는데, 넷째 손가락에 20년 이상 끼었으므로 그러한 현상이 나타난 것이다. 그러나 반지 빼버린 지 20여 일 후 그 결린 부분이 나았다.

그 정도면 그래도 다행이다. 앞의 '조선시대 풍수는 명당을 없애기 위한 모든 방법을 동원하였다'에서 금의 폐해를 서술했지만, 더 심각한 사례가 훨씬 더 많다. 금붙이를 패용하는 것은 쥐불놀이처럼 하나만 알고 둘은 모른 것이다. 40대 이상이면 논두렁, 밭두렁에 쥐불놀이 했던 추억이 있을 것이다. 학교에서도 2~3월이 되면 논두렁, 밭두렁 소각해야 농작물의 병해충을 줄일 수 있다고 가르쳤다. 그야말로 무지의 소치였다. 해충만 없애는 것이 아니라 익충까지 없애버렸기 때문이다.

금붙이는 수맥을 차단하지만 명당도 없애버린다

금반지, 금팔찌, 금목걸이 등 금붙이도 마찬가지다. 수맥뿐만 아니라 명당마저 없애버리기 때문이다. 그러나 금붙이로 수맥을 차단할 확률은 거의 없다. 수맥은 가는 선(線)과 같은데, 그 가는 수맥에서 1cm만 떨어져도 소용없다. 그러나 명당은 작은 것이 직경 30cm, 큰 것은 몇 미터에 이른다고 했는데, 크든 작든 그 직경 내 어느 곳에 금붙이가 있어도 명당이 없어져버린다.

명당이 없어지면서 명당을 피하여 흘렸던 수맥이 곧바로 통하게 되어, 수맥을 끌어들인 결과가 된다. 그처럼 금반지, 금목걸이, 금팔찌 등을 패용하여, 명당이 있어도 활용하기는커녕 수맥까지 끌어들여 고생하는 사람이 많다. 그래서 모든 금붙이를 버려야 한다. 외출할 때만 금붙이 패용하되, 앞에서처럼 체질에 따라 반지 끼는 손가락에 유의해야 한다. 그렇더라도 잠잘 때는 그 금붙이를 제거해야 하지만, 그 일이 생각처럼 쉽지 않아 버리라는 것이다. 다만 치아의 금니는 관계없어 입을 벌리고 자더라도 영향을 미치지 않으므로 걱정할 필요가 없다.

숯도 치워야 한다. 공기정화 수분조절 등의 이유로 더 없이 중요한 건강을 해쳐서는 안 된다. 휴대폰도 금붙이와 똑같다. 휴대폰에 소량이나마 금이 있어서 그런지, 다른 금속성 때문인지는 알 수 없다. 핸드폰이 생활필수품이 되었지만, 그렇다고 방법이 없는 것은 아니다. 핸드폰이나 금붙이를 두세 권의 책 위에 놓으면 명당 없어지는 것을 방지할 수 있다. 그러나 표지가 딱딱한 하드커버로 된 책 위에 놓으면 방바닥에 놓은 것과 같다. 보통의 책 즉 소프트커버로 된 책 위에 놓아야만 한다.

부자들이 선호하는 도자기도 명당을 없애버린다. 졸부들의 안방에 있는 도자기를 부러워하지만, 부러워 할 것이 아니라 오히려 가엾게 여겨야 한다. 음식이든 장식품이든 부자들일수록 건강에 좋지 않은 일 많이 한다. 그럼에도 불구하고 보통 사람들처럼 건강을 유지하는 것은 엄청난 비용을 지출한 결과다. 건강식품 보신식품은 물론 전담 코치의 지도를 받으면서 운동한다는 것을 생각하면 더 쉽게 이해할 것이다.

침대를 치워라

우리나라 고유의 난방인 온돌은 선사시대부터 있었다. 그 흔적이 함경북도 웅기(雄基) 주거지와 발해(渤海) 유적인 상경용천부(上京龍泉府) 제5궁전지에도 있다. 온돌은 삼국시대 이전 한반도 북부 및 만주지방에 거주하던 부여족 계통의 우리민족에서 시작되었고, 북방계 민족이 남하하면서 백제에도 있었다. 그렇게 유구한 역사가 있는 난방 방식이 바로 온돌이다. 조선시대 후기에 온돌이 일반화되었다는 주장도 있지만, 그 터무니없는 말에 대해서는 상론할 가치도 없다.

온돌은 연기를 빼면서 열을 오랫동안 머물게 하여, 어느 나라 난방보다 열효율이 높았다. 그 온돌방에서 살았으므로 암 등 중병이 많지 않았다. 무슨 소리하냐고 의아해 할 것이다. 그러나 앞의 '아토피의 원인도 수맥이다'에서 잠시 언급했지만, 아궁이에 불을 때면 온돌 밑에 생기는 숯검정이 수맥을 차단해주기 때문이다. 각종 공해도 적었지만, 특히 수맥피해가 적어 암 등 중병 환자가 적었다.

온돌방에는 수맥도 없고 명당도 없다

그러나 아궁이에 불을 때는 황토방이나 전통적인 온돌방은 수맥뿐만 아니라 명당까지 없애버리는 단점이 있다. 그 단점을 보완하려면 아파트처럼 불을 때지 않고 난방 해야 한다. 온돌방, 황토방 운운하면서 아궁이 만들어 불 때는 것을 고집해서는 안 된다.

고유전통이라고 해서 무턱대고 고집할 일이 아니다. 더 좋은 방법이 있으면 개선하면서 써야 한다. 계속 개선해야 훌륭한 전통으로 유지되는 것이지, 개선하지 않으면 불편하고 쓸모가 없어 사라지기 마련이다. 개선하고 고쳐 써야 유지되는 것이 바로 전통이다. 우리나라 김치도 원래는 고춧가루를 넣지 않았다. 그러나 외국에서 고춧가루가 들어오면서 우리나라 음식을 대표하는 훌륭한 김치가 될 수 있었다. 온돌 역시 아궁이에 불을 때지 않고 아파트나 벽난로처럼 난방을 해야 한다. 그래야만 설치비용도 줄이고 명당까지 활용할 수 있다.

한편 병원에서 포기한 암환자들이 산 속에서 치유했다는 사례가 방송에 자주 소개되는데, 이에 대해서 잠시 언급하기로 하자. 암의 원인부터 제거해야 한다. 수맥 있는 아파트에서 잘못된 식습관 때문에 발병했다고 가정하자. 그렇다면 발병의 원인이었던 수맥이 없는 산 속의 명당에서 살았다면 신체의 대사기능도 더 좋아졌을 것이고, 암세포가 싫어한다는 산소도 많았을 것이다. 음식도 체질에 맞지 않은 육류나 인스턴트식품이 아니라, 체질에 맞는 채소 중심인데다 산나물 등 야생식품을 많이 먹었을 것이다.

혹은 항암효과 면역효과가 뛰어난 그라비올라, 인도에서 기적의 나무라고 칭하는 모링가 등으로 암을 치유했다는 분도 있다. 그처럼 면역·항암효과가 뛰어난 식품이나 약재를 섭취하면서 명당에서 생활했다면 그 치유 가능성도 배제할 수 없다.

　어쨌든 온돌방에서 살았던 우리 민족은 침대를 사용하지 않았지만, 서양 문물과 더불어 유입되었다. 서양에 왕래했던 인사들이 사용하자 부유층의 상징물로 인식되면서 결국 일반화되었다. 악화(惡貨)가 양화(良貨)를 구축한다는 이른 바 그레샴 법칙(Gresham's law)의 또 다른 양상이었다. 그 침대야말로 서구문화 추종의 대표적인 사대주의 산물이다.

　외국 것이라면 무조건 부러워하거나 추종하면서 우리 것을 경시하는 현상은 침대만이 아니다. 지도층이나 유명인이라고 해서 유식할 것이라고 생각해서도 안 된다. 2010년 월드컵 축구에서 원정경기 사상 처음으로 16강 운운하며 밤새 난리쳤다. 그러한 방송 접하면서 왜 그토록 병신 짓 하고 있는지 한심하기 짝이 없다.

　2002년 우리나라에서 했던 월드컵 4강은 동네축구였고, 2010년 외국에서 했던 월드컵 16강은 진정 국제축구란 말인가? 연속극까지 외국어 몇 마디 굳이 언급하고 있는 실정이다. 그토록 우리 국민을 이류, 삼류로 만들려고 노심초사하면서 온갖 횡포 자행하는 신문·방송사 언론인의 의식 수준이야 말로 몰상식의 극치다. 심지어 일반인과 가장 밀접한 관공서에까지 굳이 외국어를 사용하여 'ㅇㅇ동 주민자치센터'라고 할 정도니, 더 이상 무슨 말이 필요하겠는가?

　교수, 검사, 병원장, 목사, 기자, 이사, 국회의원 등이 '… ㅇㅇㅇ교수

(검사, 병원장, 목사, 기자, 이사, 국회의원)입니다'라고 한다. 상대방을 높이는 호칭과 자신을 낮추는 호칭을 구별하지 못한 결과다. 당연히 '교수(검사, 병원장, 목사, 기자, 국회의원, 과장) ○○○입니다'라고 칭해야 우리 관습에 맞는 표현이다.

'본 의원은…'이 아니라 '저는 …'이라고 해야 한다. 본 의원이라고 말하는 것이 무식해서라면 그래도 괜찮다. 국민을 깔보고 건방떠는 것이 더 문제다. 그런 자세라면 무슨 짓인들 못하겠는가. 정치가의 행위를 숨 쉬는 것 외에는 모두 거짓이라며 체념할 것이 아니다. 선거를 통해 자주 바꾸어야 국민을 두려워하면서 섬기게 된다.

'○○○대통령님께서 …라고 말씀하셨습니다'고도 한다. 기본도 상식도 없는 처신이다. 초등학생도 그렇게 말하지 않는다. 당연히 '○○○대통령이 …라고 했습니다' 해야 한다. 미국의 로스쿨 출신 변호사는 미국변호사에 불과하지만 국제변호사라고 사기 치고 있다. 공부 잘한다고 성격 좋은 것이 아니듯이, 많이 배웠다거나 직위가 높다고 해서 상식이 많은 것이 아니다. 더 한심한 것은 상식과 의식 있는 사람이 주위에 없어 바로잡아 줄 수 없다는 점이다.

무식한 것보다 더 나쁜 것은 윗사람, 높은 사람, 잘난 사람에게 '알아서 기는 것'이다. 사리분별 없이 무조건 경외하거나, 공부 잘하는 사람 부러워한 결과다. 명문대학에 합격하면 동창회에서 장학금까지 주면서 명문대학 홍보하고 있다. 홍보에 그치면 그래도 다행이다. 대우할수록 무시당하는 것은 동서고금의 진리다. 명문대 출신에게 사회적 암이라고 할 수 있는 사이비 엘리트 의식 고취시키면서, 자신이 무시당하려고 몸부림치는 것이다. 굳이 장학금 주려면 명문대학 합격이 아니라 당연히 고등학교 성적으로 주어야 한다.

　숭앙하면서 부러워하거나 추종하려고 할 것이 아니라 극복하려는 의식이 있어야 한다. 일류 따라가서는 일류가 될 수 없다. 서양이 멋있다거나 훌륭하다고 생각해서는 안 된다. '바오로 빌딩', '바오로 홀', '로텐더 홀'처럼 외국어 사용해도 안 된다. 상호나 건물, 아파트 명칭을 우리말로 바꾸어도 세금혜택 주어야 한다. 가능한 한 우리말 사용하게 유도해야 한다. 언론 매체의 무분별한 외국어 사용도 제지해야 한다. 아파트 명칭을 외국어로 변경하는 것마저 국회의원의 업적이 되고, 대학교 명칭이나 학과 명칭을 외국어로 바꾸기까지 한다. 그러나 의식이 바로서야 나라가 바로 선다. 외국어 선호야말로 사대주의, 2·3류 의식을 조장하고 주입하는 것이다.

　우리나라 사람들이 우리말보다 외국어 더 선호하듯이, 우리 것보다 못한 것도 서양 것이라면 무조건 모방하려고 한다. 침대가 바로 그러한 유(類)다. 무릎 관절로 고생하는 분의 침대 사용은 예외적인 일이다. 침대 사용하면 이불개지 않아 편할 수도 있지만, 이불 개는 것이 그렇게 귀찮은 일이라면 그대로 두거나 한쪽으로 밀어 놓아도 된다. 정돈보다 건강을 우선해야 한다.

　침대로 인해 수맥에 대처할 수 없다거나 명당의 유익함을 활용하지 못한 가정이 너무 많다. 침대가 없으면 애기가 뒹굴 수만 있어도 수맥을 피할 수 있다. 성인도 이리저리 뒹굴면서 자다보면 더 편하거나 불편한 곳이 있다는 것을 알게 된다. 그 편한 곳을 활용하면 건강하고 부부생활도 돈독해져 화목한 가정 이룰 수 있고, 자녀도 공부 잘한다. 침대의 경제적 부담이나 척추에 해롭다는 점은 논외로 하더라도, 침대 치우는 것을 주저할 일이 없다. 침대 치워버리고, 금붙이, 핸드폰만 머리맡에 두지 않아도 수맥피해의 상당부분을 줄일 수 있다는 점을 특히 유념해야 한다.

혹자는 머리를 동쪽으로 해서 잠자라고 한다. 또는 같은 방에서도 산이나 평야 등 높은 쪽으로 머리를 두고, 강이나 냇가의 낮은 쪽을 향해서 잠을 자야 된다고도 한다. 그러나 그러한 속설은 아무 근거도 없이 전래된 금기사항이므로 무시해야 한다. 그 터무니없는 속설을 믿는다면 침대 치워도 효과 볼 가능성은 거의 없다. 때문에 방향과 관계없이 편한 곳에서 잠을 자야 한다.

제4장
수맥은 어떻게 차단하는가?

1. 수맥은 쉽게 찾을 수 있다
2. 수맥은 어디에 있는가?
3. 수맥은 어떻게 차단하는가?

1. 수맥은 쉽게 찾을 수 있다

앞의 "자맥을 어떻게 알게 되었나"에서 필자의 경험을 소개했는데, 더 자세히 알아보기로 하자. 수맥 찾으려면 엘로드(L-rod, L자형 막대)를 사용해야 한다. 시중에서 구입할 수 있는 수맥봉이나 철사를 L자로 만들어서 사용해도 된다. 혹은 그 흔한 세탁소 옷걸이 매듭을 풀어 대충 ㄱ자, 즉 L자 형태로 해서 사용해도 된다. 이 책에서 서술하는 엘로드 역시 그 모두를 지칭한다.

1~2시간만 연습해도 수맥을 감지할 수 있다

엘로드 사용법을 장황하게 설명할 필요가 없다. '그 흔한 세탁소 옷걸이를 ㄱ자 즉 L자로 만들어 양손에 하나씩 들고 평형으로 해서, 주차장에 있는 커다란 균열 위를 가로질러 천천히 걸어가기를 반복하기만 하면 된다. 다만 균열 위에서는 1~2초 머물듯이 더 천천히 걸어간다'가 전부다. 숙달되면 엘로드 하나만 들고 나머지 하나는 손바닥으로 대신해도 된다. 평형이나 교차상태를 확인할 수 있게 두 개를 이용하므로 그 중 하나는 손바닥으로 대신할 수 있다.

그 사용법을 더 설명한다면 엘로드 각도에 유념하면 된다. 처음 배울 때는 엘로드 각도를 100° 정도로 해서, 큰 균열을 가로질러 최대한 천천히 걸어간다. 그러다보면 어느 순간 엘로드가 균열의 한쪽 방향으로만 움직인다. 그렇게 되면 수맥을 감지한 것이다. 엘로드가 한쪽 방향으로만 향한다면, 수맥 흐르는 방향과 같아서 그러한 것이다. 익숙해지면 90°든 80°든 각도와도 관계없다. 수맥파 감지하는 방법이 그렇게 간단하다.

더 이상 설명하면 더 어렵고 복잡하게 할 뿐이다. 숯으로 차단되는 수맥의 길이가 20cm 미만의 큰 수맥에서 연습할 때, 수맥에 민감한 분이라면 30여 분만에 감지하기도 하지만, 대부분 1~2시간 혹은 2~3시간 걸린다. 무딘 분도 10여 시간 연습하면 가능하지만, 심하게는 2~3일 걸리기도 한다. 그러나 건물에서는 땅에서와 달리 훨씬 더 많은 기간이 필요하다.

엘로드는 염력(念力)으로 움직이는 것이 아니다

수맥을 감지하려고 할 때 마음가짐은 필요 없다. 비틀거리지 않을 정도라면 약간 술에 취한 상태에서 연습하면 더 효과적이다. 취한 상태에서는 긴장이 풀려 엘로드 들고 있는 손의 힘이 저절로 빠지기 때문이다. 힘이 빠진 상태에서 아무 생각 없이 균열 위를 왔다 갔다 하면 어느 순간 감지하게 된다.

흔히 수맥을 배우는 사람들이 균열도 없는 곳에서 정신을 집중하여 '움직인다! 움직인다!'거나 '수맥 용맥' 등을 중얼거리면서 연습하고 있지만, 그렇게 해서는 절대로 안 된다. 수개월 동안 그렇게 해서 엘로드가 움직이면 수맥을 감지한 것으로 생각하지만 천만의 말씀이다. 감지한 것이 아니라 착각에 불과하다. 마음먹기에 따라 엘로드가 움직인다면 그야말로 비과학적이지 않는가?

정신 집중할 필요도 없이 자연스럽게 연습해야 한다. 물마시듯이 차(茶)마시라는 말에 비유할 수 있다. 녹차 한 잔 마시는데 복잡한 절차나 다도(茶道)를 언급하면서, 그렇지 않은 사람을 경시하기도 한다. 물은 몇 도가 좋고 그릇은 무엇을 사용해야 하며, 한꺼번에 차 끓인 물을 따르지 말고 몇 번으로 나누어 따라야 한다고 한다. 녹차 한 번 끓여 먹는데 그렇게 번잡하게 할 일이 없다. 그 하찮은 과정까지 중시하다 보면, 화장실에서 대소변 볼 때도 다양한 과정 거쳐야 한다고 말할지 모르겠다.

여유를 갖기 위해서는 그러한 과정이 필요할 수도 있다. 그러나 그처럼 여유 있게 차 마실 기회가 많지 않다. 무엇이든 복잡하면 귀찮아지고, 귀찮아지면 지속하지 못한다. 지금의 다도는 거의 다 일본식이다. 차 문화가 발달한 지역은 식수가 좋지 않았다. 물이 좋은 우리나라에서는 차를 거의 마시지 않았고 마실 필요도 없었다. 외국 사신이 왔을 때 접대용으로 내놓을 정도였다. 그래서 다도(茶道)라 하지 않고 다례(茶禮)라고 했다.

우리나라에서는 숭늉이 차였다. 일본 왕가에서 숭늉을 차로 마신다는 점은 잘 알려져 있다. 우리나라에서는 접대용이나 극소수 여유 있는 사람이나 승려들이 마음을 다스리기 위해 차를 이용했다. 그 녹차도 요즈음 재배하는 녹차와 달랐다. 우리나라의 자생 녹차는 거름을 주지 않아 뿌리가 땅속 깊이 뻗어 떫지 않고 은은한 맛이 난다. 그러나 요즈음 재배하는 차는 거름을 주기 때문에 뿌리가 짧아 떫은맛이 강하다.

녹차를 상용하는 분들은 조선시대의 초의선사(1786~1866)와 김정희(1786~1856)를 자주 언급하지만, 그들의 관계를 생각하면 다도를 언급하기에는 무리가 있다. 천인이던 승려와 왕실 부마(駙馬) 후손의 관계였다. 김정희는 차가 도착해야 할 때 도착하지 않으면 초의선사를 개돼지 꾸짖듯이 했다. 그런데도 그들의 다도를 운운하는 분들은 차 마시는 절차나 의례를 중시하면서, 차에 대해 많이 알고 있다는 것을 과시하려는 것이다.

녹차 한 잔 마시는데 그 복잡한 절차 고집할 일이 없다. 경남 산청에는 야생차를 한 번 덖어 말린 후 끓여서 숭늉처럼 마시는 황차(黃茶)가 있다. 그 황차처럼 편하게 마셔야 한다. 절차를 고집할 것이 아니라, 사례들지 않게 드러누워 마시는 것보다 앉아서 마시는 것이 더 좋다고 생각하면 된다.

엘로드 사용법 역시 차 마시듯이 마음가짐은 필요 없다. 아무 생각

없이 자연스럽게 커다란 균열을 가로질러 왔다 갔다 하면 된다. 필자는 주차장 균열에서 수맥을 감지했다고 했는데, 그때는 그곳의 수맥이 어느 정도 크기인지 알지 못했다. 수맥을 정확히 알고 난 후 확인해보니, 숯으로 차단되는 길이가 1m 정도였다. 그곳에서 2시간여 만에 감지했으니, 더 큰 수맥에서 연습했다면 감지하는 시간도 단축했을 것이다.

앞에서 언급했듯이 숯으로 차단되는 수맥의 길이가 20cm 미만이라면, 예민한 사람은 1~2시간이나 2~3시간 정도 연습하면 수맥을 감지할 수 있다. 둔감해도 10여 시간이면 가능하다. 중요한 것은 그날 중 기필코 감지하려고 하는 의지다. 찔끔찔끔 몇날 며칠 연습한다고 되는 것이 아니다. 가능하면 첫날, 늦어도 그 다음날까지 어떻게든지 감지하려고 해야 한다. 큰 수맥에서 감지한 후 시일을 두고 점차 작은 수맥에서도 연습해야 한다. 물론 큰 균열에서 감지했다고 해서 곧바로 작은 수맥까지 찾을 수 있는 것은 아니다. 작은 수맥까지 감지하려면 더 많은 시간 부단히 노력해야 가능하다.

숯으로 차단할 수 있는 길이가 20cm 미만의 큰 수맥에서 며칠 동안 연습해도 감지하지 못하기도 한다. 평생교육원 등에서 수맥이 무엇인지도 모르는 분들에게 배웠던 결과다. 그 강사들의 엉터리 양상은 차마 말할 수 없을 정도다.

한 대학교수가 자신이 근무하는 대학교 평생교육원에서 6개월간이나 강의도 듣고 실습과 현장 답사도 했지만, 수맥을 전혀 찾을 수 없다면서 도움을 청했다. 답사 때의 여러 상황도 이야기했는데, 너무 엉터리여서 그 실상을 서술할 수 없을 정도다. 그렇지 않은 평생교육원 강사도 있는지 모르겠지만, 거의 다 그렇다고 생각해도 무방하다. 그러한 분들에게 수맥 배운 분들 역시 어구낭창하다거나 속았다고 분노할 일이 아니다. 당연한 결과라고 생각해야 한다. 기존의 수맥 책 모두 풍수설과 관련된 것인데다, 자칭 수맥 전문가 대부분이 풍수가였기 때문이다.

아무튼 그 교수에게 술을 먹인 후 하루에 10여 시간씩 연습시켰는데, 2일 만에 겨우 감지했다. 물론 2~3일 더 연습해야 제대로 감지할 수 있는 어설픈 수준이었다. 즉 가끔 한 번씩 감지할 수 있는 수준이었다. 그렇게 많은 시간 연습했어도 그처럼 어설프게 감지한 것은 다름이 아니다. 평생교육원에서 잘못 배워 그러한 것이다.

잘못 배운 분들 가르치기는 너무 어렵다. 골프를 예로 들면 쉽게 이해할 것이다. 골프 치면서 주류사회에 편입되었다고 생각하는 분들이 많다. '용꼬리보다 뱀대가리 되는 것이 더 낫다'는 그 평범한 이치를 모르는 소치이다. 용꼬리 되기는커녕 들러리서기 위해 안간힘 쓰는 것이다. 더구나 그 만만치 않은 비용 충당하기 위해, 가진 자들이 저지르는 비행을 욕하다가 어느 순간 묵인하면서 합류한다. 용꼬리 되려고 안간힘 쓰다가 탁류에 합류하는 격이다. 그러한 일이 부질없다는 것을 알려면 대가를 지불해야 하고 세월도 흘러야 한다. 처음 배울 때 제대로 배우지 못한 사람은 가르치기 너무 힘들어 코치도 싫어한다. 수맥도 그렇게 생각하면 된다.

수맥 강사들도 수맥을 정확히 알고 난 후 커다란 균열에서 가르쳐야 한다. 물론 수맥차단은커녕 탐지할 능력도 없는 자들이 대부분이어서 기대할 수 없는 것도 사실이다. 차라리 커다란 균열에서 혼자 연습하는 것이 더 좋다. 반드시 배워야만 할 수 있는 것도 아니다. 다시 한 번 더 강조하지만, 균열 없는 곳에서 감지하려고 하면 아무리 열심히 장기간 연습해도 소용없다.

수맥이 큰 곳에서 연습하라

거듭 말하지만 커다란 수맥 즉 커다란 균열에서 아무 부담 없이 연습해야 수맥을 감지할 수 있다. 운동도 연습하듯이 부담 없이 해야 시합에 이길 수 있다. 잘하려고 하거나 이기려고 하면 긴장하기 마련이고, 긴장하면 패할 수밖에 없다. 수맥을 감지하는 것도 마찬가지다.

수맥을 감지하면 수맥의 방향을 알 수 있다. 엘로드가 가리키는 방향이 수맥 흐르는 방향이다. 수맥 흐르는 쪽으로는 엘로드가 평형이지만, 반대방향 즉 거꾸로 가면 X자로 교차한다. 그 느낌으로 점차 작은 균열 위에서도 연습하면 된다. 작은 균열에서 감지할 수 있다면, 적어도 땅 위에서는 수맥을 찾을 수 있다. 감각이 남보다 무디다고 생각해서도 안 된다. 관심과 열정만 있으면 누구나 할 수 있다.

기존의 수맥 책에서, 흔히 엘로드가 교차하면 수맥이 있고, 엘로드가 벌어지면 수맥이 없다고 한다. 그러나 절대 그렇지 않다. 수맥이 없으면 엘로드가 움직이지 않고 평형을 유지할 뿐이며 벌어지는 것은 절대 아니다.

필자는 자녀에게 자맥 찾는 방법을 가르치고 싶었다. 수맥의 피해와 명당의 장점은 아무리 강조해도 지나치지 않아, 가르쳐 주위 분들에게 도움 주었으면 하는 바람이 있었다. 그러나 시간이 없어서인지, 아버지가 해주는데 굳이 배울 필요가 없어서인지 별 관심이 없었다. 그런데 어느 날 딸이 가르쳐달라고 했다. 5분 정도 설명해주고 커다란 수맥 즉 숯으로 차단되는 거리가 20cm 정도에서 혼자 연습하라고 했는데, 수맥에 민감한 탓인지 30여 분 만에 감지했다. 수맥에 민감하면 그렇게 빨리 감지할 수도 있다. 수맥을 대충 아는 초보자도 우물을 찾을 수 있다고 생각하면, 왜 그렇게 큰 균열에서 연습하라고 반복해서 강조하는지 이해할 것이다.

  필자는 큰 균열에서 감지한 후에도 1주일에 2시간씩 4주 이상 더 연습했다. 수맥에 대해 아는 바가 없는데다 확신할 수도 없어 많은 시간 허비했다. 따라서 수맥을 감지하면 의심하지 말고 확신하면서 계속 반복하는 것이 중요하다. 그렇게 하다가 작은 수맥에서도 감지하면 완전히 터득한 것이다. 작은 수맥까지 감지하려면, 예민한 분은 빠르면 2~3주, 둔감해도 몇 개월 내에 터득할 수 있다.

  그런데 주의할 점이 있다. 수맥의 지표식물인 토끼풀이나 고사리가 있는 곳은 수맥이 많아, 정확히 감지하기 어렵고 헷갈릴 수도 있다. 도로에 있는 균열에서 연습해도 안 된다. 도로에 있는 균열은 차량통행으로 인해 수맥과 관계없이 균열이 생길 수 있기 때문이다. 그러므로 커다란 균열이 있는 주차장에서 연습하는 것이 가장 좋다.

  아울러 큰 수맥을 감지하면 곧바로 작은 수맥에서 연습하려고 하지만, 그렇게 해서도 안 된다. 큰 수맥을 감지한 후에도 그곳에서 최소한 2시간 이상 반복 연습해야 한다. 그 후에도 1~2주 동안 그곳에서 반복해서 연습하되, 처음 감지할 때보다 빠른 속도로 걸어가도 감지할 수 있어야 한다. 그 정도 숙달되면 작은 수맥에서 연습해도 된다. 수맥 익히는 가장 좋은 방법은 반복연습이다. 조급하게 생각하지 말고 최대한 많은 시간 반복하면서 다양한 의문점을 자기 스스로 해결하려는 노력이 필요하다.

그러나 건물에서는 땅에서처럼 쉽지 않다. 매우 어렵다. 이에 대해서는 뒤에서 서술하기로 하자.

추를 사용해서 수맥을 찾을 수는 없다

흔히 추(錘)를 사용하여 수맥·명당을 찾기도 한다. 그 추의 크기도 다양하지만, 크든 작든 관계없이 수맥·명당을 찾을 수 있다고 한다. 그러나 추를 들고 있으면 좌측이나 우측, 혹은 옆으로 흔들린다. 즉 옆으로 흔들린다고 생각하면 옆으로 흔들리고, 돌지 않는다고 생각하면 돌지 않는다. 직접 해보면 확인할 수 있을 것이다. 자전거 타기처럼 쉬운 일도 연습하고 익혀야 한다. 그런데 추만 들고 있으면 수맥을 찾을 수 있다는 말이 과연 사실이겠는가? 세상사 쉬운 일이 없다는 것을 단 한 번만이라도 생각해보았다면 그럴 수 없다는 점을 쉽게 이해할 것이다.

달마대사 그림은 수맥을 차단할 수 없다

달마대사 그려진 종이 위에서 추가 돌아가는 장면이 TV에 방영된 적이 있다. 이를 본 분들은 달마대사 그림이 수맥을 차단한다면서 신통력 운운했다. 필자 역시 수맥이 차단되는지 실험해 보았지만, 전혀 차단되지 않았다. 어떻게 그러한 일이 가능하겠는가? 단언하건대 달마대사 그림이 수맥을 차단할 수 없다.

더욱이 추로 수맥이나 명당을 찾을 수도 없다. 추로 수맥이나 묏자리 정해주면서 오링테스트로 그 효과를 확인시켜 주지만, 웃기는 일이다. 수맥이 무엇인지도 모르고 차단할 능력도 없는 자들이, 속임수로 추나 오링테스트를 동원한 것에 불과하다.

추를 들고 다니면서 수맥이나 명당을 운운하는 자들은, '추'라고 하지 않고 일부러 펜듈럼(pendulum)이라고 한다. 차별화 방법도 가지가지다. 영어나 일본어 몇 마디 섞어 말하는 것이 유식해 보인다고 생각해서 그러한 것이다. 전자메일 보내면서 영어 주소를 쓰기도 한다. 우리나라 학술지나 국내 학술회의에서 외국어로 발표하기도 한다. 그들 모두 외국어에 기대어 정확히 알지 못한 것을 호도하려는 짓거리다. 가장 쉽게 설명할 수 있어야 전문가인데, 전문가인 척 하고 있을 뿐이다. 그렇게 못난 짓 할수록 의식 있는 분들에게 무시당하기 마련이다. 솔직해야 한다. '생얼'로 사는 것이 가장 편하고 당당하게 사는 것이다.

외국 관광객도 쇼핑이나 우리 고유의 것을 보려고 오지, 서양식 놀이동산이나 고층빌딩 보려고 오지 않는다. 심지어 우리나라에 온 관광객이 도움을 청해도 비실비실 피하면서 미안해하고 있다. 외국 여행 중에 외국인에게 질문했을 때 그들이 주저하거나 피했던 것을 본 적이 있는가? 우리만 그렇게 못난 짓 하고 있다. 반드시 영어로 대답해야 할 필요도 없다. 우리말로 하면 된다. 그러한 의식과 자존감은 우리 스스로 챙겨야 한다.

팝송 한 곡쯤 부를 수 있어야 한다는 어리석은 생각을 버려야 한다. 더 쉽게 말하면 세시봉 운운하면서 팝송 부르거나 외국어 이름 쓰는 연예인을 부러워 할 것이 아니라, 의식도 영혼도 없다고 천박하게 여겨야 한다.

그와 관련하여 보신탕에 대해서도 한마디 하자. 보신탕을 애완동물 보호와 관련짓지만, 애완동물 기준도 애매하기 짝이 없다. 거위나 오리 키우는 사람도 있다. TV의 〈순간포착, 세상에 이런 일이〉라는 프로에서 방에서 돼지 키우는 사람도 있었다. 그 극단적인 것은 논외로 하더라도 보신탕 먹는 것을 야만시해서는 안 된다. 우리 고유의 식습관을 야만시하는 것은 우리 민족을 야만시하는 것이다. 위험한 서구 중심의 사고방식이다. 보호할 가치가 있는 멸종 위기의 동물이 아니라면, 어느 동물이든 식재료가 될 수 있다. 그처럼 사고의 폭을 넓혀 각 나라의 식습관이나 취향을 존중할 수 있어야 한다.

우리 것을 경시하는 현상은 한국사 경시의 교육현장에서 시작되었다. 한국사야말로 우리민족의 정체성을 확인해주고 자긍심을 고취시켜 주는 과목이다. 그 중요한 역사과목이 대학에서 필수과목이 아닌 나라는 우리나라가 유일한 것 같다. 미국 대학도 교양과목이 있는데, 그 교양과목 중 필수과목은 미국사가 유일하다. 미국 모든 대학의 교육과정을 살펴보지 않았지만, 필자가 알고 있는 대학은 미국사 관련 3학점이 유일하게 필수였다. 역사가 짧은 미국도 그처럼 역사를 중시하고 있다.

역사를 중시해야 하는 이유 거창하게 설명할 것도 없다. 파출소에 쓰여 있는 '정의사회 구현'이라는 구호를 보았을 것이다. 그 구호에서도 역사교육의 필요성을 확인할 수 있다. 역사를 통해 의식을 제고하고 사회를 감시 조정하기 위해, 즉 과거에서 지혜를 얻어 정의롭고 건강한 사회를 만들려는 것이다.

역사는 암기과목이 아니다. 생각하는 과목이며, 생각하게 하고 통찰하게 하는 과목이다. 사고의 다양성을 중시하면서 인류 공영의 보편적 진리를 추구할 수 있게 하는 학문이다. 그래서 역사보다 더 두려운 것이 없다고 한다. 조선시대에도 역사자료 즉 사초(史草)를 임의로 고치면 사형에 처하였다.

광복 후 정부 수립을 건국절(建國節)로 정하자는 자들도 있다. 친일파에게 면죄부 주려는 현대사 왜곡만이 아니다. 건국이라는 용어가 무슨 뜻인지도 모르는 짓거리다. 건국절을 정하려면 고구려, 백제, 고려, 조선 등 수많은 건국절도 있어야 한다. 이승만 정부 수립만 건국절로 정한다면 고조선부터 조선까지의 역사를 부정한 것이다. 개천절이 바로 우리나라 건국절이다.

전 세계 유태인 인구는 1,700만 명에 불과하지만 노벨상 수상자의 22%, 미국 억만장자의 40%나 된다. 그 유태인이 가장 중시한 과목이 국사라는 것은 잘 알려져 있다. 역사를 통해 지혜를 얻고 민족의 자긍심과 정체성을 확립하려는 것이다.

그 어려운 수학에 대해서도 잠시 언급해야겠다. 미국 초등학교 5학년 수학이 천 단위 숫자의 덧셈, 뺄셈과 백 단위의 곱셈, 나눗셈 수준이다. 그래서 우리나라 초등학생이 미국 학교 다니면서 가장 자신 있어 하는 과목이 수학이다. 영어를 몰라 문제를 읽지 못해도 수학은 무조건 100점이다. 미국의 5학년 책이 수학, 영어, 사회(역사 지리) 3권뿐인데다 우리나라 3학년 수준이었다. 더욱이 그들 책마저 공부하는 날이 거의 없어, 책가방에 책보다 농구공, 배구공 넣고 갈 때가 더 많았다. 일주일에 하루는 아예 베개만 들고 학교에 가서 잠자든 이야기하든 마음대로 했다. 학교생활이 얼마나 재미있을지 상상해보라.

그러면서 독서를 중시했다. 시키지도 않고 성적과도 관계없지만 다양한 포상제도를 활용하여 스스로 독서하게 했다. 무슨 책이든 읽고 학교 컴퓨터에 저장되어 있는 그 책의 내용을 테스트하여 60% 이상 맞으면 점수가 누적되었다. 매주 그 누적된 점수를 등급별로 분류하여 교장선생이 강당에서 시상식을 했다. 상품도 피자쿠폰이나 놀이공원 입장권이었다. 6학년 때는 그런 방법으로 글쓰기를 했다. 심지어 중학교 2학년 교과서에 과학책이 아예 없었다. 유인물 한 장씩 주면서 실험하는 것이 전부였다. 동기유발 측면에서 우리나라와 비교할 수 없을 정도였다.

미국의 물리학과 학생들에게 수학을 강의하는 한 강사는 우리나라 중학교 3학년 수학이 대학교 물리학과 1학년 수준이라고 했다. 그 대학 물리학과는 미국 상위 수준의 명문대학이다. 이쯤 되면 우리나라 수학이 얼마나 수준이 높고 어려운지 더 구체적인 설명이 필요 없을 것이다.

논리적 사고를 위해서는 수학이 필수적이라고 한다. 그러나 우리나라 초중등 수학이 논리적 사고에 도움이 된다고 생각한 사람이 있는가? 혹 '나는 생각한다, 고로 존재한다'라는 말로 유명한 근대 철학의 아버지라는 데카르트(1596~1650)가 원래 수학자, 물리학자였다면서, 수학을 중시해야 한다고 주장할 수도 있다. 그러나 백번 양보하더라도 고등학교 인문계, 예체능계 수학은 현재의 중학교 3학년 수준이면 충분하다. 더 높은 수준이 필요하면 대학에서 배우면 된다.

그런데도 현재의 수학 수준을 고집하거나 더 강화해야 한다고 주장한다면, 집단 이기주의에 불과하다. 더하기, 빼기, 곱하기, 나누기만 알아도 큰 불편 없이 산다. 대학교수인 필자 역시 고등학교 때 배운 수학을 활용한 적은 단 한 번도 없다. 왜 그렇게 그 많은 시간 수학 때문에 고생했는지, 국가나 교육부 상대로 헌법소원이라도 하고 싶다. 지나치게 높은 수준 강요하여 학생을 불안하게 했으니, 행복추구권 침해 가능성도 있기 때문이다.

미국에서는 수학 전공자들의 보수가 꽤 높다. 중고등학교 수학에만 의존하는 우리나라 수학 전공자 스스로 발상의 전환이 있어야 함을 대변한 것이다. 사실 우리나라 초중고 수학수준이 높아 너무 어렵다는 것은 사소한 일이다. 더 큰 문제는 그 어려운 수학으로 인해 자신감을 잃어버려 하고 싶은 꿈마저 포기해버린다는 점이다.

영어교육도 문제가 많다. 1980년대 어느 회사에서 국제경쟁력 운운하면서 매일 1시간씩 모든 사원에게 영어회화 가르쳤다. 그러나 지금은 그렇게 하지 않는다. 왜 중지했는지, 과연 모든 사람이 영어에 능숙해야 할 필요가 있는지 생각해보라. 아무리 곰곰이 생각해도 어떤 음모가 있지 않다면, 영어 수학에 그 많은 시간 투입할 이유가 없다.

영어 수학은 물론 모든 과목의 수준을 대폭 하향 조정하고 시간 수도 줄여야 한다. 그러나 교과목 개혁을 추진해야 할 교육부의 현실은 한심하기 짝이 없다. 자사고, 역사왜곡, 대학 법인화 등 온갖 꼼수로 경쟁력이나 개혁이라는 미명하에 무한경쟁을 조장하고 있다. 심지어 선행학습·사교육 근절 운운하면서 교과서 수준을 계속 높이고 있다. 불순한 정치적 목적에 헌신하는 의식도 양심도 없는 자들이 많기 때문에 그러한 것이다.

요즈음 학생인권조례나 학생처벌 등 다양한 대책이 난무하지만, 그러한 지엽적인 대책으로 학교가 정상화되지 않는다. 근본적 대책은 교과목 개혁이다. 교과목 수준을 대폭 하향 조정하면 학교생활이 즐거워질 수밖에 없다. 쉬운 수준에서 여유 있게 공부하다보면 창의력 향상은 물론 상대방을 배려할 수 있는 인성교육도 저절로 이루어진다.

아울러 교육의 목표를 제대로 인식해야 한다. 교육의 목표는 다양한 능력을 길러내기 위해 학생들의 행동을 계획적으로 변화시키는 것이다. 즉 학문적 소양을 길러 비판적 창의적으로 생각할 수 있는 사람, 문화에 대한 폭넓은 지식을 구비하여 새로운 발견과 대안에 토론할 수 있는 적극적인 사람, 옳다고 믿는 것에 시련을 감수할 수 있는 사람을 길러내는 것이라고 한다. 그래서 교사와 학생이 함께 주체가 되어야 하는데, 학생이 주체가 되면서 무주공산이 되어버렸다. 학생들에게 권위마저 빼앗긴 교사들도 책임만 면하려고 꼼수 부릴 수밖에 없다.

스트레스로 인한 정신질환과 폭력이 난무하여 온 나라가 뒤집히지 않는다면, 개혁다운 개혁을 기대할 수도 없게 되었다. 학교가 더 무너져야 개혁이 이루어질 것이다. 개혁이 이루어진 후에야 휴지 버리거나 고성 지르는 사소한 일이라도 남에게 피해주는 일이 있으면, 징벌방에 가두고 밥 주지 않은 외국의 학생지도를 배울 수 있다. 몰아 부친다고 바뀌는 것이 아니다. 꼼수만 늘어날 뿐이다. 교육 때문에 출산을 기피하거나 이민 가는 것에 대해, 혹은 '교육은 백년대계'라는 점을 진지하게 성찰했으면 한다.

게다가 역사의식이 없다보니 양식당은 있어도 한식당 없는 호텔이 대부분이다. 외국 것은 훌륭하다고 생각하여 어떻게든 흉내 내려고 하면서, 우리 전통은 창피하다며 업신여긴다. 그러한 사대주의, 식민지 근성을 하루 빨리 청산해야 한다.

흔히 부르는 노래도 우리 가락일수록 더 쉽게 배운다. 예컨대 신중현의 '미인'과 같은 것이 바로 우리 가락이다. '록'이라는 세계 공통의 음악에다 우리 가락을 이용한 것이다. 화음 위주의 평면적인 음악이 아니라, 하나의 선율로 깊이를 만들어내는 입체적인 음악이다. '한 번 보고 두 번 보고 자꾸만 보고 싶네, 아름다운 그 모습을 자꾸만 보고 싶네…'라는 곡은 한 번만 들어도 곧바로 따라 부를 수 있다. 연습해서 익숙해진 것이 아니라, 원래 익숙한 가락이어서 그렇게 쉽게 배운다.

귀에 익어 쉽게 따라할 수 있는 3·3·7박수가 있다. 그것이 바로 우리농악 즉 풍물놀이 '휘모리' 장단의 '더더덩 더더덩 더더더더더더덩' 가락이다. 따라서 작사자나 작곡가의 불편한 진실은 논외로 하더라도, 서양가락으로만 채워져 우리민족의 정체성이 없는 애국가도 다시 한 번 생각해볼 수 있어야 한다.

더 비근한 예를 들어 보자. 사교춤, 즉 블루스, 지르박 등을 배웠던 분들의 말이다. 남자들은 6개월 동안이나 열심히 배웠어도 몇 개월 지나면 기본동작마저 깡그리 잊어버린다. 학력이 낮다거나 운동신경이 둔해서 그런 것이 아니다. 익숙한 우리 가락이 아니어서 머리로 배운 결과다. 외국어의 어려운 병명을 듣고 병원 나오는 순간 잊어버리듯이 쉽게 잊어버린다.

추를 사용하지 말라면서 다른 이야기를 너무 많이 했다. 특이한 신통력이 있다면 몰라도, 보통 사람이라면 추를 이용해서 수맥을 찾을 수 없다는 말이다.

수맥 전문가란 분들도 수맥을 찾지 못했다

땅 위에서 수맥을 찾을 수 있다고 해서 건물에서도 찾을 수 있는 것은 아니다. 건물에서는 균열 찾기도 힘들다. 고급 벽지까지 써서 균열을 볼 수도 없다. 설사 균열이 있더라도 수맥이 하나만 있는 것이 아니라 여러 개 있을 수 있고, 여러 개가 하나로 합쳐지기도 한다.

수맥도 큰 것만 있는 것이 아니다. 동전 하나로 차단되는 길이가

10m 이상의 작은 것도 있다. 숯으로 차단되는 거리가 20cm 미만의 큰 수맥은 초보자도 쉽게 찾을 수 있다. 그러나 그렇게 큰 것은 드문데다, 눈으로 볼 수 없어 확신할 수도 없다. 따라서 차단 몇 개월 후 반드시 확인해야 한다.

더욱 어렵게 하는 것이 수맥의 이동현상이다. 큰 수맥은 거의 이동하지 않지만 작은 수맥에서 가끔 나타난다. 흔한 일은 아니지만 가끔 있는 일이다. 주로 수맥차단 1~3년 후 그러한 현상이 있다. 또 금붙이나 동전 등으로 인해 명당이 없어지면 그 옆에 있는 수맥도 이동한다. 때문에 수맥차단이 복잡한 것도 사실이지만 그렇다고 방법이 없는 것은 아니다.

수맥을 차단하기 전보다 몸 상태가 좋아졌다면 정확히 차단된 것이고, 그렇지 않다면 차단되지 않은 것이다. 또 차단 후 몸 상태가 정상이었는데, 어느 날 갑자기 나빠졌다면 수맥의 이동현상에 의한 것이다. 이를 확인하려면 성인보다 어린이의 잠자리를 유념하면 더 쉽게 알 수 있다. 잠자면서 자주 이동한다면 수맥 때문이라고 생각해도 된다. 그처럼 몸 상태를 기준으로 하면 부정확하게 차단되었든 이동현상이든 모두 다 해결할 수 있다. 즉 차단지점을 수정하면 된다.

그런데 수맥을 직업으로 하는 분들의 엉터리 양상은 상상을 초월한다. 수맥을 전혀 모르면서 돈벌이한다는 점은 앞에서 평생교육원을 예로 들었지만, 필자의 경험도 소개해야겠다. ㅇㅇ수맥학회 전문가가 수맥이 3개 있다면서 각각 양쪽 끝에서 차단하면 된다고 하여, 15만 원짜리 6개를 구입했다. 그런데 실제로 수맥이 7개 있었다는 점은 논외로 하더라도, 그 3개의 수맥 역시 차단된 것이 아니었다. 양쪽 끝에 놓은 차단제 6개 중 1개만 제대로 놓았고, 5개는 엉뚱한 곳에 놓았다. 더 놀라운 것은 제대로 놓은 것마저 그 차단 효과가 1m에 불과하여 베란다에만 효과가 있었고, 방에는 효과가 전혀 없었다. 수맥학회 임원이며 수맥차단을 직업으로 하는 분의 수준이 그 정도였다. 그렇다면 각종 수맥학회에서 활동하거나 그러한 사람들에게 수맥을 배웠던 분들에 대해서 더 이상 서술할 필요가 없을 것이다.

수맥 지점을 정확히 표시해 달라고 요구해라

그러한 분들이 수맥을 차단했던 20여 집이나 확인했지만 황당하기는 마찬가지였다. 제대로 차단된 집을 단 한 집도 본 적이 없다. 그런데도 엄청난 비용 지불했다거나 믿을만한 분이 차단했으므로 정확할 것이라는 분도 있었다. 수맥차단은 하나의 기능에 불과하여 인성과 관계가 없다. 믿을만한 분이 차단했거나 비싼 제품을 사서 차단했다면, 혹 앞의 '명당은 과연 발복하는가'에서 언급했던 플라시보 효과는 있을 수 있다. 그러나 그 효과 역시 지속될 수 없음은 너무도 자명하다.

그렇게 엉터리들이 많아, 엘로드의 움직임을 직접 보여주면서 그 잘못을 지적하기도 했다. 그러나 그 전에 했던 분도 그렇게 했다면서 믿지 않았다. 달리 방법이 없어 그 전에 차단했던 지점과 필자가 차단했던 지점에서 번갈아 잠을 자면서 몸 상태를 비교하라고 했다. 그리하여 자신의 몸 상태를 직접 확인한 후에는 더 이상 왈가왈부하지 않았다.

더욱이 수맥을 차단하기 위해 많은 비용까지 지불했다면, 그 차단 과정을 아무 생각 없이 물끄러미 쳐다보고만 있어서는 안 된다. 승진하거나 출세하여 더 많은 돈 벌려고 거짓말도 했고, 동료들의 뒤통수까지 치지 않았던가? 그렇게 힘들게 모은 피 같은 돈까지 지불했다면 효험이 있어야 한다. 그 효험을 확인하려면 차단지점을 잘 지워지지 않는 유성 펜으로 정확히 표시해달라고 요구해야 한다. 그래야만 차단 전후의 몸 상태를 확실히 비교할 수 있다. 혹 몸 상태에 변화가 없다면 환불해달라고 당연히 요구해야 한다.

수맥차단 지점을 잘 지워지지 않은 유성 펜으로 표시해달라고 굳이 강조하는 이유가 있다. 수맥차단하면서 엘로드의 움직임을 인위적으로 조작하는 일이 너무 흔하기 때문이다. 필자의 견문이 적은 탓이겠지만, 수맥을 정확히 차단한 분이 있다는 말을 들어본 적이 없다. 더 심각한 것은 인터넷에서 검색되는 수많은 수맥차단 동영상의 엉터리 양상은 말할 것도 없이, 그 많은 기존의 수맥 책 중 정확히 서술한 책을 본 적이 없다.

2. 수맥은 어디에 있는가?

고층 건물에도 수맥이 있다

많은 사람들이 1~2층도 아닌 고층 아파트에 어떻게 수맥이 있을 수 있냐고 의문을 제기하지만, 수맥을 몰라서 하는 말이다. 고층 건물이든 높은 산이든 그 높이와 전혀 관계없다. 그 강도 역시 차이가 없어 1층이든 30층이든 똑같다. 그래서 자맥이 더 정확한 표현이지만 편의상 익숙한 수맥이라는 용어 역시 혼용해서 서술한다고 했다.

우선 건물에서 수맥 찾는 방법부터 알아보자. 필자는 땅에서 수맥 찾기를 확신한 후 건물에서 했지만 눈으로 볼 수 있는 균열도 없어 자신이 없었다. 할 수 없이 같은 건물에서 꾸준히 연습하자, 시일이 경과하면서 수맥의 수가 점차 증가했다. 감지 능력이 점차 나아진 것이다. 그런데 어느 순간 수맥의 수가 더 이상 증가하지 않으면서 어느 정도 확신할 수 있었다. 땅에서는 균열로 확인할 수 있지만, 건물에서는 균열도 없어 반복해서 확인하는 것 외에는 달리 방법이 없다. 반복 확인하는 것이 바로 건물에서 수맥 찾는 방법의 전부라고 할 수 있다. 굳이 이렇게 말하는 것은 땅에서처럼 쉽지 않다는 말이다.

수맥 찾기를 거듭하면서 명당도 알 수 있었다. 수맥보다 더 쉽게 찾을 수 있었다. 특별한 능력이 있어 그러한 것이 아니다. 필자의 연구실에 수맥·명당이 있어, 바로 실험실이었다. 크고 작은 수맥이 있었고 명당도 작은 것이었다. 큰 명당이었다면 명당에 대해 그렇게 빨리 알 수 없었다. 뒤의 '수맥은 어떻게 차단하는가'에서 서술하겠지만, 필자는 수맥·명당의 차단물질 100여 개 이상 발견했다. 직경 30cm의 작은 명당이 있어 그러한 일이 가능했다.

명당이나 수맥이 크면 그 영향도 크다. 조그만 명당·수맥을 없앨 수 있는 물질도 커다란 곳에서는 영향을 미치지 못한다. 즉 뒤의 100여 차단물질 대부분 직경 40cm 이상의 명당에서는 그 효과가 없다. 따라서 명당을 정확히 알려면 큰 명당보다 작은 명당에서 익혀야 더 효율적이다.

수맥이나 명당을 모두 알아야 정확히 아는 것이고 실생활에도 활용할 수 있다. 수맥은 대체로 직진한다. 물론 직선이라기보다는 주차장의 균열과 같은 것이며, 긴 것도 있고 짧은 것도 있다. 혹은 공원 잔디밭에서 볼 수 있는 토끼풀처럼 군락을 이루기도 하고 군데군데 끊어져 있기도 한다.

그런데 균열이든 토끼풀이든 곡선처럼 휘어진 곳이 있다면, 그 휘어진 안쪽에 명당이 있어 그러한 것이다. 아파트를 예로 든다면, 같은 방 혹은 옆방이나 옆집에 명당이 있어, 수맥이 그 명당을 피하여 흐르기 때문에 곡선처럼 휘어진다. 물론 명당이 있어도 한쪽에만 있지 않고 양쪽에 있다면 그 사이에 있는 수맥은 당연히 직진한다.

그런데 땅에서와 달리 건물에서 수맥을 찾으려면 서두르지 말아야 한다. 꾸준히 연습해야 하고 시일이 지나야 정확히 찾을 수 있다. 부모 봉양하듯이 꾸준히 해야 한다. 우리네 삶이 여의치 않아 부모봉양으로 인한 갈등도 있지만, 그래도 우선순위가 있어야 한다. 서두르거나 욕심 부린다고 되는 것이 아니다.

자식은 부모의 등을 보고 자란다. 가정교육이 특별한 것이 아니다. 모범을 보이는 것 외에 달리 방법이 없다. 자녀도 부모처럼 하기 마련이다. 시부모께 용돈 드리지 않은 어머니 닮을 수밖에 없다. 하찮은 욕심 부리다가 늙고 병들어 외로울 때 이자까지 되돌려 받는다. '엄마도 그랬지 않아요' 그 한마디면 잔재주 부렸던 온갖 일을 후회할 수밖에 없다.

수맥의 폭에 대해서 알아보자. 기존의 수맥 책에서 예외 없이 큰 수맥은 그 폭이 몇 미터에 이른다고 하지만, 절대 그렇지 않다. 1cm 이하의 가는 선(線)에 불과하다. 지상에서는 수맥파가 응집되어 나타나므로 그 폭이 선과 같아 10원짜리 동전 크기보다 더 작다. 수맥이 가는 선에 불과하다는 말은 처음 들었을 것이다. 단언하건데, 수맥의 폭은 의미가 없다. 기존의 수맥 책과 달리 수맥 폭이 1cm 미만의 가는 선에 불과하다는 점은 필자가 처음 밝혀낸 사실이다.

지상에 영향을 주는 것은 수맥파이다. 지하의 수맥이 크면 지상에 나타나는 수맥파도 크다. 그러나 수맥파는 지상에서 응집되어 나타나므로 그 폭이 동전보다 크지 않다. 수맥의 크기에 따라 그 폭이 달라지는 것이 아니다. 수맥이 크면 그 영향도 커 차단거리가 짧고, 수맥이 작으면 그 차단거리가 길어질 뿐이다. 즉 차단거리와 수맥 크기가 반비례하므로 그 차단거리에 의해 수맥 크기를 가늠할 수 있다.

수맥의 폭뿐만 아니라 수맥 전체에 대한 오해가 너무 많아, 수맥학회에서까지 아무리 큰 수맥도 양쪽 끝만 차단하면 된다고 한다. 예컨대 아파트 1라인에서 9라인까지 가로지르는 수맥이 있다면, 그 양쪽 끝에 차단제 1개씩 놓아도 모두 차단된다는 것이다. 그처럼 가장 기초적인 것마저 엉망이었다. 그렇게 엉터리 짓을 서슴없이 하는 점에 대해서는 앞에서 잠시 언급했지만, 뒤의 '수맥은 어떻게 차단하는가'에서 다시 확인할 것이다. 이른바 수맥 전문가 대부분이 그 정도 수준이니, 그 차단효과도 있을 수 없었다. 때문에 수맥불신의 원인도 속칭 수맥 전문가들이 자초한 결과라고 할 수 있다.

토끼풀이나 고사리가 자라는 곳에는 수맥이 있다

수맥과 명당에서 자라는 식물이 전혀 다르다. 사람은 힘든 일을 겪으면서 변하기도 하고 흔들리면서 약해지기도 한다. 그래서 흔들리며 사는 것이 인생이라고 한다. 그러나 식물은 그렇지 않다. 수맥에서 자라는 식물은 수맥에서만 자라고, 명당에서 자라는 식물은 항상 명당에서만 자란다.

공원이나 들판에서 흔히 볼 수 있는 토끼풀은 수맥에서만 자란다. 더욱이 군락을 이룰 정도로 그 면적이 넓다면 많은 수맥이 모이는 곳이라고 생각하면 틀림없다.

고사리가 자생하는 곳도 예외 없이 수맥이 있다. 더구나 고사리가 무성하여 군락을 이루었다면 수맥이 여러 개 모인 곳이다. 11월 이후 겨울에 푸릇푸릇한 식물이 자라는 곳도 수맥이 있다. 산이나 계곡에 주택이나 별장 지으려는 분들이 참고하면 좋을 것이다. 겨울에 새파란 풀이 자라는 곳이라면 무조건 피해야 한다. 전망 우선할 것이 아니라 그 위치나 방향을 변경해서 수맥을 피해야 한다.

땅벼룩, 야생 난, 피막이풀이 자라는 곳도 수맥이 있다. 특히 겨울철 아파트 주위에서 흔히 볼 수 있는 '땅벼룩'은 쭉쭉 뻗으면서 자라는 연약한 식물이다. 그 땅벼룩이 뻗어가는 방향은 수맥의 방향과 일치한다. 어쩌면 그렇게도 정확하게 수맥을 따라 뻗어 가는지 의아할 정도다.

향나무가 자라는 곳도 예외 없이 수맥 모이는 곳이다. 그래서 우물가에 향나무가 많은 것이다. 향나무가 커서 그러한 것이 아니다. 더 큰 은행나무나 플라타너스는 그렇지 않다. 물론 향나무도 조경을 위해 요즈음 식재한 것이 아니라 자생한 것이다.

느티나무, 버드나무도 향나무처럼 수맥을 좋아한다. 시골에서 자랐던 분들은 한여름 느티나무나 버드나무 밑에서 낮잠을 자고나면 머리가 아팠던 경험이 있을 것이다. 느티나무 밑이 더 시원한 것도 수맥이 많아서 그러한 것이다.

느티나무 베개 삼아 낮잠 자고 나면 머리가 아픈 이유

식물까지 거론하는 것은 수맥으로 돈벌이 하는 분들에게 대충대충 하지 말라는 것이다. 식물을 보아도 수맥 여부를 알 수 있을 정도가 되어야 남들에게 도움 줄 수 있다. 특히 수맥차단을 직업으로 하려면 정확히 알고 난 후 해야 한다.

수맥 믿지 않으려는 분 역시 쓸데없이 고집부리지 말아야 한다. 땅에서 자라는 식물도 영향을 받는다. 수맥의 지표식물도 수없이 많다. 그처럼 분명하여 인체에 미치는 영향이 막대하지만 미신으로 생각하는 분이 많다. 어쩌면 그렇게도 아집이 강한지 이해할 수 없다. 수맥은 위로만 영향을 미치므로 수맥에서 1cm만 옆으로 떨어져도 그 피해가 전혀 없지만, 수맥피해서 살 수 있다는 요행을 기대해서도 안 된다.

고정관념에서 벗어나야 새로운 것이 보인다. 사고의 틀을 깨야 한다. 유익한 것이라면 하루빨리 받아들여야 한다. 우리의 상식 중에도 수맥처럼 잘못 알고 있는 것이 많다. 그렇게 존경하는 테레사(Theresa) 수녀에 대해서도 우리가 알지 못한 점이 많다. 크리스토퍼 히친스(Christopher Hitchens)의 『자비를 팔다』의 내용이 사실이라면 테레사 수녀를 존경할 이유가 없다. 우리가 알고 있는 사실과 너무 다르기 때문이다.

율곡 이이의 '십만양병설'도 마찬가지다. 국방부의 '율곡사업' 역시

'십만양병설'에서 유래한 것이다. 십만 양병을 반대하여 조일전쟁 즉 임진왜란의 참변을 겪었다면서, 대규모 사업을 추진하면서 반대하는 사람들에게 반박하는 논리로 자주 인용하는 구절이다. 그러나 이이가 십만양병설을 주장한 적도 없지만, 그 명석했던 이이가 십만 양병을 주장했다는 것은 상식적으로도 있을 수 없는 일이다.

그 이유는 이렇다. 조선시대 병사는 대부분 군포(軍布)라는 세금만 내었기 때문에, 오늘날의 예비군 민방위군과 거의 비슷하여 정규 군인은 몇 천 명에 불과했다. 더구나 그 많은 병사 양성은 엄청난 비용 때문에 불가능했다. 집집마다 원자폭탄 하나씩 장독대에 숨겨두었다가 외적이 침입하면 꺼내어 훌훌 던지자는 것과 같은 것이다. 원자폭탄 만들기도 전에 그 비용 때문에 나라가 망해버린다. 십만양병설이 그렇게 터무니없는 말이다.

속속들이 알면 다 그렇고 그렇다. 잘 아는 분은 장점보다 단점이 더 커 보인다. 특히 일요일 내내 TV 앞에 벌러덩 드러누워, 물 한 컵 가져와라, 뭐 맛있는 것 없냐면서 잔소리하는 아버지를 귀찮아해서는 안 된다. 부모처럼 훌륭하고 고귀한 분은 없다. 친구 부모와 비교해서도 안 된다. 어려운 일 당해야 그 소중함을 뼈저리게 느낀다. 자식 위해 물불가리지 않고 희생할 수 있는 분은 부모밖에 없다. 역사상 어느 인물보다 더 존경해야 할 대상이 바로 부모다.

고양이는 수맥에만 앉아 있다

자동차를 타고 가면서도 수맥을 탐지할 수 있지만, 자동차가 향하는 방향과 수맥의 방향이 다를 때만 가능하다. 즉 자동차를 타고 가면서 옆으로 흐르는 수맥은 탐지할 수 있지만, 자동차가 가는 방향으로 흐르는 것은 불가능하다. 엘로드가 가리키는 방향이 자동차가 가는 방향과 같아 확인할 수 없기 때문이다.

자동차로 이동하면서도 수맥을 찾을 수 있다
자동차는 물론 헬리콥터에서도 수맥을 탐지할 수 있다는 것은 그 영향이 그렇게 크다는 말이다. 또 고층 건물에도 수맥이 있고, 식물을 보아도 수맥 여부를 알 수 있다고 했다. 그렇게까지 말했는데도 믿지 않는 분들이 너무 많아 이런저런 예를 들어 중언부언할 수밖에 없다.

고양이가 앉아 있는 곳은 수맥이 있다
고양이를 이용하여 수맥을 피할 수도 있다. 고양이가 침대 밑에서 항상 잔다면 침대를 옮겨야 한다. 고양이가 앉아 있는 곳이 수맥이므로, 그곳을 피해야 한다. 어떤 책에서 집고양이와 달리 야생고양이는 수맥에 앉아 있지 않다고 했지만, 절대 그렇지 않다. 들 고양이든 집 고양이든, 검은 고양이든 흰 고양이든 차이가 없다.

땅 위에서는 수맥을 차단할 수 있지만, 건물에서 자신이 없다면 고양이 활용하는 것도 한 방법이다. 개가 명당의 지표동물이듯이, 고양이는 수맥의 지표동물이다. 고양이는 항상 수맥에만 앉아 있기 때문에 고양이를 따라가면서 수맥차단해도 된다. 물론 쉬운 일은 아니어서, 동전이나 숯을 여러 번 옮겨가면서 고양이의 반응을 유심히 관찰해야만 가능하다.

고양이 키우는 집 수맥을 차단한 예를 소개하기로 하자. 침대 위에 고양이가 있었는데, 수맥을 차단하자 다른 곳으로 갔다. 옮겨가는 곳마다 차단했는데, 처음 차단한 곳의 수맥이 가장 컸고 맨 끝에 차단한 곳의 수맥이 가장 작았다. 그처럼 고양이는 큰 수맥일수록 더 좋아한다.

뒤에서 서술하겠지만 명당에서는 고양이가 앉지 않는다. 못된 짓하면서 승승장구했던 자들의 집에도 명당이 의외로 많다. 명당에서 생활하여 건강한데다 야망까지 있어 어떻게든 그 야망을 달성하려고 했을 것이다. 그러한 사람의 집을 구입하는 것도 명당을 활용하고 수맥을 피하는 방법 중 하나라고 할 수 있다.

고양이를 예로 들어 설명하다가 갑자기 못된 사람 운운하는 것은 특별한 뜻이 있어서 그러한 것이 아니다. 하늘만 탓해봤자 소용없다. 고양이나 개뿐만 아니라 못된 사람까지도 이용할 수 있어야 한다. 어쩌면 그 못된 사람들을 개나 고양이처럼 활용하는 것도 재미있지 않은가?

3. 수맥은 어떻게 차단하는가?

 수맥 찾는 것보다 더 중요한 것이 수맥차단이다. 그런데 현재로서는 수맥을 차단할 방법이 없다. 밑에서 차단하면 그 위쪽 모두 차단되어야 하지만 그렇지 않기 때문이다. 이 책에서 말하는 수맥차단도 실제로는 수맥의 중화를 의미한다. 갓난아기도 영향이 거의 없을 정도로 수맥파 농도를 약화시키는 것이어서, 차단효과가 소멸된 곳에서는 수맥이 다시 나타난다. 그렇지만 독자들이 쉽게 이해할 수 있게, 중화보다 차단이란 용어를 사용하고 있을 뿐이다. 그들 용어를 혼용했다고 생각하면 된다.
 수맥을 차단할 수 있는 것부터 보기로 하자. 주위에 흔히 볼 수 있는 거의 대부분이 수맥을 차단할 수 있다.

수맥을 차단할 수 있는 것들

간장, 감자, 고구마, 고사리, 고추장, 구기자, 김, 녹차, 다시마, 된장, 들깨(들기름, 깻잎), 마, 무우, 미역, 배추, 벼(현미 포함), 부추, 비타민C, 설탕, 식초, 쑥, 양배추, 양파, 옥수수, 올리브유, 원두커피, 인삼(홍삼), 참깨(참기름), 칡, 파, 호박.

감나무, 강아지풀, 고무나무, 국화, 난, 느티나무, 단풍나무, 대나무, 대추나무, 도토리나무, 동백나무, 등나무, 땅벼룩, 모과나무, 밤나무, 방동사니, 배나무, 벚나무, 복숭아나무, 뽕나무, 사과나무, 사철나무, 산딸기나무, 산수유나무, 살구나무, 소금, 소나무, 수련, 싸리나무, 아카시아, 영금나무, 은행나무, 자귀나무, 자두나무, 장미, 잣나무, 질경이, 찔레나무, 철쭉, 탱자나무, 코스모스, 토끼풀, 편백나무, 포도나무, 향나무, 호두나무, 회양목.

가스라이터, 기와, 금, 담배, 도자기, 돋보기(확대경), 동전, 딱풀, 매직(수성, 유성), 보안카드, 볼펜, 비누, 성냥, 숯, 스카치테이프, 연필, 옹기, 지우개, 핸드폰

대부분의 식물은 수맥을 차단한다

위처럼 필자가 확인한 것도 100여 개나 된다. 그 뿐만이 아니다. 더 이상 찾는 일이 의미가 없어 중단했을 뿐이다. 그처럼 수맥차단 물질이 많다. 기존 수맥 책에서는 수맥에서 식물도 살 수 없다고 하지만, 절대 그렇지 않다. 대부분 식물은 수맥피해가 거의 없다. 더욱이 그들

식물의 잎, 나무껍질, 가지, 뿌리, 열매, 씨앗 등 어느 것으로도 수맥차단이 가능하다.

그러나 위 차단물질 대부분이 작은 수맥도 10여cm 차단에 그쳐 실생활에 활용할 수 없다. 실제로 활용할 수 있는 것은 숯, 금붙이, 도자기, 옹기, 동전뿐이다. 특히 숯이나 동전으로 수맥을 차단할 수 있다는 말은 이 책에서 처음 들었을 것이다. 필자가 처음 발견했기 때문이다. 그러나 동전은 화폐 이외의 목적으로 사용해서는 안 될 것이다. 금 역시 너무 고가(高價)여서 사용할 수 없다. 도자기나 그 파편도 고온에서 달구어진 것만 사용해야 한다. 어떤 책에서는 주방에서 사용하는 호일, 은박지, 심지어 거울까지 수맥을 차단할 수 있다고 하지만 일고의 가치도 없는 말이다. 절대 그렇지 않다.

숯이나 금붙이의 차단거리는 동전보다 1.5배 정도이다. 물론 숯이 금붙이보다 그 차단거리가 더 길지만, 이들을 구분해서 서술하면 독자들이 너무 어려워하기 때문에 편의상 구분하지 않고 서술했을 뿐이다. 아무튼 돈 들이지 않고 차단할 수 있는 가장 좋은 것이 숯이지만, 방 가운데 놓을 수도 없다. 그래서 숯이 불편할 때 동전을 이용하라는 것이다.

숯, 동전은 현실적인 수맥차단 물질

시중에서 판매하는 수맥차단제가 많지만, 어떤 제품도 그 성능이 동전보다 더 좋은 것이 없다. 수맥 크기도 천차만별이지만 보통 크기라면 2~3m 정도 차단되는데, 시중에서 파는 수맥차단제의 성능이 그 정도라고 생각하면 된다.

　수맥차단을 직업으로 하는 분들은 비싼 제품을 팔려고 한다. 한 개에 10여만 원부터 200여만의 비싼 것까지 팔면서 어느 수맥이든 하나만 놓아도 모든 수맥이 차단된다거나, 혹은 양쪽 끝에 하나씩 놓으면 된다고 한다. 흔히 한 집에 3~4개의 수맥이 있다면서 6~8개의 수맥차단제 팔고 있다. 그러나 작은 수맥은 차단제 1개만 놓아도 되지만, 큰 수맥은 10개 이상 필요하다. 큰 수맥인데도 양쪽 끝에만 놓으면, 아파트 끝의 베란다에만 효과가 있을 뿐이다. 그런데도 자칭 전문가들이 ○○수맥학회 운운하면서 양쪽 끝에만 놓고 있다. 기가 막힐 일이다.

　혹자는 주택이나 아파트 한 쪽에 직사각형 형태로 수맥차단제 몇 개 놓으면 수맥은 물론 나쁜 기운이나 살기(殺氣) 등이 모두 제거된다고 한다. 천만의 말씀이다. 수맥이 무엇인지도 모르고 차단할 능력도 없는 자들이 풍수지리와 연결시켜 돈벌이하는 짓이다. 더욱이 풍수가들마다 각기 주관적인 엉터리 방법을 동원하지만, 그러한 사기 행각에 현혹되어서는 안 된다.

　게다가 살기나 나쁜 기운이 따로 있는 것이 아니다. 풍수지리설처럼 나쁜 기운, 좋은 기운, 살기, 정기 등 다양한 기(氣)가 있는 것이 아니다. 오로지 수맥과 명당뿐이다. 산의 정기(精氣), 살기(殺氣), 양기(陽氣), 음기(陰氣), 나쁜 기운 등이 실제 존재하는 것이 아니다. 그들 기운이 존재한다고 생각하는 것은 풍수지리설에 세뇌된 허구적 관념일 뿐이다. 산의 정기나 살기 등 그 다양한 기운이 존재하지 않는 허구에 불과하다는 말은 이 책에서 처음 들었을 것이다. 이 점이 바로 그 많은 기존의 풍수지리서나 수맥 책과 다른 이 책의 독창성이다.

앞에서도 언급했지만 속칭 풍수지리나 수맥 전문가들이 수맥을 정확히 차단한 사례가 없었다. 일부러 사기 치려는 것은 아니겠지만, 부정확하게 하면서 돈벌이 한다면 사기꾼과 무슨 차이가 있는가? 고액의 엉터리 차단제가 아니라 동전, 숯 등 값싼 차단제 사용하라는 것이다. 바꿔 말하면 정확히 차단하면서 고액의 기술료와 출장비 받으라는 것이다.

비싸다고 좋은 것이 아니다. 고혈압의 원인이 다양하여 그 약도 수없이 많아 하루 약값이 10원짜리도 있다. 우리나라에서 가장 오래된 고혈압 약으로 1960년대부터 쓰였던 이뇨제다. 전 세계 인구 중 10억, 우리나라 성인 3명 중 1명일 정도로 많은 고혈압 환자들이 복용했다. 그 이뇨제는 1994~2002년 미국 국립심폐혈액연구소가 후원하여 4만여 환자를 대상으로 연구한 결과, 혈압뿐만 아니라 심장 및 혈관질환 예방에도 다른 신약보다 탁월한 효과가 있었다. 값도 싸고 효과도 입증되었지만 신약에 밀려 결국 폐기되었다. 그 외에도 30~40원짜리 약이 폐기되었다는 신문기사를 본 적이 있다. 효능이 아니라 제약회사 이윤 때문에 값비싼 신약에 밀려 폐기된 것이다.

그러면 수맥이 어느 정도 높이까지 차단되는지 알아보자. 수맥 크기에 따라 다르다. 숯으로 차단되는 거리가 0.2m 정도의 큰 수맥이라면 차단지점에서 위로는 1.1m(동전으로는 0.6m)에 불과하다. 그러나 보통 크기의 수맥이라면, 숯은 위로 약 2.2m, 밑으로는 그 1/2까지 차단할 수 있다. 대략 위로 2m, 밑으로 1m정도라고 이해해도 된다. 이처럼 차단거리를 계량화한 것은 필자가 처음 밝혀낸 사실이다. 키가 큰 사람도 영향을 받지 않을 정도 차단된다고 생각하면 된다. 따라서 아파트 한 층에서 수맥을 차단해도 그 위 아래층에서는 차단효과가 전혀 없다.

그러면 수맥차단 방법을 설명하기로 하자. 어려운 것이 아니다. 엘로드 2개를 들고 천천히 걸어가면서 수맥 방향을 일단 알아야 한다. 그리고 그 반대방향에서 차단하면 된다. 수맥 흐르는 방향으로는 엘로드가 평형으로 움직이지만, 그 반대방향으로 가면 엘로드가 X자로 반드시 교차한다. 그 X자로 교차한 지점에 숯이나 동전을 놓으면 된다.

정확히 차단되었는지 확인하려면 수맥방향으로 가면서 엘로드를 옆으로 가로질러 그 움직임을 보아야 한다. 엘로드가 움직이지 않으면 정확히 차단된 것이고, 움직이면 차단되지 않았으므로 차단지점을 수정해야 한다. 차단지점에서 점점 떨어져서도 그렇게 하여 엘로드가 움직이면 또 차단해야 한다. 설명하니까 어렵지만 실제로 해보면 아주 쉽다.

다만 유의사항이 있다. 수맥차단할 때 서서 해야 한다. 어차피 앉아서 할 수도 없겠지만, 그것만 유념하면 된다. 앞에서 위로는 수맥이 대략 2m 정도 차단된다고 했다. 즉 2m 높이까지 차단되지만 그 차단 지점에서 떨어질수록 1.9m, 1.8m, … 1m, … 0.1m 높이로 점차 약해진다. 차단지점에서 멀어질수록 차단효과가 떨어지다가 결국 소멸된다. 서서 하게 되면 대략 1m 높이 이하로 차단 효과가 떨어질 때 엘로드가 움직이기 때문에 그 지점에서 또 차단하면 된다.

차단제를 놓은 지점에서 그 밑으로는 위쪽의 1/2 정도 차단효과가 있다고 했는데, 수맥의 역방향 즉 뒤쪽 역시 대략 앞쪽의 1/2 정도 영향을 미친다. 때문에 그 차단효과도 2m, 1.9m, 1.8m, … 0.2m, 0.1m로 점차 적어진다. 그러나 앞뒤에서 차단되기 때문에 결국 모든 지점이 1.5~2m 높이까지 차단되는 결과가 된다. 이러한 설명이 어렵다면 다 무시하고 서서 하면 된다.

그렇다면 수맥차단제 크기는 어느 정도여야 하는가? 결론부터 말하면 크기와 상관없다. 10원짜리 동전도 2006년 12월 이전 발행한 동전이 그 후 발행한 동전보다 더 크지만, 차단효과는 똑 같다. 물론 이 책에서 말하는 동전은 10원짜리 동전이다. 50원, 100원짜리는 아무런 영향을 미치지 않는다. 숯도 크기와 관계없다. 가방 크다고 공부 잘하는 것이 아니듯이, 크다고 효과가 더 좋은 것이 아니다.

다만 마그마나 지진 혹은 다른 어떤 요인 때문인지 알 수 없지만 수맥의 위치가 간혹 변하기도 한다. 앞에서 언급했듯이 큰 수맥은 거의 이동하지 않지만 작은 수맥은 때로 이동할 수 있다. 또 두 개의 수맥이 하나로 합쳐지기도 하고 하나의 수맥이 두 개로 나누어지기도 한다.

그처럼 수맥 위치가 바뀔 수 있으므로 각자 차단할 수 있어야 한다. 이사 갈 때마다 남에게 의존하려고 해서는 안 된다. 물론 자맥에 민감하여 자전거타기처럼 쉬운 사람도 있지만, 둔감하다면 수영 배우는 정도의 노력은 해야 한다. 그처럼 시간과 노력이 필요한 것도 사실이지만 수맥의 피해와 명당의 효험을 실감한다면, 수영 배우는 것보다 훨씬 더 많은 시간과 노력을 투자해서라도 터득하려고 해야 한다.

한편 차단제에 따라 차단 거리도 차이가 있다. 대부분 식물은 수맥차단 길이가 매우 짧아 실생활에 활용할 수 없다. 예컨대 집에서 흔히 재배하는 춘란도 수맥을 차단할 수 있지만, 그 차단거리가 너무 짧아 작은 수맥도 10cm 정도밖에 차단되지 않는다. 그러나 동전은 그 정도 작은 수맥이라면 3m 이상 차단된다.

혹자는 암석을 이용하기도 한다. 특히 자수정, 백수정에 전등 밝히면 운치도 있고 수맥차단에도 효과가 있다고 하지만, 터무니없는 말이다. 자수정 등이 수맥을 차단할 수 있다고 한다면, 수맥을 모르는 사람이거나 자수정 팔려는 상술일 뿐이다.

커다란 바위 위에는 수맥이 없을 것으로 생각하여 바위에 집을 짓기도 하지만, 그렇다고 수맥을 피할 수는 없다. 큰 수맥은 산의 경사면과 정반대로 흐르는 예가 허다하다. 커다란 바위뿐만 아니라 엄청난 높이의 산과도 관계가 없다.

팔만대장경을 보존하는 해인사 장경판전(藏經板殿)처럼 땅바닥에 숯과 소금을 깔고 집을 짓는 분도 있다. 습도를 어느 정도 조절할 수 있어 쾌적할 수는 있다. 그러나 숯으로 차단되는 거리가 0.2m 정도의 큰 수맥이라면 위쪽으로 1.1m정도까지만 차단된다. 즉 숯을 깔아도 그 1.1m 위에는 수맥의 영향이 다시 나타나 서 있으면 그 피해를 받는다. 소금 역시 수맥을 차단할 수 있지만, 그 효과가 극히 미미하여 차단하지 못한다고 생각해도 무방할 정도다.

앞에서 아궁이에 불 때는 온돌방에 수맥도 없다고 했지만, 그 역시 보통 크기의 수맥일 때 그렇다는 말이다. 때문에 큰 수맥이 있다면 피하는 것 외에는 별다른 방법이 없다.

2층 이상 수맥을 차단하는 물질은 없다

비싼 것 선호하는 심리를 이용하여, 고가의 수맥차단제 하나로 집 전체 수맥을 차단할 수 있다고 한다. 그러나 절대 그렇지 않다. 하나의 수맥도 다수의 차단제가 필요하기도 하고, 2층 이상 수맥을 차단하는 것은 아예 있지도 않다. 오래 전에 겪었던 사례를 말하면 이해가 더 쉬울 것이다. 친구 집 수맥을 차단해 준 일이 있다. 그런데 그 친구가 수맥차단제 1개를 200만 원에 사왔다면서, 그 성능을 확인해달라고 했다. 강연도 자주하여 성가도 있고 인품도 훌륭한 성직자로부터 구입한 것인데, 아파트 8층까지 모든 수맥이 차단된다는 것이었다.

아무리 비싼 수맥차단제도 성능은 비슷하다

그때는 그렇게 고가 제품이 있는지도 몰랐다. 그런데 마침 검증해달라고 해서, 반갑고 신기하기도 하여 나름대로 검증해 보자, 8층까지는커녕 방 하나도 차단되지 않았다. 그 효과도 10원짜리 동전과 차이가 없는데다, 부피가 커 오히려 동전보다 못했다. 그것을 판 분을 비난하려는 것이 아니지만, 인품과 수맥차단은 관계가 없다. 또 수맥만 제대로 차단할 수 있다면 그렇게 고가라도 문제될 것이 없다. 암 등 중병으로 인한 고통과 치료비를 감안하면, 그보다 수십 배 이상 고가여도 무방하다.

　수맥차단을 직업으로 하는 분들도 엘로드로 수맥 여부를 말하고 있다. 그 반응을 직접 본데다 인품이 훌륭한 분이라면 더 신뢰할 것이다. 더구나 하찮은 동전이나 숯과 달리 고가의 제품이라면 더 신뢰하겠지만, 아직까지는 숯의 효능이 가장 뛰어나다. 그러나 그 숯도 2층 이상은 차단할 수 없다.

　누차 이야기했듯이 수맥차단의 정확성과 그 효과가 관건이다. 그런데 정확히 탐지하거나 차단할 수 있는 사람이 거의 없어, 정확하게 차단할 수 있는 분을 만나는 것 외에는 달리 방법이 없다. 운수(運數)라고 할 수밖에 없다.

　운수라는 말이 나왔으니 그 말을 잠시 언급하면서 쉬어가기로 하자. 광해군대 권력을 농단했던 이이첨(1560~1623)은 '소인기(小忍飢)', 즉 '굶주림을 조금만 참았어도'라는 말로 유명하다. 어렸을 때 너무 가난하여 벽지에 붙은 풀로 죽을 끓여 먹기도 했다고 한다. 과거급제 후 많은 부정에 관여했지만, 죽을 때 '굶주림을 조금만 참았더라면 (나쁜 짓을 하지 않았을 텐데)'라고 후회했다는 것이다. 나쁜 짓 많이 했어도 죽을 때 후회하는데, 그렇지 못한 사람을 거론할 때 흔히 인용하는 말이다.

　남곤(1471~1527)도 죽을 때 후회했다. 중종대 공신이며 영의정까지 역임했고, 김종직의 수제자로 당대 뛰어난 문장가였다. 조광조 등을 제거했던 기묘사화의 주역 남곤이 자제들에게 "나와 같은 소인의 문집을 누가 보겠는가?" 하면서, 평생 모아 놓은 초고(草稿)를 태워버리고 문집을 간행하지 못하게 했다. 시호를 청하거나 비석도 세우지 말라고 유언했다. 죽을 때 처신이 얼마나 훌륭한가? 수많은 악행을 저질렀던 정치인 법조인 사업가들도 본받았으면 한다. 그래야만 그 악행이 다소 나마 반감되고 역사발전에도 기여할 수 있다. 재승덕박(才勝德薄), 즉 재주 있어도 덕이 부족한 사람들이 많다. 못된 짓 많이 했던 인사들이 죽을 때라도 후회했으면 좋겠다.

어쨌든 그 이이첨이 과거시험에도 깊숙이 관여했다. 이이첨은 생원 진사시험에 은 20냥, 문과는 은 50냥을 받고, 허균, 이재영, 이진 등에게 대필시켜 합격시켰다. 『홍길동전』으로 유명한 그 허균(1569~1618) 역시 그렇게 못된 짓을 많이 했다. 그때 재상 안응형은 두 아들을 과거 시험에 합격시키려고 뇌물을 썼지만 한 아들은 합격하여 고을의 수령(守令)이 되었다. 그러나 한 아들은 떨어진 것에 그치지 않고 미치광이가 되어버렸다. 그 기막힌 일을 설명하기 어려운데, 그럴 때 쓰라고 '운(運)'이나 '팔자(八字)'라는 말이 있는지도 모르겠다.

방바닥에 동판(銅版)을 까는 것은 무지몽매한 일이다

많은 사람들이 방바닥에 동판을 깔고 있어, 이를 잠시 언급해야겠다. 필자가 방바닥에 동판 깔았던 10여 집을 조사했지만, 그 어느 집도 수맥이 차단된 집이 없었다. 필자가 보았던 집만 그러한 것이 아니다. 정품이 아닌 불량품을 사용했거나 동판이 너무 얇아서 그러한 것도 아니다. 동판이 수맥에 아무 영향을 미치지 못해서 그러한 것이다. 그럼에도 동판 깔았던 10여 집을 살펴보았다고 굳이 언급한 것은 그러한 집이 너무 많기 때문이다. 사실은 언급할 가치도 없다.

동판은 수맥에 영향을 미치지 않는다

구리는 수맥이나 명당에 아무런 영향을 주지 않는데, 어떻게 동판이 수맥을 차단할 수 있겠는가? 기존의 책들이 거의 다 동판으로 수맥을 차단할 수 있다고 했다. 단 한 명만이 동판이 오히려 더 피해를 준다고 했지만, 피해를 주는 것이 아니다. 수맥이나 명당에 전혀 영향을 미치지 않는다.

그러한 점은 그 흔한 구리철사 수맥에 놓고 확인해 보면 곧바로 알 수 있다. 그렇게 간단한 일이지만 기존 수맥 책에서 그렇게 말하는 것은 단순한 실수가 아니다. 수맥을 정확히 알지 못한 자들이 남의 말만 듣고 반복한 결과다. 그런데도 수맥을 차단할 수 있다면서 방바닥에 동판을 깔고 있다. 무지의 소치라고 할 수밖에 없다. 때문에 동판으로 수맥을 차단할 수 있다고 한다면, 사기꾼으로 단정해도 무방하다.

동판이 수맥차단에 널리 사용된 것은 아마도 천주교 신부에 의해서 그렇게 된 것 같다. 이미 언급했듯이 신부들이 농촌이나 군부대의 식수공급에 많은 기여를 했지만, 그들의 공과(功過)를 따지면 피장파장이다. 그렇게 말하는 것은 동판만이 아니라 수맥을 풍수지리설과 연결시켰기 때문이다.

풍수에서는 산의 지기(地氣) 즉 정기(精氣)의 흐름이 용(龍)처럼 생겼다고 해서 용맥이라고 한다. 그 용맥의 기운이 맺힌 곳이 명당이라면서 지형이나 전망 및 방위 등을 특히 중시했다. 그러나 풍수설에서 말한 용맥, 살기(殺氣) 등은 존재하지 않는다. 조상의 묘가 자손의 행·불운에 영향을 미친다는 것이 풍수설로 인해 세뇌되어, 정기나 살기 등의 다양한 기운이 있다고 오해한 것에 불과하다.

수맥을 풍수와 연결시킨 것도 기존의 명당론에 세뇌된 결과다. 고가의 수맥차단제가 여러 층까지 효험이 있다는 분도 수맥을 정확히 알지 못했다. 또 우물자리를 찾을 수 있다고 해서 수맥 아는 것도 아니다. 큰 수맥이 있는 우물은 초보자도 쉽게 찾을 수 있기 때문이다.

너무 어려운 말을 많이 했다. 그 동판처럼 잘못알고 모방했던 사례를 보면서 쉬어가기로 하자. 홍섬(1504~1585)의 부인 송씨는 부친 송질, 시아버지 홍언필, 남편 홍섬 모두 영의정이었기 때문인지 일화가 많다. 그 송씨는 버선을 제대로 만들지 못하여 남편 홍섬의 버선이 바지처럼 컸지만, 홍섬의 문객들이 오히려 좋은 것으로 생각하여 일부러 크고 벙벙하게 만들어 신었다고 한다. 버선이 작으면 발이 들어가지 않고, 크면 자꾸 돌아가 불편하기 짝이 없지만, 굳이 그렇게 했다는 것이다.

콜럼버스(1451?~1506) 이야기도 마찬가지다. 콜럼버스는 에스파니아 여왕 이사벨의 후원으로 인도를 찾아 항해했으나 인도가 아니라 중남미에 1492년 10월 상륙했다. 그 때문에 신대륙을 발견했다고 하는데, 그 얼마나 웃기는 말인가? 수천 년 동안 수많은 사람이 그곳에서 살았다. 발견했다는 말 자체가 어불성설이다. 우리나라에 처음 온 서양인이 우리나라를 발견했다고 한다면 그 얼마나 어이없는 일인가? 콜럼버스가 신대륙을 발견했다는 통념이야말로 대표적인 서구중심의 사대주의 산물이다.

　동판 역시 어느 한 사람이 수맥을 차단할 수 있다고 하자, 아무런 의심 없이 그 말을 되풀이했다. 단언하건대 동판은 수맥을 차단하지 못한다. 더욱이 수맥을 차단하는 어떤 물질도 명당까지 없애버려, 방바닥 전체에 깔아서는 안 된다. 물론 명당이 없다면 숯 등의 수맥차단제를 방바닥에 깔아도 된다. 없어질 명당이 원래 없는데다, 수맥피해를 방지할 수 있기 때문이다.

　동전이 수맥을 차단한다고 하면서 동판은 그렇지 않다고 하면, 혹 의아하게 생각할 수도 있다. 그러나 동판은 순수한 구리(銅, Cu)지만, 동전은 구리 외에도 다양한 금속 성분이 포함되어 있다. 즉 동판과 동전은 전혀 별개라는 말이다.

우물자리는 수맥이 여러 개 모이는 곳이다

　우물 찾는 방법을 알아보자. 우물은 큰 수맥이 여러 개 모여 있는 곳이어서 찾기가 의외로 쉽다. 앞에서 언급했듯이 큰 수맥을 대충 감지할 수 있어도 우물자리를 찾을 수 있다. 지형과도 관계없이 수맥이 위쪽으로도 향하고, 옆으로도 향하는 등 사방에서 모이는 곳이 바로 우물자리다. 여러 수맥이 모이지 않는다면, 비록 큰 수맥이라도 수맥이 하나만 있는 곳에 우물을 파면 수량이 적다.

더 구체적으로 알아보자. 우물자리는 엘로드가 한쪽 방향으로만 둥글게 돌아간다. 그러나 역방향으로 가면 엘로드가 교차하여 X자가 된다. 즉 시계방향의 오른쪽으로 가면 엘로드 2개가 평행을 유지하면서 원처럼 둥글게 움직이지만, 시계반대방향의 왼쪽으로 가면 반드시 교차한다. 그리고 수맥이 클수록, 여러 개의 수맥이 모일수록 엘로드가 원처럼 둥글게 돌아가는 면적이 넓어 수량도 많다. 우물에서 실습해보면 확인할 수 있다.

그런데 주의할 점이 있다. 앞의 '수맥의 영향은 체질과 관련이 없다'에서 언급한 질문법이 있다. 그것이 엉터리라는 것을 다시 한 번 강조하려고 한다. 모든 책에서 수맥·명당 찾을 때, 혹은 우물 찾거나 그 깊이, 수량, 수질, 심지어 체질구분마저 질문법을 이용하고 한다. 귀신에게 질문하여 그 반응 운운하는 것처럼 비과학적이지만 많은 사람들이 믿고 있다.

음용 여부도 '음용수로 가능합니까? 음용수로 불가능합니까?'라고 질문해서 맞으면 엘로드가 교차한다고 한다. 수량도 '100톤 이상입니까? 200톤 이상입니까'라고 하여 엘로드가 교차했다. 그런데 '300톤 이상입니까'라고 해서 교차하지 않으면, 200톤부터 다시 시작하여 '210톤입니까? 220톤입니까'라는 식으로 그 단위를 점차 줄여가면서 질문한다는 것이다. 깊이도 100m 단위로 질문하는데 200m까지는 교차했지만 300m에서 교차하지 않으면, 다시 200m에서 10m 단위로 질문한다는 것이다. 10m 단위로 했는데 어느 단계에서 교차하지 않으면, 더 줄여서 1m 단위로 질문하면 알 수 있다는 것이다. 그러나 그렇게 해서 맞는 일도 없지만, 맞는다 해도 우연일 뿐이다.

제발 그 질문법을 믿어서는 안 된다. 질문에 의해 엘로드의 반응이 달라진다는 것이 가능한 일이겠는가? 우물의 수질, 수량 혹은 깊이를 질문법으로 알 수 있다면 다른 것도 그렇게 알 수 있어야 한다. 시험 보면서 '이것이 맞습니까? 이것이 틀립니까' 혹은 커피 한 잔 놓고 '커피가 맞습니까? 물이 맞습니까'라고 질문해보라. 그렇게만 해도 그 옳고 그름을 확인할 수 있다. 심지어 엘로드로 체질구분이나 건강진단까지 가능하다고 하지만, 절대 있을 수 없는 일이다.

한편 현장에 가보지 않고 멀리 떨어진 원격지의 수맥 여부를 말해도 사기꾼이라고 단정해야 한다. 원격지는 물론 방 안팎도 다를 수 있고, 같은 방에서도 다를 수 있다. 뒤에서 다시 설명하겠지만 수맥이 명당을 뚫고 갈 수 없어 명당을 피하여 흐르기 때문이다. 더욱이 수맥 여부만 언급하면서 피하라고만 한다면, 차단할 능력이 없는 자들의 상투적인 수법이라고 생각해야 한다.

제5장
명당은 어떻게 찾는가?

1. 명당은 어떻게 찾는가?
2. 나무나 풀을 보아도 명당 여부를 알 수 있다

1. 명당은 어떻게 찾는가?

명당이 어떠한 것이고, 왜 좋은가에 대해서는 앞에서 자세히 서술했다. 여기서는 어떻게 해야 명당을 찾을 수 있는지 그 방법을 알아보기로 하자.

명당 찾는 것도 수맥 찾는 것과 차이가 없다. 명당·수맥 찾는 방법이 별개가 아니라 다 똑같다. 단지 엘로드 반응에 차이가 있을 뿐이다. 명당 찾을 때도 수맥 찾을 때처럼 하면 된다. 엘로드를 들고 가면서 정신집중하거나 '움직인다!'라는 말을 주문처럼 중얼거리면 안 된다. 엘로드가 향하는 곳으로 따라가기만 하면 된다. 정신집중하거나 마음을 비울 것이 아니라 아예 신경 쓸 필요가 없다. 아무 생각 없이 엘로드를 들고 가다보면 원 모양으로 돌아가는 곳이 명당이다.

명당 찾는 방법

명당 찾으려면 풍수지리설의 명당에 관한 모든 것을 머릿속에서 지워버려야 한다. 그렇지 않으면 그 엉터리 관행에 세뇌되어 고치려 해도 좀처럼 고쳐지지 않는다. 풍수설과 전혀 다르다는 점을 인식하지 않은 한 자신도 모르게 관련짓기 마련이다.

고집불통도 기존의 잘못된 인식에 세뇌되어 그러한 것이지, 일부러 고집부리는 사람은 없다. 끝까지 우기며 고집부릴 일은 아무것도 없다. 자신의 견해와 달라도 숙고할 수 있는 자세가 필요하다. 수십 년 동안 견지한 학설도 오류가 있다면 곧바로 수정할 수 있어야 한다.

식민지 근대화론을 주장하는 쓸개 빠진 자들이 있다. 일본 강점기에 상당한 산업화가 이루어졌기 때문에, 우리나라 근대화에 일본의 역할을 인정해야 한다는 것이다. 그러나 그 산업화의 주체가 일본인이었으며 우리 조선인이 아니었다. 일본이 그들의 목적을 위해 철도 부설하고 공장 건립했다. 일본이 식민통치에 방해가 되었다면 그 많은 돈 들여 철도 놓지 않았고 공장 건립하지 않았다. 그처럼 터무니없는 주장이 식민지 근대화론이다. 그 터무니없는 주장에는 불순한 정치적 의도가 개입되었겠지만, 잘못된 의식에 세뇌되었거나 자신의 주장을 수정할 수 없어서 고집할 수도 있다. 늦었다고 생각할 때가 빠른 것이다. 잘못이 있다면 과감히 털어버려야 한다.

풍수지리설의 명당 찾는 법을 지워버려라!

자식 키우다 보면 고집부릴 수 없다는 것을 알게 된다. 자식 이기는 부모 없다. 기껏해야 '너와 똑같은 자식 낳아 키워봐라'고 할 뿐이다. 그렇다고 매사에 심지(心志)가 없어야 된다는 것이 아니다. 심지도 있어야 할 때 있어야 한다.

어떤 사람은 독재자의 경제적 성과를 추앙하기도 한다. 권력 연장의 한 방법이 경제 성장이었고, 경제 성장으로 집권 연장을 합리화했다. 더구나 많은 사람까지 죽였다면 경제 성장을 이유로 면죄부를 주어서는 안 된다. 생명보다 더 소중한 것은 없다. 생명보다 더 소중한 신념이나 업적도 있을 수 없다. 길 가다가 데모 군중에 휩쓸려 죽어도 열사로 추앙된다는 사실을 생각하면 더 쉽게 이해할 것이다. 고귀한 생명을 빼앗겼으므로 열사로 추앙된 것이다.

4·19혁명하면 김주열 열사를 떠올린다. 남원 출신 김주열이 당시 너무 어려서 부정선거 규탄하던 시위를 구경하다가 최루탄에 맞아 죽었을 수도 있다. 설사 그렇더라도 폄하해서는 안 된다. 그의 죽음이 4·19혁명의 기폭제가 된 것은 명명백백하여, 그 사실만으로도 김주열을 존경하고 추앙해야 할 이유가 충분하다. 그러한 의식이 바로 진정한 역사의식이다.

명당 찾는 것도 풍수지리설의 명당론을 고집할 것이 아니라 머릿속에서 아예 지워버려야 한다. 그렇지 않으면 불가능하다. 수맥 찾을 수 있으면, 명당이나 우물도 찾을 수 있다. 더욱이 명당에서 몇 개월이라도 생활한 적이 있다면 수맥피해 거의 받지 않는다. 명당에서 살았던 때와 달리 어쩐지 몸이 무거우면 자신도 모르게 그곳을 피하기 때문이다.

명당은 엘로드가 양방향 어느 쪽으로 가더라도 교차하지 않는다

　수맥은 대체로 직진한다. 다만 수맥이 명당을 뚫고 갈 수 없어 피해 가므로 곡선처럼 휘어지기도 한다. 휘어져도 한쪽만 휘어져 반원처럼 된다. 그러나 명당은 정확하게 원 모양이어서 지름 반지름이 똑같다. 양방향 즉 좌우측 어느 쪽으로도 엘로드가 교차하지 않고 평형을 유지하며 돌아가면, 그곳이 바로 명당이다. 그 사실만 알아도 명당 찾을 수 있어 길게 설명할 필요가 없다. 혹 명당 찾는 방법이 너무 간단하여 믿지 않는 사람도 있을 것이다. 믿지 못하겠다는 그러한 곳에서 1시간만 잠자보라고 권하고 싶다. 잠자고 나면 몸이 얼마나 개운하고 상쾌한지 체험할 수 있다.

　명당을 확인하는 방법이 따로 있는 것이 아니라, 명당에 대한 의문점을 스스로 해결하면 저절로 알게 된다. 특히 직경 30cm 정도의 조그만 명당에서 다양한 의문점을 스스로 해결하면 더 효율적이다. 즉 어떤 물질을 놓으면 명당이 없어지는가? 명당이 없어지면 그 옆을 지나는 수맥은 어떻게 움직이는가? 침대 책상 등이 명당의 중앙을 덮거나 덮지 않을 때, 혹은 핸드폰, 금반지 등이 있으면 그 반응이 어떻게 달라지는가? 등 수많은 의문이 생긴다. 그러한 의문점을 하나씩 해결하다 보면 신기하고 재미도 있는데, 그 과정을 거쳐야만 명당을 정확히 알 수 있다.

그런 뒤에 명당이라고 칭해지는 곳을 찾아다니면서 확인해 보는 것도 색다른 희열을 느낄 수 있다. 어떤 묘가 명당으로 알려져 있지만 그렇지 않다는 점을 확인할 수 있어 뿌듯하기도 하다. 묘가 후손에게 영향을 미치지 않으므로 의미 없는 일이긴 하지만, 나름대로 흥취가 있을 수 있다.

그런데 명당에서 엘로드가 둥근 원처럼 돌아간다고 하면, 우물자리와 그 차이가 무엇이냐고 흔히 반문한다. 분명히 차이가 있지만 많은 사람들이 착각하기도 한다. 이에 대해서는 뒤의 '우물자리를 명당으로 착각하기도 한다'에서 다시 설명할 것이다.

그러면 명당의 크기는 어느 정도인가? 그 크기가 다양하여 직경이 0.3m의 작은 것도 있고 15m에 이르는 큰 것도 있다. 더 큰 것도 있을 수 있지만 그 정도라고 생각하면 된다. 그런데 같은 명당이라도 측정 물질에 따라 그 크기가 달라진다. 즉 동전보다 금의 영향이 더 크고 금보다 숯의 영향이 더 커, 숯으로 측정할 때 그 면적이 가장 넓다.

감지능력에 따라 차이가 있기도 한다. 즉 처음 배울 때와 익숙해졌을 때의 크기가 다르다. 감지 능력이 향상될수록 그 범위가 넓어진다. 예컨대 직경이 30cm인 명당도 초보자들이 측정하면 24cm에 불과하다. 그처럼 측정 능력에 따라 그 크기가 달라질 수 있다. 물론 명당 여부가 바뀌는 것은 아니다. 단지 그 크기에 차이가 있을 뿐이다.

지전류가 있는 곳이 바로 명당이다

소위 풍수지리나 수맥 전문가들은 예외 없이 지전류(地電流)가 있는 곳을 피해야 한다고 말한다. 기(氣)가 너무 강하여 인체에 해를 끼친다는 것이다. 기존의 모든 수맥 및 풍수지리 책에서 그렇게 말하지만, 지전류를 없애면 절대 안 된다. 오히려 그곳을 잘 보존하여 최대한 활용해야 한다. 지전류가 있는 곳이 바로 명당이기 때문이다. 지전류 있는 곳이 명당이라는 말은 이 책에서 처음 들었을 것이다. 필자가 몸으로 확인하여 밝혀낸 사실이어서, 이 책이 기존의 책과 다른 가장 큰 특징이라고 할 수 있다.

지전류를 차단해야 한다는 것이야말로 명당에 대해 아는 바가 없다는 징표이다. 그 지전류가 매우 많기 때문에, 풍수지리설에 사로잡혀 명당이 그렇게 많을 수 없다고 생각하여 인체에 해롭다고 한 것이다. 그러나 절대 그렇지 않다. 지전류가 있는 곳이 바로 명당이므로 그 지전류를 최대한 활용해야 한다.

좌우측 어느 쪽으로도 엘로드가 원처럼 둥글게 돌아가는 곳이 지전류가 있는 곳이다. 그곳에서 생활하여 건강이 나빠진 예는 없다. 지전류의 면적이 크면 그 기운이 너무 강하여, 건강에 해롭지 않을까 염려할 수 있지만 전혀 그렇지 않다. 말기 암환자보다 더 허약한 사람은 없겠지만, 그 말기 암환자들도 그러한 일이 없었다. 그곳에서 잠자보면 더 분명히 확인할 수 있다.

3집 중 2집에는 명당이 있다

　명당은 주택·아파트 3집 중 2집에 있을 정도로 흔전만전하다. 사실은 3집 중 2집이라고 말한 것도 명당 없는 집이 간혹 있기 때문에 그렇게 말한 것이지, 거의 대부분 집에 있다고 생각하면 된다. 그처럼 우리가 생각하는 것보다 훨씬 많다. 즉 드러누우면 1~2분 내에 곧바로 잠들어버린다거나, 건강에 별로 신경 쓰지 않아도 건강한 노인, 학창시절 성적이 좋았던 분들 모두 명당에서 살았다고 생각하면 된다.

　누차 언급했듯이 이 책에서 말하는 명당은 풍수가들이 말한 명당과 전혀 다르다. 풍수가들은 특별한 형국에만 있어 극히 드물고 그 크기도 커 한 마을이나 어느 지역전체라고 한다. 그러면서 갖가지 자연현상을 언급한다. 예컨대, 정·관계 유명 인사나 재벌들이 많이 사는 서울 성북동을 '완사명월형(浣紗明月形)의 명당' 즉 '달빛 아래 비단 펼쳐 놓은 형세'라고 했다. 비단은 높은 벼슬아치나 부자만이 입을 수 있는 귀한 옷감이므로 부자를 끊임없이 배출하는 터라는 것이다. 또 성북동과 쌍벽을 이루는 곳이 한남동이라고 했다. 남산을 등지고 한강을 굽어보는 전형적인 배산임수(背山臨水) 지역이라는 것이다. 그러면서 '거북이가 알을 낳은 형국이니, 재복이 많아 대대로 부자로 살 수 있다' 혹은 '한강이 한남동을 감싸 돌고 있는데, 한강은 물 중에서도 가장 귀한 금성수(金星水)다. 그 금성수를 재물로 보기 때문에 부자가 많이 나온다' 등의 허황한 말을 했다.

　갖가지 동물의 형태를 언급하면서 머리 부분에 해당된 곳이 명당이라고도 한다. 그러나 상식적으로 생각해보라. 그들 동물의 형상도 보는 곳에 따라 각기 다르다는 점은 논외로 하더라도, 어느 한 부분만 중요하다는 것이 얼마나 웃기는 말인가? 어느 부분이든 중요하지 않은 것이 없다. 신체의 한 부분이라도 제대로 기능하지 못하면 장애인이라고 하지 않는가? 그처럼 갖가지 동물의 형태로 비유하는 것 자체가 비과학적인 웃기는 일이다. 그렇게 비유하려면 호랑이와 고양이가 같을 수 없듯이, 그들 동물의 비유에도 등급이나 우열이 있어야 한다. 그러나 그렇게 말하는 풍수가는 없다.

동물뿐만 아니라 갖가지 사물의 형태를 말하기도 한다. 예컨대 붓처럼 뾰쪽한 산을 필봉이라 하여, 그 밑에 사는 사람 중에 학자가 나온다고 한다. 그 필봉 밑에서 수백 년 동안 수만 명이 살았다. 그런데 그 많은 사람 중 한두 명의 학자가 설령 있었다고 하더라도, 과연 의미를 부여할 수 있는가? 심지어 토질도 마사토나 황토여야 명당이라고 한다. 천만의 말씀이다. 명당은 토질과 전혀 관계없다.

어떤 풍수가는 경복궁을 기준으로 왼쪽의 청룡인 낙산이 약하고 오른쪽의 백호인 인왕산이 우세하다고 한다. 그리하여 전통적으로 왕비가 더 오래 살거나 드세었고, 왕이나 세자가 단명하다고 했다. 혹은 역대 대통령의 불운을 말하기도 한다.

심지어 서울의 좌청룡 우백호를 평창동과 성북동이라고도 했다. 그러면서 좌청룡의 형세인 성북동은 정치인이나 외교관이 많고, 우백호의 평창동은 예술인이나 부자가 많다고 했다. 또 어느 유명 풍수가는 방송에서 어느 대학교는 법대나 상대가 우세하다는 터무니없는 주장까지 했다. 명당으로 인해 어느 분야가 더 우세하다면 명당의 종류도 직업의 수만큼 적어도 2만 개 이상이어야 하지만, 다 똑같다. 명당으로 인해 어느 분야가 더 우세하다거나 어느 지역 전체가 명당이라고 한다면 사기꾼이라고 할 수밖에 없다.

집 한 채가 온전히 명당인 곳도 없고 수맥과 혼재한다. 지역에 따라 많고 적은 것도 아니다. 더욱이 풍수지리설에서 명당이라고 칭해지는 주택도 조사해보면 일반 주택과 차이가 전혀 없다.

명당은 어느 지역이든 다 있다

산, 평야, 저수지, 늪 등 어느 곳이든 흔전만전한 것이 명당이지만, 방 가운데 있는 집은 극히 드물다. 명당에 맞추어 지은 것이 아니어서 신발장이나 화장실, 창고에도 있다. 또 명당이 있어도 명당을 피해 침대를 놓기도 한다. 금반지, 금목걸이, 금팔찌, 다이아몬드반지, 핸드폰 등으로 인해 명당이 없어지기도 한다. 그처럼 있는 명당도 활용하지 않는다면 달리 방법이 없다. 좋아도 좋은지 몰라서 그러한 것이다.

명당뿐만 아니라 좋아도 좋은지 모르는 것이 너무 많다. 그 중 하나가 우리나라 소금이다. 그 소금에 대해 잠시 언급하면서 쉬어가기로 하자. 세계 최고의 소금은 프랑스의 게랑드 소금이라고 한다. 그렇게 인정받는 이유는 안전성 때문이다. 흙 위에서만 생산하는 수백 년 전의 전통방식으로만 만들어져야 한다. 큰 도로에서 500m 이상 떨어진 생태보존 지역이어야 하고, 농약이나 화학비료를 사용한 지역이나 양계장 양식장으로부터 격리되어야 한다. 또 화학처리하지 않은 목재도

구만 사용해야 하며, 태양열에 의해 건조해야 하고 첨가물을 금지한다. 매년 맛과 모양은 4번, 위생시설은 1번, 예고 없는 검사 4번을 통과해야 한다. 그처럼 엄격한 품질관리를 통해 만들어진다.

바닷물의 오염을 논외로 한다면, 국산 천일염은 유네스코가 지정한 세계 5대 청정갯벌에서 생산되고 있다. 그 갯벌에 녹아있는 미네랄 등 유익한 성분이 많다고 한다. 우리나라에 일본식 천일염이 최초 생산된 것은 1907년 인천에 주암 염전이 생기면서 시작되었다. 그런데 그 천일염도 개발이라는 미명하에 1963년의 '염(鹽) 관리법'에 의해 '광물'로 분류되면서 사용이 금지되었다. 2007년 그 법이 바뀌기 전까지 화학공정에 의해 만들어진 제조염만 사용할 수 있었다. 술 빚으면서 쌀을 사용하지 못하게 하여, 우리 고유의 가양주(家釀酒)마저 빚지 못하게 했던 '양곡 관리법'과 더불어 악법 중 악법이었다.

그런데 그 천일염도 우리 전통의 자염(煮鹽) 혹은 화염(火鹽)이라는 바닷물을 졸여서 만든 소금에는 미치지 못한다. 그 좋은 자염이 값싼 천일염의 보급으로 점차 쇠퇴하더니, 그 '염(鹽) 관리법'에 의해 생산이 금지되면서 완전히 사라져버렸다. 그러다가 2,000년대에 이르러 건강에 대한 관심이 고조되면서 다시 복원되었다. 그 자염은 천일염보다 아미노산이나 칼슘 미네랄이 더 많다. 천일염보다 염도가 낮아 덜 짜고, 칼륨이나 마그네슘이 적어 쓴맛, 떫은맛이 적어 감칠맛이 나고 구수하다. 배추를 절여도 천일염과 달리 조직이 손상되지 않아 씹는 맛이 더 좋다. 그 자염이야말로 어떤 소금과도 비교할 수 없는 명품이다.

자염의 생산과정을 간단히 보기로 하자. 자염 생산지는 땔나무가 풍부하고 조수간만의 차가 컸던 황해도, 충청도, 전라도의 서해안이며, 그 중 전북 고창군 심원면 월산리 검당이 특히 유명했다. 조수간만의 차가 크면 갯벌이 마를 수 있는 기간도 더 길었으므로 그러한 갯벌에 웅덩이 파고 통나무나 이엉으로 바닷물을 저장하는 둑, 즉 통자락을 만든다.

그 통자락 주위를 써레질하여 갯벌을 마르게 한다. 밀물 때 그 갯벌에 말라 있는 염분이 쓸려 통자락에 가라앉는다. 그 통자락에 고인 바닷물은 보통 바닷물보다 염도가 5배 정도 높아진다. 이를 길어다 8~10시간 은근한 불로 끓여 수분을 증발시키면서 거품 즉 불순물을 걷어내면, 천일염보다 쓴맛과 떫은맛이 훨씬 적은 자염이 만들어진다. 그렇게 힘든 노동으로 얻어진 우리 조상의 지혜가 함축된 그 자염이야말로, 어떤 소금과도 비교할 수 없는 명품 중에서도 명품이다.

명당은 추나 나침반을 사용해서 찾을 수 없다

앞에서 추를 사용해서 수맥을 찾을 수 없다고 했는데, 명당 역시 똑같아 다시 한 번 더 강조하기로 하자. 아무 생각 없이 추에 달린 줄을 잡고 있으면 돌아간다. 그러나 돌지 않는다고 생각하면서 잡고 있으면 회전하지 않는다. 그러한 추로 어떻게 명당·수맥을 찾을 수 있겠는가? 수맥·명당이 무엇인지도 모르고, 탐지할 수도 없는 자들의 행태에 불과하다. 수맥·명당 찾을 능력도 없는 자들이, 찾을 수 있다는 점을 시각적으로 보여주려는 농간이며 꼼수일 뿐이다.

혹 추보다 나침반을 더 정확한 것으로 믿기도 한다. 명당 찾는 필수 도구로 천년 이상 사용한 결과다. 그러나 앞에서 누차 언급했듯이 나침반을 사용하여 명당을 찾거나 묘의 방향을 정할 수 없다. 나침반이 명당에서 정상적으로 작동하지 않는다는 말도 이 책에서 처음 들었을 것이다. 필자가 처음 밝혀낸 사실이다.

추나 나침반으로 수맥·명당을 찾을 수 있다고 착각하듯이, 착각하는 것이 많다. 흔히 말하는 '장애우(障碍友)', '귀농인(歸農人)' 역시 그러한 용어다. '장애우'는 장애가 있는 벗이라는 뜻이다. 장애인에게 살갑고 친하게 하면서 더 많은 관심을 갖게 하자는 취지는 좋다. 그러나 자신이 장애인이라면 '장애우', 즉 '장애가 있는 친구'라고 할 수 없다. 3인칭으로는 가능하지만 1인칭으로 쓸 수 없어 어법에 맞지 않다. 1인칭, 3인칭 모두 쓸 수 있어야 한다.

'귀농인'이라는 용어는 더 가관이다. 그 본래 뜻은 '농사짓던 사람이 다른 일하다가 다시 돌아와 농사짓는 사람'이지만, 그렇게 쓰는 말이 아니다. TV에서 47세 농민의 성공사례를 소개하면서 '귀농 23년째'라는 자막이 나온다. 병역이 면제되어도 2~3년 도시생활 하다가 농촌에 내려와 계속 농사짓고 있는데 굳이 귀농 23년이라고 한다. 처음부터 농사꾼이 아니어서 시골 농사꾼과 질적으로 다르고 세상물정에도 밝다는 점을 강조한 것이다.

농사짓고 있으면 농민이며 직업에 귀천이 있는 것도 아니다. 도시인, 농민은 차별화하는 말이 아니지만, 도시인, 귀농인, 농민이라고 할 때는 차별화하려는 것이다. 귀농인은 농사꾼이 아니어야 할 사람이 농사꾼이 되었다는 말이다. 농사짓는 것을 스스로 폄하하면서 왜 농사짓고 있는지 모르겠다. 대통령을 했든 장관을 했든 현재 농사짓고 있으면 농민이다. 『중용』에 '군자는 현재 위치에 따라 행하고 그 밖의 것을 원하지 않는다'고 했다. 자신이 처한 상황에 맞게 처신해야 한다는 말이다. 같은 농민이면서 다른 농민과 차별화하면서 대우받으려고 해서야 되겠는가?

양로원에서 전직(前職) 운운하면 망신당한다. 귀농인이라고 해도 망신주어야 한다. 전에 했던 일 의식적으로 부각시키려는 덜떨어진 짓이다. 뒤떨어진 것 호도하려고 옛날 일 자랑하면 오히려 악수(惡手)가 된다. '한번 해병은 영원한 해병'이라는 자들도 얼마나 내세울 것이 없으면 군대까지 동원하겠는가? '귀농인'이라는 용어가 바로 그러한 부류다. 농사짓는 사람 모두 농민으로 칭해야 한다.

달력도 한번 생각해보자. 주일(週日)의 시작은 당연히 월요일이다. 태양력이나 기독교 운운할 일이 아니다. 미국 등 외국의 달력은 월요일부터 시작된다. 그러나 우리나라에서는 토요일, 일요일을 주말이라고 하면서 달력에는 일요일부터 시작된다. 그 원인을 따져보면 외래문화를 어떻게 수용했는지 많은 점을 생각할 수 있을 것이다.

무지보다 더 위험한 것이 의식 없는 처신이다. 우리나라처럼 의식 없는 언론인·관료·정치가들이 우글대는 나라도 많지 않다. 범죄 상황마저 버젓이 방영하여 모방범죄를 부추긴다. 사법부나 검찰 개혁을 주장하면서도 법조인 언급할 때 '사시 ○○기'를 반드시 표기하고 있다. 그러한 관행이야말로 국민보다 법조인 선후배의 위계질서를 우선한 것이다. 우리나라가 이 지경이 된 것도 그 사이비 엘리트 의식에 함몰된 권력지향적인 법조인, 언론인 등이 정치하기 때문이다. 그 뿐이겠는가? 판검사, 고위관료, 정치인 대부분이 우리가 낸 세금 축내면서 자신들의 영달만 추구하지 않았던가? 가만히 있어서는 절대 변하지 않는다. 개돼지 취급받을 것이 아니라 우리가 바꾸어야한다.

의식 있는 인사에게 정치를 맡기되 자주 교체해야 국민을 섬기게 된다. 보수주의자들도 진정한 보수주의자라면 보수의 정체성을 지키기 위해 끊임없이 개혁해야 한다. 국민 무시하면서 해서는 안 되는 일까지 서슴없이 하는 수구꼴통이 보수주의자가 아니다. 소크라테스 제자며, 아리스토텔레스의 스승인 플라톤의 "정치에 관여하지 않는 가장 큰 벌은 가장 저질스러운 인간들에게 지배당하는 것"이라는 말을 한 순간도 잊어서는 안 된다. 정치야말로 경제, 사회, 교육, 문화 등 모든 분야와 직접 연결되어 있다. 그래서 국민의 눈물을 닦아주는 것이 정치라고 했다.

우리나라가 세계 10위권의 경제규모를 이루었지만 34개 OECD 국가 중 자살률 1위, 행복지수 32위의 심각한 사회적 질병을 앓고 있다는 연구도 있다. 그 원인 중 하나는 양심도 의식도 없는 자들이 정치를 했기 때문이다. 그런데 그 양심도 의식도 없는 자들이 정치하게 했던 책임이 노인이나 수구주의자들에게 있는 것이 아니다. 불평만 하면서 투표해봤자 소용없다며 투표하지 않는 자들의 책임이 훨씬 더 크다.

가만히 있으면 바뀌지 않는다. 옛날과 달리 혁명이나 폭력으로 바뀌지 않는다. 집권자만 바뀔 뿐이다. 투표만이 세상을 변화시킨다. 투표를 통해서 정치인을 자주 바꾸어야 국민 섬기게 된다. 그래야 정치가 제대로 되고, 정치가 제대로 되어야 법이 바뀌고 제도개혁이 이루어져, 경제, 사회, 교육 등 모든 문제의 근원인 임금격차가 해소될 수 있다. 그렇게 되면 공무원이나 대기업 선호현상, 학벌중시 현상은 물론 취업난이나 사교육 문제 모두 한꺼번에 해결된다. 즉 최저임금을 상향 조정하여 모든 직업의 봉급에 큰 차이가 없어야 되고, 복지를 강화하여 노후생활에 불편이 없을 정도의 삶이 보장되어야 한다. 그렇지 않고서는 무한경쟁만 지속되어 삶의 질이 계속 떨어질 수밖에 없다. 그 때문에 올바른 투표권 행사야말로 그 중요성을 아무리 강조해도 지나치지 않다.

2. 나무나 풀을 보아도 명당 여부를 알 수 있다

땅에서 자라는 식물만 보아도 명당여부를 알 수 있다면 얼마나 좋겠는가? 그러나 불가능한 일이 아니다. 기존의 명당에 대한 인식을 송두리째 지워버려야 가능하다. 이 말을 자주 할 수밖에 없는 것은 풍수설로 인한 선입관이 너무 강하기 때문이다. 즉 유명 풍수가만이 명당을 찾을 수 있다거나, 명당의 수가 극히 적다는 생각에 사로잡혀 있다. 그러나 절대 그렇지 않다. 아무데나 흔전만전한데다 누구나 찾을 수 있다.

생각을 바꾸어야 한다. 사상의 자유가 강물처럼 유연한 사회가 진정 민주주의사회다. 민주주의를 만끽하려면 자유분방하고 유연하게 생각해야 한다. 명당 역시 산 기운이 흐르다가 뭉친다던가, 앞뒤 산이 어떻고, 냇물이 어떻게 흘러야 한다는 등의 쓸데없는 선입관을 버리고 유연하게 생각해야 한다. 멀리 보이는 산이나 주위의 지형지세 살필 것이 아니라, 눈앞에 있는 풀이나 나무 보고 명당 여부를 판별해야 한다.

명당에서는 싸리나무 등이 자란다

명당의 반대 개념이 수맥이다. 따라서 수맥에서 자라는 고사리, 난, 토끼풀 등이 없어야 한다. 혹자는 잔디로써 수맥 여부를 알 수 있다고 하지만, 잔디는 쑥이나 아카시아와 섞이면 없어져버려 그 구별이 불가능하다. 게다가 잔디는 관리만 잘하면 수맥에서도 잘 자란다. 또 대부분 죽어버린 겨울철에 새파란 식물이 자라고 있다면 수맥 있는 곳이다. 그런데 그들 식물은 거의 다 지표면에 붙어있거나 연약한 풀이다.

그러나 능선이 험할수록 아름답듯이, 좋은 곳이어서 그러한지 명당에서 자라는 식물은 대부분 억세다. 그 대표적인 것이 띠 즉 띠풀이다. 띠풀이 무엇인지 모르겠다면, 늦가을이나 초겨울 공원 잔디밭에 유달리 붉은색을 띠며 잔디보다 키가 크고 잎이 넓은 풀이라고 하면 쉽게 알 수 있을 것이다. 공원 잔디밭에서 그 많은 띠풀을 볼 수 있듯이, 명당은 우리가 생각하는 것보다 훨씬 더 많다는 점도 확인할 수 있다. 전원주택 지으려는 분들이 활용하면 좋을 것이다.

그 띠풀이 잔디밭에 동그랗게 군락을 이루고 있다면 틀림없이 명당이다. 그 군락의 크기가 작다면 작은 명당이고 크다면 큰 명당이다. 물론 잔디풀이 없는 야산 등에 널리 자라고 있다면 그 띠풀 사이사이로 수맥이 흐르기도 한다. 그러므로 그러한 곳에서는 주변과 달리 유달리 더부룩하게 군락을 이루어야 하기 때문에 주의가 필요한 것도 사실이다.

엉겅퀴가 군락을 이루고 있는 곳도 마찬가지다. 또 넝쿨처럼 뻗는 산딸기나무가 있는데, 그 산딸기나무가 더부룩하게 군락을 형성한 곳도 명당이다.

싸리나무가 자라는 곳도 명당이다. 싸리비로 마당 쓸었던 추억이 있을 것이다. 남부지방에서는 대나무가지를 엮어 만들기도 했지만 주로 싸리비나무로 만들어, 마당 청소하는 도구를 싸리비라고 했다. 그 싸리비나무가 자라는 곳은 예외 없이 명당이다. 싸리나무가 한두 줄기 자라고 있다면 조그만 명당이고, 군락을 이루었다면 그 군락의 크기만큼 큰 명당이다.

나무꾼이 풍수가보다 명당을 더 잘 찾는다

나무꾼이 풍수가들보다 명당을 더 잘 찾는다는 전언이 있다. 1970년대까지도 농촌에서는 아궁이에 불을 땠으므로 산에서 땔나무를 해야 했다. 그런데 집에까지 그 무거운 나뭇짐을 지고 오면서 쉬었던 곳이 바로 명당이다. 나무꾼들은 어느 곳에서 쉬어야 편안한지 잘 알고 있었다. 사실은 온 산을 꿰뚫었던 나무꾼과 허구며 사기에 불과한 풍수설에 의존하는 풍수가를 비교하는 것 자체가 잘못이다.

아무튼 수맥·명당의 지표식물(指標植物)이 수없이 많다. 앞에서 열거한 것 외에도 쉽게 찾을 수 있는 것이 많다. 그러한 식물을 모두 열거해야겠지만 그렇게 할 수가 없다. 명당 찾으려는 사람들로 인해 그들 식물이 멸종될 수도 있다. 더 우려스러운 것은 그러한 식물을 이용한 부동산 투기꾼도 있을 수 있다. 때문에 많은 지표식물을 열거하고 싶어도 그렇게 할 수 없는데다 자세히 설명할 수도 없다.

개나 꿩은 물론 개미집 있는 곳도 명당이다

앞에서도 언급했지만 두 아파트 중 한 아파트에 있을 정도로 명당이 많아, 건물이든 산이든 평야든 아무데나 흔전만전하여 일반인도 쉽게 찾을 수 있다. 또 방이나 거실에서 흔히 잠자는 곳이 있다. 자신도 모르게 졸다가 잠자는 곳은 대부분 명당이다. 즉 자주 낮잠을 자는 곳이나 앉으면 졸리는 곳이 있다면, 그 대부분이 명당이라고 생각해도 된다.

'오뉴월 개 팔자가 상팔자'라는 속담이 있다. 뙤약볕에서 일하러 가는 주인과 달리 시원한 곳에서 늘어지게 잠자고 있는 개를 부러워하는 말이다. 지금은 모내기가 빨라졌지만 옛날에는 6월하지(夏至)까지 모내기했다. 보리수확과 모내기로 눈코 뜰 새 없이 바쁜 농번기 늘어지게 잠자고 있는 개는, 마루 밑이나 토방 부엌 울타리 등 일정한 곳에서만 잠을 잔다. 그런데 그러한 곳 모두 명당이다. 개야말로 명당을 알려주는 지표동물이다. 개가 명당의 지표동물이라거나, 개가 앉아있거나 잠자는 곳이 명당이라는 점도 필자가 처음 밝혀낸 사실이다.

그렇다고 개 키우라는 말은 아니다. 강아지 키우는 집에서 며칠 빌려서 이용하면 된다. 강아지가 잠자는 곳을 유심히 관찰하여, 잠자리나 자녀의 책상을 옮기면 된다. 다만 강아지가 방에서 잔다고 해서 방 전체가 명당은 아니다. 개의 크기에 불과한 좁은 공간일 수 있어, 잘 활용해야 명당의 효과를 볼 수 있다.

비둘기, 꿩 등 수많은 조류(鳥類)도 명당을 좋아한다. 주위 깊게 관찰한 분이라면 아파트 베란다 난간에 날아온 비둘기도 똥 싸는 곳이 항상 일정하다는 점을 확인할 수 있다. 꿩도 마찬가지다. 등산이나 성묘 길 옆에서 꿩이 날아가기도 하는데, 그 꿩이 있었던 곳도 명당이다. 각종 조류가 알을 낳는 곳이나 각종 동물이 살고 있는 토굴도 명당이다. 심지어 숲이 우거져 햇볕이 전혀 들지 않는 계곡에 새털·새똥이 많은 곳도 명당이다. 고양이와 달리 대부분 동물은 명당을 좋아하기 때문이다.

개미집도 명당이다. 흔히 개미집은 수맥이 있다고 한다. 기존의 모든 책에서 그렇게 말하고 있다. 묘에 개미집이 있으면 좋지 않을 것이라고 생각해서 그렇게 말하겠지만, 개미집은 분명 명당이다. 요즈음 큰 개미는 보기도 힘들지만 그 크기와 관계없이 개미집 있는 곳은 건물이든 묘든 모두 명당이다. 이처럼 각종 조류가 사는 곳이나 개미집이 명당이라는 말도 처음 들었을 것이다. 필자가 처음 밝혀낸 사실이다.

우리 한국인은 잘 잊어버리고 쉽게 단정하는 성향이 있는 것 같다. 그러한 점이 건강에 좋을 수 있다. 그래서 우리나라 국민소득과 비슷한 나라보다 의료비 지출이 적은지도 모르겠다. 열심히 하다가도 안 되면 인생이 별것이냐며 쉽게 단정하고 포기하며 잊어버린다. 포기의 원리가 작용한 허무주의라고 할 수도 있다. 지난 일은 쉽게 잊고, 잘못도 인정하지 않으면서 어떻게든 변명하면서 합리화한다. 도움이 되거나 필요한 것은 인정하지 않으면서 쓸데없는 것은 오히려 더 잘 믿고 단정해버린다. 그처럼 개미집 있는 곳도 나쁘다고 단정한 것에 불과하다.

우물자리를 명당으로 착각하기도 한다

자주 언급했듯이, 명당과 우물자리는 분명 차이가 있다. 명당은 엘로드 반응이 좌우측 양방향 모두 평형으로 원처럼 둥글게 돌아가는 곳이며 수맥이 없다. 그러나 우물자리는 한쪽 방향만 평형이고 그 반대 방향으로 가면 반드시 교차하며, 수맥이 사방에서 모인 곳이다. 그러한 곳에서 1시간 정도만 누워있어도 그 영향을 확연히 구별할 수 있다. 명당에서는 상쾌하지만, 수맥이 모인 우물자리에서는 어지러워 일어나기도 힘들다. 그렇게 현격하지만 착각하는 일이 많다. 사실은 착각한 것이 아니라 명당과 수맥이 무엇인지도 알지 못한 결과다.

서울 효창공원에 있는 김구(1876~1949) 선생의 묘를 예로 들어 설명하기로 하자. "나 김구의 소원은 이것 하나밖에 없다. 내 칠십 평생 이 소원 위해 살아 왔고, 현재에도 이 소원 때문에 살고 있으며, 미래에도 이 소원 이루려고 살 것이다. 칠십 평생 독립 없는 나라의 백성으로 서러움 부끄러움과 애타는 마음을 가졌던 나에게, 세상에서 가장 좋은 것은 완전하게 자주 독립한 나라의 백성으로 살다가 죽는 일이다. 일찍이 우리 독립정부의 문지기가 되기 원했는데, 우리나라가 독립국만 되면 가장 미천한 자가 되어도 좋다는 뜻이다"고 했다. 독립운동가의 전형이요, 민족 영웅의 면모를 엿볼 수 있는 가슴 절절한 구절이다.

김구는 해주에서 동학 접주(接主)로 동학혁명을 지휘하다가 일본군에게 쫓겨 만주로 피신한 후 김이언의 의병단에 참여했다. 그 후 귀국하여 명성황후의 원수를 갚으려고 일본군 중위 쓰찌다를 살해하여 사형이 확정되었지만 고종의 특사령으로 감형되었다. 그러나 복역 중 탈출하여 승려가 되었다. 그 후 안악·양산학교 교사로 있다가, 신민회(新民會) 참여로 종신형이 선고되었으나 또다시 탈출했다. 3·1운동 후에는 만주로 다시 망명하여 상해임시정부에서 이봉창, 윤봉길 등의 의거를 지휘했다. 광복군을 지휘하며 일본군에 선전포고를 하기도 했다. 해방 후 임시정부 주석으로 귀국했지만, 밀명을 받은 육군 소위 안두희에 의해 암살당한 비운의 독립운동가, 정치가였다.

그 김구 선생의 묘는 수맥이 모인 아주 나쁜 곳이다. 그러나 김구의 아들 김신은 공군참모총장, 혁명정부 최고회의 최고위원, 주 중국대사, 국회의원, 장관 등 온갖 부귀영화를 누렸다. 민족의 독립을 위해 노심초사했던 부친과 달리 그 아들은 군사정권에 적극 참여하여 온갖 영달을 누렸다. 그렇듯이 김구 선생의 묘야말로 후손의 발복이나 피해와 전혀 관련 없다는 것을 입증한 대표적인 사례다.

김구 선생의 묘처럼 우물자리에 있는 왕릉도 있다. 경주에 있는 신라시대 원성왕(재위 785~798)릉이 대표적이다. 그 능에 있는 아랍인 석상

(石像)으로도 유명한데, 그 석상이야말로 신라시대 아랍인과 교류가 활발했다는 증거라고 한다. 그곳은 원래 샘물이 솟는 연못이었는데, 원성왕의 유해를 화장한 후 유골을 모아 나무에 걸어 놓았다고 해서 '걸어 놓은 능'이라는 의미의 괘릉(掛陵)이라고도 했다.

고사리로 뒤덮인 묘 역시 수맥이 모인 곳이다. 경기도 안성시 원곡면에 있는 최만리(崔萬理: ?~1445)와 그 부친 최하(崔荷) 묘가 그렇다. 그 최만리를 훈민정음 창제를 반대한 대표적인 인사라고 한다. 그가 언론의 책임자격인 부제학으로 관료들의 의견을 대변한 것이었지만, 유독 폄하된 이유가 있다. 20세기 초 국어학자 김윤경이 '한글창제 반대한 저능아'라고 지칭하면서 대표적인 반대자로 낙인찍혔던 결과다.

세종대왕은 한글을 만들면서 관료들의 반대를 염려했다. 관료들이 반대했던 가장 큰 이유는 천주교 사제들이 성경의 이탈리아어 번역을 반대했던 것과 같다. 쉬운 문자로 번역되면 성경을 아무나 읽을 수 있어 사제들과 무식한 일반 대중의 차별이 불가능했다. 마찬가지로 그 쉬운 훈민정음을 쓰면 일반백성과 차별화가 불가능하기 때문에 관료들이 반대했다. 그래서 세종이 문종, 수양대군(세조), 정의공주 등과 함께 비밀리에 만들었지만, 신숙주 등 집현전 학사들이 만든 것으로 오해되었다. 세종은 훈민정음 창제하면서 집현전 학사를 배제했다. 신숙주 역시 한글창제 기간 사신으로 일본에 갔고, 중국의 음운학자 황찬을 13번이나 찾아갔던 일도 훈민정음 반포 이후였다.

언문(諺文) 역시 우리말을 비하하는 것으로 오해하고 있다. 훈민정음 보급하려고 만든 관청이 언문청(諺文廳)이었다는 사실만 알아도 그렇게 오해하지 않을 것이다. 언문이 우리말을 비하한 것으로 오해한 이유는 20세기 초 국어학자들의 논리에 세뇌된 결과다. 그렇다고 언문으로 환원하자는 것이 아니다. 옛날에는 숙직(宿直)이 아니라 직숙(直宿)이라고 했다. 그처럼 한번 변하면 되돌릴 수도 없지만 굳이 되돌릴 필요도 없다.

한글은 제작자 제작원리가 밝혀진 문자다. 언어학에서 세계 최고라는 옥스퍼드대학의 연구결과에 의해 한글의 우수성은 잘 알려져 있다. 지구상의 100여 문자 중 합리성, 과학성, 독창성, 실용성 등에서 가장 높은 평가를 받았다. 그렇게 뛰어난 문자이지만 그 많은 간판에서 확인할 수 있듯이 우리나라에서 가장 천대받는 문자가 한글이다. 외국에 간 대통령이 우리말로 해야 할 상황에서 굳이 외국어로 어설프게 연설해도, 의식 없는 처신이라고 비난하기는커녕 오히려 홍보하고 있는 실정이다.

의식 없는 사대주의 풍조야말로 고질적인 병통이다. 국가관계든 대인관계든 대우할수록 무시당하기 마련이다. 그 사대주의 병통은 신라 김유신으로부터 시작되었겠지만, 심화된 것은 조선 성리학자들에게 원인이 있다. 공자, 맹자, 주자 등 중국인이 떠들어 댄 기준을 떠받들고 그 기준대로 사는 것이 최선이라고 생각했던 못난이들이었다.

자기나라 자기민족을 업신여기고 깔보면서 병신 짓 하지 않았던가? 그것도 모자라 해방 후 미국 사대주의가 조선시대보다 더 심해졌지만, 극복할 기미는 보이지 않고 더 심화시키려는 온갖 방법이 동원되고 있는 실정이다.

아무튼 명당이라 칭하지만, 실제로는 수맥 모이는 곳을 더 언급하면 원균(1540~1597)의 묘도 그러하다. 임진란의 공과(功過)를 언급하면서 이순신과 대칭적으로 회자되는 인물인 원균은 칠천량 해전에서 대패했다. 대패에 그치지 않고 휘하부대까지 버리고 도망가다 죽임을 당했지만, 혁혁한 공을 세운 이순신, 권율과 같이 선무공신(宣武功臣) 1등에 책봉되었다. 백성을 버리고 의주로 피난 갔던 선조에 대한 비난을 희석시키려고, 원균을 1등 공신에 책봉할 수밖에 없는 저간의 사정도 있었을 것이다. 어쨌든 경기도 평택시에 있는 원균의 묘는 정확히 수맥밭 즉 우물자리에 있다.

유명 명당이라면서 풍수가들이 자주 답사하는 곳도 마찬가지다. 청백리로 유명한 전북 완주군 봉동읍에 있는 송영구(1556~1620) 묘도 수맥이 많다. 필자 경험으로는 조선 8대 명당을 비롯하여, 왕이나 유명 인사의 묘일수록 수맥 모인 곳이 많다. 아니 거의 전부라고 해도 과언이 아니다.

제6장
이희환의 3가지 건강법

1. 명당을 활용해라
2. 체질에 맞는 음식을 먹어라
3. 온몸을 밟아줘라

1. 명당을 활용해라

세계보건기구에서 '건강은 신체적 정신적 사회적으로 만족한 상태'라고 정의했다. 그 건강을 위해서는 각자 나름대로의 방법이 있어 장수비결도 다양하기 이를 데 없다. 그처럼 다양하지만 필자는 ① 주택(잠자리 및 생활공간이 편해야 함), ② 음식(자신의 체질에 맞는 음식), ③ 일상적인 일(날마다 하는 일이 있어야 함), ④ 적당한 운동과 올바른 자세, ⑤ 스트레스를 받지 않아야 한다 등의 순서로 중시하고 있다. 때문에 하루 종일 생활하는 주택과 사무실을 가장 중시하고 있다.

이사 후 건강이 좋아졌다거나 나빠졌다는 사람이 많다. 건강이 더 좋아졌다는 점은 명당을 통해서, 나빠진 점에 대해서는 수맥을 통해서 자세히 살펴보았다. 그러나 다시 한 번 명당에 대해서 강조하기로 하자.

명당에서 생활하면 특별한 요인이 없는 한 남녀노소 건강할 수 있다.

수맥만 차단해도 좋지만 명당에서 생활하면 더 건강할 수밖에 없다. 건강한 사람과 허약한 사람의 에너지장이 다르다. 건강한 사람에게서 나오는 에너지는 강하다. 건강한 사람은 면역계통이 살아 있어 백혈구 활동이 활발하여 에너지장이 높게 나타난다고 한다.

자기장의 영향으로 체력이 저절로 강화되어 웬만한 스트레스도 이겨낼 수 있다. 스트레스로 인한 유해독소도 빨리 제거할 수 있다. 명당이 병을 예방할 수 있는 면역력을 활성화하여 저항력을 길러주기 때문이다.

교수 한 분이 이사 후 건강이 몰라보게 좋아졌다고 했다. 그분이 그전 어떤 집에서 살았는지 알 수 없지만, 지금 살고 있는 안방에 명당이 있었다. 그분처럼 명당에서 생활하여 더 건강해진 사례는 열거할 필요가 없을 정도로 흔한 일이다.

필자는 명당 유무를 확인하기 위해 남의 집에 간 적이 거의 없다. 아픈 분이 많아 수맥차단하기도 버거운데 건강한 분의 집에 가서 명당 운운할 일이 없다. 그러나 수맥을 차단하다보면 명당이 의외로 많다. 한 아파트 같은 라인에 암환자가 많았지만, 그 아파트에도 애들 방에는 명당이 있었다. 그 방에서 생활한 자녀는 당연히 건강하고 공부도 잘했다. 그래서 방마다 다르다는 것이다. 때문에 자녀 모두 좋다는 대학에 다녀도 부모가 병이 잦거나 중병에 걸려 일찍 사망했다면, 자녀 방과 달리 부모 방에는 수맥이 많았던 결과다.

그처럼 방마다 각기 다르지만, 질병으로 고생하는 분들은 방을 바꾸어가며 생활한 적이 없었다. 방을 바꾸어가며 생활했다면 중병이 걸릴 확률도 현저하게 줄어든다. 그렇지만 경제적 풍요로 방 하나씩 차지하면서 살았다. 낮잠 잘 때 한두 번만 다른 방에서 잤어도 느낌이 달랐을 것이다. 그래서 방도 바꾸어보고, 같은 방에서도 이리저리 잠자리를 옮겨보라고 권하고 있다. 같은 방에서도 잠자리에 따라 전혀 다를 수 있다는 것이다.

수맥 없는 평범한 방에서 명당 있는 곳으로 옮겨도 그 차이가 확연하여 아무리 부정하고 싶어도 부정할 수 없다. 치료보다 더 중요한 것이 예방이다. 훌륭한 의사만이 질병을 예방할 수 있어, 예방할 수 있는 의사를 명의(名醫)라고 한다. 명당이 바로 질병을 예방할 수 있어 그 명의에 견줄 수 있다. 더욱이 명당에서 몇 개월만 생활해 본 적이 있어도 수맥을 피할 수 있다. 몸 상태가 명당에서 살았던 때와 다르면 자신도 모르게 그곳을 피하기 때문이다.

앞에서도 언급했지만 필자는 수맥이나 명당에 대하여 배운 적이 없다. 필자 혼자서 몸으로 직접 검증하여 그 결과를 확신한 후, 주위의 가까운 친지 집의 수맥을 차단해주고 명당을 활용하게 했다. 그리하여 많은 분들의 몸 상태가 좋아진 것을 확인할 수 있었다. 즉 커다란 수맥을 차단하면 몸 상태가 단 하루, 아니 몇 시간 만에도 믿을 수 없을 만큼 확연히 차이가 있었다. 그러자 수맥을 부정하던 분들도 더 이상 부정하지 못하고 고마워했다. 그 많은 사례에서 수맥·명당의 영향을 확신하여 2006년 이후 틈만 있으면 수맥차단과 명당활용을 역설하고 있다. 이 책 역시 그러한 경험을 정리한 것이다.

2. 체질에 맞는 음식을 먹어라

 음식에 대하여 서술하기로 하자. 명당에서 생활하는데도 건강하지 않다면 그 원인은 음식에 있다. 자신에게 맞지 않은 음식을 먹고 있다는 것이다. 자신의 체질에 맞지 않은 음식 먹고 건강할 수 없다. 때문에 건강하려면 손이 먼저 가는 음식을 먹어야 한다. 즉 숟가락, 젓가락이 먼저 가는 음식이 자신의 체질에 맞는 것이라고 생각해도 무방하다.
 수맥·명당은 체질과 관련이 없지만, 식품은 체질과 밀접한 관계가 있다. 같은 식품도 체질에 따라 이롭거나 해로울 수 있다. 해로운 것은 아무리 귀하고 비싼 것이라도 삼가야 한다. 조선시대의 정조(1752~1800)도 인삼 때문에 급서했다. 정조가 독살되었다는 설도 있지만, 독살이 아니라 체질에 맞지 않은 인삼을 과다하게 복용한 후 갑자기 사망한 것이다. 또 게(蟹, crab)를 많이 먹어 건강을 해친 사람이 의외로

많다. 소음·태음인에게 해롭기 때문에 그러한 것이다.

건강을 해치게 하는 의사나 영양학자도 많다. 칼로리만 따지거나 체질에 관계없이 식품을 추천하기 때문이다. 또 신문이나 TV에서 아무리 좋다고 해도 해로울 수 있다. 그러므로 며칠 먹었는데, 어쩐지 먹고 싶지 않거나 몸이 좋지 않다고 느끼면 과감히 버려야 한다.

지금도 반복되는 이제마의 사상체질론

우리나라가 경제성장에 걸맞지 않게 힘에 의해 지배되면서 정의가 실종되자, 남의 말을 경청하기보다 어떻게든 한마디라도 더 말하는 경향이 심해졌다. 말 많이 하고 자기주장을 고집해야 무시당하지 않는다고 생각하면서 '아니면 말고' 식이다. 자신의 체질에 대해서도 마찬가지다. 나름대로 어떻다고 단정하지만, 정확히 아는 사람은 거의 없다.

그 때문에 체질에 대해서 잠시 언급해야겠다. 흔히 말하는 체질은 조선후기 이제마(李濟馬, 1837~1900)가 주장한 사상체질에 기초한 것이다. 그가 저술한 『동의수세보원(東醫壽世保元)』에서 체질 중심으로 모든 질병을 파악했다. 체격 행동습관 얼굴 생김새나 성격 등을 종합해서 분류한 체질에 따라 발병 원인과 약물 반응도 다르다는 이론이다.

사상체질론에 의하면 소음인의 특징은 작은 체격, 약한 상체와 튼튼한 하체, 얇은 입술, 굵은 다리, 작은 키, 둥근 얼굴, 희고 부드러운 피부라고 한다. 성격이 온순하여 조용하며, 내성적 소극적 이기적이라고 한다. 그 외 태음·소양·태양인의 체격과 성격에 대해서도 그 특징을 다양하게 열거했다.

그 체질론은 100여 년이 지났지만 여전히 신봉하고 있다. 그러나 체격과 성격에 의한 이제마의 체질론은 매우 부정확한 이론이다. 예컨대 아버지는 태양인이고 어머니는 소음인이 있었다. 그 아들은 얼굴이나 체격 성격, 행동거지나 목소리, 심지어 뒤태까지 아버지를 닮았다. 그러나 아들의 체질은 어머니와 같은 소음인이었다. 이처럼 체격이나 성격이 같아도 체질이 다른 예는 매우 흔한 일이다.

체격과 성격으로 체질을 구분하는 것은 혈액형으로 성격을 단정하는 것과 마찬가지로 전혀 의미가 없다. 즉 사상의학의 가설자체가 틀렸다는 말이다. 그런데도 여전히 표준 얼굴형을 제시하거나 얼굴 모양과 체격에 따라 체질을 분류하기도 하는 등 갈수록 가관이다.

그 구분이 의미 없다는 것을 확신시키려면 소음인, 태음인, 소양인, 태양인 등으로 칭하지 않고, 가형, 나형, 다형, 라형 혹은 A형, B형, C형, D형으로 칭해도 좋다. 그렇게 칭하면 성격이나 체격이 체질과 관계없음을 오히려 더 쉽게 이해할 것이다.

혹자는 오링테스트(O-Ring Test)로 체질을 구분하기도 한다. 즉 왼손에 식품을 들고, 오른손 엄지와 검지 즉 첫째 둘째손가락을 O 모양으로 한다. 그 상태에서 검사자가 피검자에게 힘을 가해 O 모양의 손가락이 떨어지면 그 식품이 해롭고, 떨어지지 않으면 유익하다고 한다. 그러나 그 방법이 피검자와 검사사의 힘의 강도에 따라 달라질 수 있어 권장할 수 있는 방법은 아니다. 필자 경험으로는 35~40kg 정도의 초등학교 여학생과 성인남자가 오링테스트로 측정한다면 비교적 정확하게 구별할 수 있다. 물론 유익한 것은 단 하나도 떨어지지 않아야 하고, 해로운 것은 반드시 떨어질 때만 가능하다. 중요한 것은 일정한 힘의 강도와 그 반응에 예외가 없어야 한다.

필자는 한의사들이 체질을 어떻게 구분하는지 알아보려고 어느 한의과대학 종합병원의 사상체질과에 갔는데, 몇 쪽의 설문지에 답하라고 한 후 그 결과로 체질을 판정했다. 즉 필자의 체질은 소양인 D값:31 T값:42, 소음인 D값:31 T값:44, 태양인 D값:2 T값:43, 태음인 D값:33 T값:45이라면서, 태음인이라고 했다. 그러면서 체질이 변할 수도 있다고 했다.

신뢰할 수 없었다. 우선 설문지에 애매한 문항이 많아 비합리적이었다. 예컨대 '좋아하는 색'이라는 문항이 있었는데, 좋아하는 색이 없어도 어느 하나에 O표를 해야 했다. 백번 양보하여 설문지 문항 수준은 논외로 하더라도, 통계에 의존해서는 안 된다. 더욱이 그 D값 T값의 차이가 겨우 3~5에 불과한데 그 작은 차이로 체질을 구분했다. 미국 아폴로 13호의 실패확률이 0.0001%였으나 실패했다. 더욱이 건강과 직결되는 그 중요한 체질을 통계에 의해 구분해서는 안 된다. 통계에 의한 구분은 맞을 수도 있지만, 틀릴 수도 있기 때문이다. 그런데도 사회학이나 경제학에서 참고하기 위해 적용하는 통계학을 인체에 적용한다면, 환자들의 건강을 해칠 뿐만 아니라 한의학의 쇠퇴를 촉진할 뿐이다.

부모의 체질은 자녀가 닮고 변하지 않는다

필자가 30여 가족을 비롯하여 약 400여 명의 체질을 판별했지만, 부모와 다른 자녀는 단 한 명도 없었다. 흔히 몸 상태가 좋아지면 체질이 변했다고 생각하지만, 절대 그렇지 않다. 돌연변이가 있지 않는 한 변하지 않는다. 그런데 그 병원에서는 체질이 변할 수 있다면서 태음인에 맞는 20여개 식품이 적힌 유인물을 주었다. 신뢰할 수 없었다.

체질구분은 1990년대 방송에도 소개되었는데, 의대 교수였던 이명복의 주장이 비교적 정확하다(이명복, 『체질을 알면 건강이 보인다』, 1993). 오이, 무, 당근, 감자를 이용하여 완력(腕力), 즉 팔의 힘에 의해 4체질로 구별한 것이다. 그 4체질에 2가지 술(Vip, Passport)을 이용하여 8체질로 구분했다. 사상체질 이론을 한 단계 발전시킨 위대한 업적이었다.

그렇긴 하지만 그 역시 문제가 있어, 성격이나 체격으로 체질을 구분하기도 했다. 또 운동기구인 바벨(barbell)을 이용하여 체질을 구분하였다. 그러나 무거운 바벨로 구분하다보면 팔의 힘이 떨어져 그 결과가 달라질 수도 있다. 필자의 동생도 내 말을 믿지 않아 그 병원에 보냈는데, 예약 6개월 후에야 진찰받았다고 했다. 그런데 그 결과가 필자의 판별과 달랐다. 즉 부모와 다른 체질이 있을 수 없는데 부모와 달랐다.

더구나 태음인 판별의 부정확성이다. 이에 대해서는 상론하지 않겠지만, 당근이 태음인 판별의 지표가 될 수는 없다. 또 하얀 가운(gown)을 입히고 판별했는데, 그렇게 할 필요가 없지만 더 신뢰할 수 있게 하려는 영업 방침인지 알 수가 없다. 현미 역시 매우 강조했는데, 소양인에게 해롭다는 것을 알지 못한 것인지 의문스럽다. 이러한 약점도 있지만, 체질이론을 한 단계 발전시킨 업적은 아무리 강조해도 지나치지 않다.

머리카락을 이용한 체질판별법

필자는 체질을 알기 위해 유명하다는 한의원을 수없이 찾아다녔지만 각기 달리 말하였고, 심지어 사주(四柱)로 체질을 구분하기도 했다. 때문에 어떻게 해야 정확하게 구별할 수 있을지 노심초사하다가 앞의 이명복의 방법을 개선하여, 1993년부터 건강이 좋지 않는 분들에게 4체질로 구분하여 주고 있다. 흔히 체질은 8가지라고 하지만 우리가 섭취하는 식재료는 4체질로 구분해야 한다. 각종 주류(酒類) 외에는 8체질로 구분하는 것이 의미가 없어, 필자는 4체질로 구분하였다.

그런데 찾아오는 분들이 많아 시간 절약하면서 더욱 신뢰할 수 있는 방법이 없을까 고민했다. 그 결과 찾아낸 것이 머리카락, 손톱, 발톱을 이용한 체질 구분이었다. 그리하여 1998년 이후 그 방법을 활용하자 더 신뢰하게 되었다. 그 머리카락으로 체질을 구분하는 방법은 필자가 처음 시도했지만, 필자 외에 이 방법을 활용하는 분이 있는지는 모르겠다. 이에 대해서는 뒤의 '체질은 어떻게 알 수 있는가'에서 다시 서술할 것이다.

어쨌든 우리나라 사람은 소음인, 소양인이 많다. 필자가 어느 집단 전체를 조사한 것이 아니지만, 400여 명의 체질을 구분해 준 경험이 있다. 그 결과에 의하면 소음인 38%, 소양인 40%, 태음인 19%, 태양인 3%였다. 이 통계가 어느 지역이나 집단 전체를 조사한 것이 아닌데다, 400여 명의 통계만으로 일반화할 수도 없다. 그렇더라도 많은 한의사들이 소양·태음인을 구별하지 못하고 우리나라 사람 대부분이 태음인이라고 하지만, 절대 그렇지 않다고 이해하면 된다. 즉 태음인은 소음·소양인의 1/2에 불과하다.

체질에 따라 유익한 식품과 해로운 식품이 다르다. 부부가 같은 음식을 먹지만, 자신에게 해로운 것이라면 삼가야 한다. 수맥도 없는데 부인 건강이 좋지 않다면 남편 중심의 식단이었을 것이다. 반대로 남편 건강이 좋지 않다면 부인 중심의 식단이었다고 생각하면 된다. '음식으로 못 낫는 병은 약으로도 고칠 수 없다'는 히포크라테스의 말도 음식이 약이라는 것이다. 그처럼 먹는 음식이 건강을 좌우한다.

필자는 차후 약용, 식용의 동식물이나 해산물을 체질별로 분류하는 사전 편찬을 기획하고 있다. 그 작업이 완료될 때 상론하려고 한다. 다만 이 책에서는 식품, 건강식품, 약재 중 체질에 따라 유익하고 해로운 점에 대해서만 언급할 것이다.

우선 체질별로 해로운 식품과 유익한 식품을 분류하면 다음과 같다. 400여 식품이나 약재를 검증하여 체질별로 분류했는데, 해로운 것이 100여개, 유익한 것이 300여 개나 된다. 이러한 분류는 다른 어느 책보다 그 수도 많겠지만, 더 중요한 것은 필자가 그들 식품을 하나도 빠

짐없이 일일이 검증했다는 점이다. 20년 이상 체질에 관심이 많았는데 그 결과물이라고 할 수 있다. 그런데 그 해로운 식품이나 약재는 유익한 것의 1/4에 불과하지만, 우리가 흔히 먹는 식품에 해로운 것이 의외로 많다는 사실에 특히 유념해야 한다.

◎ 소음인의 유익한 식품

◆ 강낭콩, 귀리, 기장, 대마씨, 돈부, 렌틸콩, 메주콩, 병아리콩, 수수, 쌀, 약콩(쥐눈이콩), 옥수수, 완두콩, 참깨(참기름), 찹쌀, 치아씨드, 카무트, 퀴노아, 통 밀가루, 현미, 호밀, 흑미(홍미 포함)

◆ 가지, 감자(자주색 감자), 갓, 고구마(자주색 고구마), 고수, 곤달비, 곤드레, 공심채, 근대, 냉이, 달래, 당근, 당조고추, 돗나물, 두릅, 딸기, 라디치오, 레드, 로즈, 마(마씨, 천마), 마늘, 망초, 머우, 멜라초, 무, 방아, 방풍, 백년초, 버섯(느타리, 능이, 목이, 상황, 새송이, 송이, 양송이, 차가, 팽이, 표고), 부지갱이, 부추, 브로콜리, 비듬나물, 비타민, 비트, 삼채, 생강, 세발나물, 시금치(포항초, 섬초), 쑥, 쑥갓, 씀바귀, 아스파라거스, 아욱, 아이스플랜트, 야콘, 양배추(방울양배추), 양파, 어수리, 연근, 오이고추, 우엉, 유채, 적채, 적치커리, 적코스, 죽순, 참나물, 청경채, 취나물, 콜라비, 콩나물, 토마토, 파, 파프리카, 푸른 상추(담배상추, 로메인상추, 재래종), 피망, 호박

◆ 가물치, 가오리, 가자미, 개고기, 갯장어(하모), 게불, 곰피, 광어,

김, 까나리, 꼬시래기, 꼬지, 꽁치, 꿩, 농어, 능성어, 다시마, 닭(계란), 대구, 도다리, 도루묵, 등퍼리, 말고기, 매생이, 멍게, 메기, 메로, 메추라기(메추리알), 멸치, 명태(노가리, 북어, 코다리, 황태), 문어, 미꾸라지, 미역, 민어, 박대, 뱅어, 병어, 붕어, 붕장어(아나고), 빙어, 빠가, 삼치, 상어, 송어, 쇠고기, 숭어, 쏘가리, 아구, 아지, 양, 양미리, 연어, 염소, 오리(청둥오리), 임연수, 잉어, 장어, 조기(굴비, 황석어), 전어, 준치, 청각, 청어, 칠면조, 토끼, 톳, 파래, 함초, 해삼, 향어, 홍어, 홍합

◆ 귤, 노니, 다래(참다래, 키위), 대추, 도토리(상수리), 라임, 리치, 매실, 머루, 머루포도, 무화과, 바나나, 복숭아, 블루베리, 사과, 살구, 석류, 아몬드, 아보카도, 아로니아(블랙초크베리), 오디, 오렌지, 용과, 유자, 자두, 자몽, 체리, 칼라만시, 캐슈넛, 탱자, 파파야, 피스타치오, 호두

◆ 간장, 감초, 강황(울금), 겨우살이, 고로쇠, 고추장, 곰보배추, 구기자, 구연산, 구절초, 국화, 그라비올라, 금란초, 꿀, 녹용, 녹차, 누에가루, 느릅나무, 당귀, 동백기름, 동충하초, 돼지풀, 된장, 두충, 로즈마리, 맥문동, 명감, 모링가, 민들레, 백복령, 백출, 버드나무, 벌나무, 복분자, 부처손, 비단풀, 비타민A.C.D.E, 뽕(꾸지뽕), 사삼(잔대, 딱주), 산수유, 산초, 삼지구엽초, 소주, 솔잎, 쇠비름, 수세미, 숙지황, 신이화, 아마씨, 알로에, 야관문, 양조식초, 애기똥풀, 어성초, 엉겅퀴, 여주, 올리브유, 옻, 와송, 우리밀 라면, 우리콩 두부, 우슬, 원두커피, 유근피(느릅나무), 유칼립투스, 익모초, 인삼(홍삼, 산삼), 작약, 장미, 죽염, 지초, 질경이, 창이자, 천궁, 천년초, 천일염, 청국장(낫또), 초석

잠, 초콩, 치자, 치즈, 칡, 코코넛유, 택사, 패모, 핑거루트, 하수오, 해당화, 홍화씨, 환삼덩굴, 황기, 회화나무

◎ 소음인의 해로운 식품

◆ 검은깨, 검은콩(서리태), 녹두, 들깨(들기름), 땅콩, 메밀, 보리, 율무, 작두콩, 팥, 밀가루

◆ 고사리, 고추(꽈리고추), 꼬들빼기, 더덕, 도라지, 돼지감자, 미나리, 방울(대추)토마토, 배추, 부슬, 샐러리, 신선초, 오이, 유색상추, 치커리, 케일, 토란

◆ 갈치, 게, 고등어, 골뱅이, 굴, 꼬막, 꼴뚜기, 낙지, 놀래미, 능성어, 다슬기, 돔, 돼지고기, 만디기, 미더덕, 복어, 삼식이, 새우, 소라, 오징어(갑오징어), 우럭, 우렁, 재첩, 전복, 조개(대합, 바지락, 키조개), 쭈꾸미, 참치, 해파리

◆ 감(곶감), 금감, 멜론, 망고, 모과, 밤, 배, 수박, 은행, 잣, 참외, 포도

◆ 개똥쑥, 결명자, 계피, 두부, 둥글레, 라면, 라벤다, 마요네즈, 맥주, 모시, 사이다, 삼백초, 설탕, 소금(정제염), 아피오스, 영지, 오가피, 오미자, 와사비, 인진 쑥, 자스민, 초콜릿, 커피(원두커피 외), 콜라, 해바라기씨, 후추

◎ 태음인의 유익한 식품

◆ 강낭콩, 귀리, 기장, 대마씨, 돈부, 땅콩, 렌틸콩, 메주콩, 병아리콩, 수수, 쌀, 약콩(쥐눈이콩), 옥수수, 완두콩, 율무, 작두콩, 참깨(참기름), 찹쌀, 치아씨드, 카무트, 퀴노아, 통 밀가루, 현미, 호밀, 흑미(홍미)

◆ 가지, 감자(자주색 감자), 갓, 고구마(자주색 고구마), 고수, 고추, 곤달비, 곤드레, 공심채, 근대, 냉이, 달래, 당근, 당조고추, 돗나물, 두릅, 딸기, 라디치오, 레드, 로즈, 마(마씨, 천마), 마늘, 망초, 머우, 멜라초, 무, 방아, 방풍, 백년초, 버섯(느타리, 능이, 목이, 상황, 새송이, 송이, 양송이, 차가, 팽이, 표고), 부지갱이, 부추, 브로콜리, 비타민, 비트, 삼채, 생강, 세발나물, 시금치(포항초, 섬초), 쑥, 쑥갓, 씀바귀, 아스파라거스, 아욱, 아이스플랜트, 야콘, 양배추(방울양배추), 양파, 어수리, 연근, 오이, 오이고추, 우엉, 유채, 적채, 적코스, 죽순, 참나물, 청경채, 취나물, 콜라비, 콩나물, 토마토, 파, 파프리카, 푸른 상추(담배상추, 로메인상추, 재래종), 피망, 호박

◆ 가물치, 가오리, 가자미, 개고기, 갯장어(하모), 게불, 곰피, 광어, 김, 까나리, 꼬시래기, 꼬지, 꽁치, 꿩, 농어, 다시마, 닭(계란), 대구, 도다리, 도루묵, 등피리, 말고기, 매생이, 멍게, 메기, 메로, 메추라기, 멸치, 명태(노가리, 북어, 코다리, 황태), 문어, 미꾸라지, 미역, 민어, 박대, 뱅어, 병어, 붕어, 붕장어, 빙어, 빠가, 삼치, 상어, 송어, 쇠고기, 숭어, 쏘가리, 아구, 아지, 양, 양미리, 연어, 염소, 오리(청둥오리), 임

연수, 잉어, 장어, 전어, 조기(굴비, 황석어), 준치, 청각, 청어, 칠면조, 토끼, 톳, 파래, 함초, 해삼, 향어, 홍어, 홍합

◆ 귤, 노니, 다래(참다래, 키위), 도토리(상수리), 라임, 리치, 매실, 머루, 머루포도, 무화과, 바나나, 밤, 배, 복숭아, 블루베리, 사과, 살구, 석류, 수박, 아몬드, 아보카도, 아로니아(블랙초크베리), 오디, 오렌지, 용과, 유자, 은행, 자두, 자몽, 잣, 체리, 칼라만시, 캐슈넛, 탱자, 파파야, 호두

◆ 간장, 감초, 강황(울금), 개똥쑥, 겨우살이, 고로쇠, 고추장, 곰보배추, 구기자, 구연산, 구절초, 그라비올라, 금란초, 꿀, 녹용, 녹차, 누에가루, 느릅나무, 당귀, 동백기름, 동충하초, 돼지풀, 된장, 두충, 로즈마리, 마요네즈, 맥문동, 명감, 모링가, 모시, 민들레, 백복령, 백출, 버드나무, 벌나무, 복분자, 부처손, 비단풀, 비타민A.C.D.E, 뽕(꾸지뽕), 사삼, 사향, 산수유, 산초, 삼지구엽초, 소주, 솔잎, 쇠비름, 수세미, 숙지황, 신이화, 아마씨, 아피오스, 알로에, 애기똥풀, 야관문, 어성초, 엉겅퀴, 여주, 와송, 우리밀 라면, 우리콩 두부, 양조식초, 올리브유, 옻, 우슬, 원두커피, 유근피, 유칼립투스, 익모초, 인삼(홍삼, 산삼), 인진쑥, 작약, 장미, 죽염, 지초, 질경이, 창이자, 천궁, 천년초, 천일염, 청국장(낫또), 초석잠, 초콜릿, 초콩, 치자, 치즈, 칡, 코코넛유, 택사, 패모, 핑거루트, 하수오, 해당화, 홍화씨, 환삼덩굴, 황기, 회화나무

◎ 태음인의 해로운 식품

◆ 검은깨, 검은콩(서리태), 녹두, 들깨(들기름), 땅콩, 메밀, 보리, 밀가루, 팥, 찹쌀현미

◆ 고사리, 꽈리고추, 꼬들배기, 더덕, 도라지, 돼지감자, 멜론, 미나리, 방울(대추)토마토, 부슬, 비듬나물, 삼백초, 샐러리, 숙주나물, 신선초, 유색상추, 치커리, 케일, 토란, 파세리

◆ 갈치, 게, 고등어, 골뱅이, 굴, 꼬막, 꼴뚜기, 낙지, 놀래미, 능성어, 다슬기, 돼지고기, 돔, 만디기, 미더덕, 복어, 삼식이, 새우, 소라, 오징어(갑오징어), 우럭, 재첩, 전복, 조개(대합, 바지락, 키조개), 쥐포, 쭈꾸미, 참치, 해파리

◆ 감(곶감), 금감, 대추, 망고, 모과, 참외, 포도, 피스타치오

◆ 결명자, 계피, 두부, 둥글레, 라면, 맥주, 사이다, 설탕, 소금(정제염), 영지, 오가피, 오미자, 와사비, 자스민, 커피(원두커피 외), 콜라, 해바라기씨, 후추

◎ 소양인의 유익한 식품

◆ 강낭콩, 검은깨, 검은콩(서리태), 귀리, 녹두, 대마씨, 돈부, 들깨(들기름), 땅콩, 메밀, 메주콩, 병아리콩, 보리, 쌀, 약콩, 완두콩, 율무, 치아씨드, 퀴노아, 팥, 통 밀가루, 호밀, 흑미(홍미)

◆ 가지, 갓, 고사리, 고수, 고추(꽈리고추), 곤드레, 공심채, 꼬들배기, 냉이, 달래, 당근, 더덕, 도라지, 돗나물, 두릅, 딸기, 라디치오, 마늘, 망초, 멜라초, 무, 미나리, 방아, 방풍, 배추, 버섯(느타리, 능이, 목이, 상황, 새송이, 송이, 양송이, 차가, 팽이, 표고), 브로콜리, 비타민, 삼백초, 삼채, 세발나물, 시금치(포항초, 섬초), 신선초, 쑥, 쑥갓, 아스파라거스, 아욱, 아이스플랜트, 야콘, 양배추(방울양배추), 어수리, 열무, 오이, 우엉, 유채, 적채, 적코스, 죽순, 취나물, 케일, 콩나물, 토란, 토마토, 파세리, 파프리카, 푸른 상추(재래종, 담배상추), 피망, 호박

◆ 가오리, 가자미, 갈치, 갯장어(하모), 게, 고등어, 골뱅이, 곰피, 광어, 굴, 꼬막, 꼬지, 꼴뚜기, 꿩, 낙지, 놀래미, 농어, 능성어, 다슬기, 대구, 도다리, 도루묵, 돔, 돼지고기, 등피리, 만디기, 말고기, 매생이, 메기, 메로, 명태(노가리, 북어, 코다리, 황태), 문어, 미꾸라지, 미더덕, 민어, 뱅어, 붕어, 붕장어, 빙어, 빠가, 삼식이, 삼치, 상어, 새우, 소라, 송어, 쇠고기, 숭어, 아지, 연어, 오징어, 우럭, 임연수, 잉어, 재첩, 전복, 조개(대합, 바지락, 키조개), 쥐포, 쭈꾸미, 청각, 토끼, 파래, 함초, 해파리, 향어, 홍어

◆ 감, 노니, 다래(참다래, 키위), 도토리(상수리), 라임, 망고, 매실, 머루, 머루포도, 멜론, 모과, 무화과, 바나나, 밤, 배, 복숭아, 살구, 수박, 아몬드, 오디, 유자, 은행, 잣, 참외, 체리, 칼라만시, 캐슈넛, 파인애플, 포도

◆ 간장, 개똥쑥, 강황(울금), 겨우살이, 고로쇠, 고추장, 곰보배추, 구연산, 구절초, 국화, 그라비올라, 녹차, 누에가루, 느릅나무, 당귀,

동백기름, 동충하초, 돼지풀, 된장, 두충, 둥굴레, 로즈마리, 맥문동, 명감, 모링가, 모시, 민들레, 버드나무, 벌나무, 부처손, 비단풀, 비타민A.C.D, 뽕(꾸지뽕), 사삼, 소주, 솔잎, 쇠비름, 수세미, 숙지황, 신이화, 아마씨, 아피오스, 알로에, 애기똥풀, 야관문, 양조식초, 어성초, 엉겅퀴, 여주, 영지, 오가피, 올리브유, 옻, 와송, 우리밀 라면, 우리콩 두부, 우슬, 원두커피, 유근피, 유칼립투스, 작약, 장미, 죽염, 지초, 질경이, 창이자, 천년초, 천일염, 청국장(낫또), 초석잠, 초콜릿, 초콩, 치자, 치즈, 칡, 코코넛유, 패모, 핑거루트, 하수오, 해당화, 해바라기씨, 홍화씨, 환삼덩굴, 황기, 회화나무

◎ 소양인의 해로운 식품

◆ 기장, 렌틸콩, 수수, 옥수수, 작두콩, 참깨(참기름), 찹쌀, 카무트, 현미

◆ 감자(자주색 감자), 고구마(자주색 고구마), 곤달비, 근대, 당조고추, 돼지감자, 레드, 로메인상추, 로즈, 마(마씨, 천마), 머우, 방울(대추)토마토, 백년초, 부지갱이, 부추, 비트, 샐러리, 생강, 씀바귀, 양파, 연근, 오이고추, 유색상추, 적치커리, 참나물, 청경채, 치커리, 콜라비, 파, 피망

◆ 가물치, 개고기, 게불, 곰피, 김, 까나리, 꼬시래기, 꽁치, 다시마, 닭(계란), 멍게, 메추라기, 멸치, 미역, 박대, 병어, 쏘가리, 아구, 양,

양미리, 염소, 오리(청둥오리), 장어, 전어, 조기, 준치, 청각, 청어, 칠면조, 톳, 해삼, 홍합

◆ 귤(금감), 대추, 레몬, 리치, 블루베리, 사과, 석류, 아로니아(블랙초크베리), 아보카도, 오렌지, 용과, 자두, 자몽, 탱자, 파파야, 피스타치오, 호두

◆ 감초, 구기자, 꿀, 녹용, 두부, 라면, 라벤다, 마요네즈, 맥주, 백복령, 백출, 복분자, 비타민E, 사이다, 산수유, 산초, 설탕, 소금(정제염), 와사비, 익모초, 인삼(홍삼, 산삼), 인진 쑥, 자스민, 천궁, 커피(원두커피 외), 콜라, 택사, 후추

◎ 태양인의 유익한 식품

◆ 강낭콩, 검은콩(서리태), 검은깨, 귀리, 녹두, 대마씨, 돈부, 들깨(들기름), 땅콩, 메밀, 메주콩, 병아리콩, 보리, 쌀, 약콩(쥐눈이콩), 완두콩, 율무, 작두콩, 치아씨드, 카무트, 퀴노아, 팥, 통 밀가루, 현미, 호밀, 흑미(홍미)

◆ 가지, 감자, 갓, 고구마, 고사리, 고추(꽈리고추), 고수, 곤드레, 공심채, 꼬들배기, 냉이, 달래, 당근, 더덕, 도라지, 돗나물, 두릅, 딸기, 라디치오, 마늘, 망초, 머우, 멜라초, 미나리, 방아, 방풍, 배추, 버섯(느타리, 능이, 목이, 상황, 새송이, 송이, 양송이, 차가, 팽이, 표고), 브로콜리, 비타민, 비트, 삼초, 생강, 세발나물, 시금치, 쑥, 쑥갓, 아스파라

거스, 아욱, 아이스플랜트, 야콘, 양배추(방울양배추), 양파, 어수리, 오이, 우엉, 유채, 적채, 적코스, 죽순, 참나물, 청경채, 취나물, 콩나물, 토란, 토마토, 파세리, 파프리카, 푸른 상추(재래종, 담배상추), 호박

◆ 가물치, 가오리, 가자미, 갈치, 갯장어(하모), 게, 고등어, 골뱅이, 광어, 굴, 김, 까나리, 꼬막, 꼬지, 꽁치, 꿩, 낙지, 농어, 능성어, 다슬기, 다시마, 대구, 도다리, 도루묵, 돔, 말고기, 매생이, 멍게, 메기, 메로, 멸치, 명태(노가리, 북어, 코다리, 황태), 문어, 미꾸라지, 미더덕, 민어, 방어, 뱅어, 붕어, 붕장어, 빠가, 삼치, 상어, 새우, 소라, 송어, 쇠고기, 숭어, 아구, 아지, 양, 양미리, 연어, 염소, 오징어, 우럭, 우렁, 임연수, 잉어, 재첩, 조개(대합, 바지락, 키조개), 준치, 쥐포, 쭈꾸미, 참치, 청어, 토끼, 파래, 함초, 해삼, 해파리, 향어, 홍어

◆ 감(곶감), 노니, 귤, 다래(참다래, 키위), 도토리(상수리), 라임, 리치, 망고, 매실, 멜론, 머루, 머루포도, 모과, 무화과, 바나나, 밤, 배, 복숭아, 블루베리, 사과, 살구, 수박, 아몬드, 오디, 오렌지, 유자, 은행, 잣, 체리, 칼라만시, 캐슈넛, 파인애플, 포도, 호두

◆ 간장, 겨우살이, 강황(울금), 결명자, 고로쇠, 고추장, 곰보배추, 구연산, 구절초, 그라비올라, 녹차, 누에가루, 느릅나무, 동백기름, 동충하초, 돼지풀, 된장, 두충, 둥글레차, 로즈마리, 마요네즈, 맥문동, 명감, 모링가, 모시, 민들레, 버드나무, 벌나무, 복분자, 부처손, 비단풀, 비타민C.D, 뽕(꾸지뽕), 사삼, 산초, 삼지구엽초, 소주, 솔잎, 쇠비름, 수세미, 숙지황, 신이화, 아마씨, 아피오스, 알로에, 애기똥풀, 야관문, 양조식초, 어성초, 엄나무, 엉겅퀴, 여주, 영지, 오가피, 오미자,

올리브유, 옻, 와송, 우리밀 라면, 우리콩 두부, 우슬, 원두커피, 유근피, 유칼립투스, 장미, 죽염, 지초, 질경이, 창이자, 천년초, 천일염, 청국장(낫또), 초석잠, 초콩, 치자, 치즈, 칡, 코코넛유, 패모, 핑거루트, 해바라기씨, 하수오, 해당화, 홍화씨, 환삼덩굴, 황기, 회화나무

◎ 태양인의 해로운 식품

◆ 기장, 렌틸콩, 수수, 옥수수, 참깨(참기름), 찹쌀

◆ 곤달비, 근대, 돼지감자, 레드, 로메인상추, 로즈, 마(마씨, 천마), 무, 방울(대추)토마토, 부지갱이, 부추, 샐러리, 씀바귀, 연근, 열무, 오이고추, 유색상추, 자주색 고구마, 참나물, 치커리, 케일, 콜라비, 톳, 파, 피망

◆ 개고기, 게불, 곰피, 꼬시래기, 꼴뚜기, 놀래미, 닭(계란), 돼지고기, 메추라기, 미역, 박대, 병어, 삼식이, 쏘가리, 장어, 전복, 전어, 조기(굴비, 황석어), 청각, 오리(청둥오리), 칠면조, 홍합

◆ 대추, 사과, 석류, 아로니아(블랙초크베리), 아보카도, 오렌지, 용과, 자두, 자몽, 탱자, 파파야, 피스타치오

◆ 감초, 개똥쑥, 구기자, 국화, 꿀, 녹용, 당귀, 두부, 둥굴레, 라면, 라벤다, 맥주, 백출, 비타민A.E, 사이다, 산수유, 삼백초, 설탕, 소금(정제염), 익모초, 인삼(홍삼, 산삼), 인진쑥, 자스민, 작약, 천궁, 초콜릿, 커피(원두커피 외), 콜라, 헛개나무, 후추

◎ 모든 체질에 유익한 식품

◆ 강낭콩, 귀리, 대마씨, 돈부, 메주콩, 병아리콩, 쌀, 약콩(쥐눈이콩), 완두콩, 치아씨드, 퀴노아, 통 밀가루, 호밀, 흑미(홍미)

◆ 가지, 갓, 고수, 곤드레, 공심채, 냉이, 달래, 당근, 돗나물, 두릅, 딸기, 라디치오, 마늘, 망초, 멜라초, 방아, 방풍, 버섯(느타리, 능이, 목이, 상황, 새송이, 송이, 양송이, 차가, 팽이, 표고), 브로콜리, 비타민, 삼채, 세발나물, 시금치(포항초, 섬초), 쑥, 쑥갓, 아이스플랜트, 아욱, 야콘, 양배추(방울양배추), 어수리, 우엉, 유채, 적채, 적코스, 죽순, 다래(참다래, 키위), 취나물, 콩나물, 토마토, 파프리카, 푸른 상추(담배상추, 재래종), 호박

◆ 가오리, 가자미, 갯장어(하모), 광어, 꼬지, 꿩, 농어, 대구, 도다리, 도루묵, 등피리, 말고기, 매생이, 메기, 메로, 명태(노가리, 북어, 코다리, 황태), 매생이, 문어, 미꾸라지, 민어, 방어, 뱅어, 붕어, 붕장어, 빠가, 삼치, 상어, 송어, 쇠고기, 숭어, 아지, 연어, 임연수, 잉어, 토끼, 파래, 함초, 향어, 홍어

◆ 노니, 다래(참다래, 키위), 도토리(상수리), 라임, 매실, 머루, 머루포도, 무화과, 바나나, 복숭아, 살구, 아몬드, 오디, 유자, 체리, 칼라만시, 캐슈넛

◆ 간장, 강황(울금), 겨우살이, 고로쇠, 고추장, 곰보배추, 구연산, 구절초, 그라비올라, 녹차, 누에가루, 느릅나무, 동백기름, 동충하초, 돼지풀, 된장, 두충, 로즈마리, 맥문동, 명감, 모링가, 민들레, 버드나

무, 벌나무, 부처손, 비단풀, 비타민C.D, 뽕(꾸지뽕), 사삼, 솔잎, 쇠비름, 수세미, 숙지황, 신이화, 아마씨, 알로에, 양조식초, 애기똥풀, 야관문, 어성초, 엉겅퀴, 여주, 올리브유, 옻, 와송, 우리밀 라면, 우리콩 두부, 우슬, 원두커피, 유근피(느릅나무), 유칼립투스, 장미, 죽염, 지초, 질경이, 창이자, 천년초, 천일염, 청국장(낫도), 초석잠, 초콩, 치자, 치즈, 칡, 코코넛유, 패모, 핑거루트, 하수오, 해당화, 홍화씨, 환삼덩굴, 황기, 회화나무

* 위의 ( )는 유사하거나 그 명칭이 지방마다 다른 것임.

체질에 맞는 음식이 더 맛있다

허약한 사람은 유익한 음식을 6개월만 먹어도 몸이 좋아지는 것을 확인할 수 있다. 유익한 것만 먹으면 각종 질병의 치료기간도 단축할 수 있다. 특히 고혈압이나 당뇨 등 성인병의 식이요법도 체질에 맞는 식품이어야만 효과가 있다.

김장할 때 새우젓이나 멸치젓 등 각자 좋아하는 것이 있는데, 체질에 맞는 것이 더 맛있어 그러한 것이다. 튀김이나 전을 부칠 때 사용하는 각종 기름도 가족 모두의 체질에 맞아야 한다. 방송에서 어느 음식이 좋다고 해도, 무조건 따라할 것이 아니라 가족 전체에게 맞아야 한다.

의사들이 수술 후 체력 보강을 이유로 흔히 닭 가슴살을 권하고 있다. 그러나 그것 먹어 좋은 사람은 소음 · 태음인뿐이다. 소양 · 태양인

이 닭고기나 보신탕 먹으면 오히려 병을 악화시킨다. 혹자는 '쇠고기는 권해도 먹지 말고, 돼지고기는 주면 먹고, 오리고기는 뺏어서라도 먹어라'고 하지만, 일고의 가치도 없는 말이다. 돼지고기는 소음·태음인에게 해롭고, 오리고기는 소양·태양인에게 해롭기 때문이다.

쇠고기보다 돼지고기가 더 맛있다는 사람도 있다. 주머니 사정도 있고 날마다 먹지 않아 그렇게 말하지만, 틀린 말이다. 체질에 맞지 않으면 맛이 없어 계속 먹지도 못한다. 과일이나 채소는 물론 각종 즙도 마찬가지다. 그러므로 사과, 배, 양파 등 각종 즙도 며칠 먹어 어쩐지 내키지 않으면 버려야 한다. 과일과 채소를 섞어 즙을 낼 때도 체질에 맞는 것만 섞어야 한다. 식품만이 아니다. 체질에 맞지 않은 약도 장기간 복용하면 더 악화된다는 점을 명심해야 한다.

소음인과 소양인은 정반대

우리나라 사람 중 가장 많은 소음·소양인 중심으로 체질과 음식에 대해 말해보자. 그들 체질은 유익하거나 해로운 식품 상당부분이 정반대다. 물론 소음인과 정반대 체질은 태양인이어서, 그 두 체질은 결혼도 삼가는 것이 좋다. 그래서 그들을 비교해야 하지만, 편의상 극소수 태양인보다 태양인과 비슷하고 그 수가 훨씬 많은 소양인을 소음인과 비교해서 설명하기로 하자.

소음인은 인삼, 녹용, 구기자, 개고기, 꿀, 참깨 등이 좋다. 그러나 소양인은 그들 모두 해롭고, 더덕, 오가피, 굴, 낙지, 오징어, 돼지고기, 들깨(깻잎) 등이 좋다. 이처럼 비싼 식품은 대부분 소음인에게 좋고, 싼 것은 소양인에게 좋다고 생각해도 된다. 시중에서 판매하는 건강식품도 그 대부분이 소음·태음인에게 유익하지만, 소양·태양인에게는 해로운 것이 훨씬 더 많다.

어떤 분은 현미를 극찬하기도 했지만(안현필,『삼위일체 장수법』, 1994), 천만의 말씀이다. 현미는 소음·태음인에게 더 없이 좋지만(찹쌀현미는 태음인에게 해로움), 소양인에게 해롭다. 이집트에서 생명의 씨앗이라 불리는 카무트 역시 소양인에게 해롭다. 보리밥이나 검정콩도 소음·태음인에게 해롭다. 얼굴 마사지에 애용하는 오이를 비롯하여, 낙지, 돼지삼겹살, 참치도 소음인에게 해롭다. 서양속담에 '버섯장수가 장수(長壽)한다'고 하듯이, 식용버섯은 모든 체질에 맞아 많이 먹을수록 좋지만, 영지버섯은 소양인 외에는 해롭다. 영지버섯이 1990년대 각광받으면서 장기간 복용하다 건강을 해친 사례가 많다.

한편 위염이나 위암으로 고생하는 분은 대부분 소음인이고, 간암 등 간질환이 있는 분들은 대부분 태음인이다. 때문에 헬리코박터균을 제거하고 항암 성분이 많은 마늘, 양배추, 미역, 다시마, 양파 등을 많이 먹어야 한다. 혹 깻잎에 그러한 성분이 많아도, 소양·태양인과 달리 소음·태음인은 해롭다. 즉 소음인이 위암 수술 후 깻잎을 먹어 좋아졌다고 해도, 깻잎보다는 함께 섭취했던 다른 식품 때문이라고 생각해야 한다.

식이섬유가 많아 대장암에 좋은 고구마도 소양·태양인에게는 해롭다. 감기에 좋은 도라지도 소음·태음인은 해롭기 때문에 그 대신에 생강 먹어야 한다. 출산 후에 먹는 미역도 소양·태양인에게 해롭다. 고지혈증, 콜레스테롤, 고혈압, 당뇨에 효험이 있다는 양파도 소양인은 해로워, 양파 대신에 미나리 먹어야 한다.

어려서부터 손발이 찬 사람은 대부분 소음인이다. 물론 손발이 따뜻한 소음인도 있고, 손발이 찬 태양인도 있다. 그 경우에도 추위를 타면 소음인이고, 손발이 차도 추위를 타지 않으면 태양인이다. 다만 평소와 달리 몸이 아프거나 혈액순환에 이상이 있어 손발이 차다면 그것은 별개의 문제다.

무좀이 심한 사람은 소양인이다. 소양인도 무좀이 없을 수 있지만 대부분 무좀이 있다. 따라서 손발이 차고 추위에 약한 소음인과 무좀이 심한 소양인 부부라면 같은 음식을 먹어서는 안 된다. 각자 좋아하는 것만 먹어야 한다.

그런데 젊을 때는 음식과 건강의 관계를 과소평가하여, 된장, 간장, 고추장, 청국장, 치즈 등 모든 체질에 더 없이 좋은 발효식품까지 간과하고 있다. 의사들도 간장, 된장 등이 염분이 많다면서 그 섭취를 줄이라고 하지만, 줄일 것이 아니라 많이 먹을수록 좋다. 항암 효과까지 있어 건강에 특히 좋은 식품이기 때문이다. 물론 그들 식품도 저염일수록 더 좋을 것이다. 그런데 유의할 것은 발효식품 모두 다 좋은 것이 아니라는 점이다. 각종 젓갈류도 발효식품이지만 자신의 체질에 맞는 재료로 만든 것이어야만 건강에 유익하다. 그렇지 않으면 건강에 해롭다.

된장, 간장은 많이 섭취할수록 좋다

간장, 된장은 많이 섭취할수록 좋다. 이에 대해서는 김일훈의 『신약(神藥)』을 참조하면 좋을 것이다. 김일훈 선생은 만주의 변창호가 지휘하는 모화산 부대에서 활약했던 독립 운동가였다. 수만 명을 치료했지만 돈 한 푼 받지 않았다. '죽염을 먹어라, 마늘을 구워 먹어라, 단전과 중완에 뜸을 떠라, 뼈에 문제가 생기면 홍화씨 먹어라, 생강을 달여 마셔 공해로 인한 독을 제거해라'고 했던 대체의학의 선구자였고, 인술(仁術)의 전형이었다.

그는 재래간장·된장이 일본식의 개량간장·된장보다 월등히 좋다고 했다. 그 된장 간장은 면역력을 증강시키고 해독제 역할도 한다. 체질이 서로 다른 부부도 간장 된장을 많이 섭취하면 50대에도 그런대로 건강하다. 그러나 그렇지 않은 가정은 30대에도 부부 중 하나가 건강이 좋지 않다. 인스턴트식품도 먹지 않아야 한다. 카레 외에는 인스턴트식품 대부분이 체질과 관계없이 모든 사람에게 해롭다고 생각해도 무방하다.

방울토마토와 밀가루 및 인스턴트식품은 해롭다

보통의 토마토, 우리 밀의 밀가루, 우리 콩으로 만든 두부는 모든 사람에게 유익하다. 그러나 수입산 밀과 콩을 원료로 하는 밀가루 과자

빵이나 두부 등은 해롭다. 당연히 토종밀, 토종콩으로 만든 것이어야 한다. '토마토가 붉어지면 의사들의 얼굴이 새파래진다'는 서양속담이 있다. 항산화물질인 라이코펜 성분이 많은 토마토를 먹어 환자가 줄어든다는 것이다. 그 토마토도 올리브유로 볶아먹으면 라이코펜 성분이 9배나 증가한다고 한다. 그 좋은 토마토지만 방울토마토는 모든 사람에게 해롭다. 또 귤이 소음·태음인에게 유익하지만, 그 개량종인 밀감(금감)은 모든 사람에게 해롭다.

음식의 중요성은 아무리 강조해도 지나치지 않아, 나이가 들수록 자신에게 맞는 음식을 먹어야 한다. TV에서 어떤 식품이 좋다고 해도 자신에게 맞지 않으면 백해무익하다. 숟가락, 젓가락이 먼저 가는 것을 먹어야 한다. 체질을 몰라도 자신에게 맞는지 여부를 짐작할 수 있다. 즉 공복에 평소보다 다소 많이 섭취한 후 소변 색깔이 평소보다 맑다면 좋은 것이고 탁하다면 해로운 것이다. 각종 차 역시 소변 색깔로 그 유해여부를 확인할 수 있다. 따라서 아무리 좋다고 권하거나 비싼 것이라도 며칠 먹었는데, 어쩐지 내키지 않으면 과감히 버려야 한다. 게다가 체질에 맞지 않은 음식은 즐겨먹지 않는다. 다만 어려서부터 자주 먹었거나 양념을 잘해서 맛있거나 비싼 것은 해로워도 잘 먹는 경향이 있는 것도 사실이다.

포도주는 소양인에게만 좋고 양주는 비쌀수록 해롭다

흔히 품위 운운하며 포도주를 애용하지만, 소음·태음인은 해롭다. 그러나 우리나라 머루주나 쌀 막걸리는 체질에 관계없이 유익하다. 특히 머루주는 몸에 유익한 성분이 포도주와 비교할 수 없을 만큼 월등하다. 머루는 포도보다 칼슘, 인, 철분, 특히 항산화물질인 안토시아닌을 다량 함유하고 있다. 그것만 알아도 포도보다 머루포도 사먹을 것이다.

술도 안 마실 수 없지만 가능하면 체질에 맞거나 덜 해로운 것이어야 한다. 대부분 술은 비싼 것일수록 해롭다. 조니워커(Johnnie Walker)도 30~1000달러까지 다양한데, 싼 것은 괜찮지만 비싼 것은 모든 사람에게 해롭다. 코냑(Cognac) 마시면 그 다음날 변에서까지 향기가 난다고 한다. 몸에 맞지 않아 소화가 되지 않아 그런 것이다.

세계에서 가장 발달했다는 미국은 입원이나 통원 치료 환자가 전 인구의 2/3나 되며, 병원에는 가지 않지만 비만 등 몸이 좋지 않은 사람이 많다고 한다. 이러한 현실에 직면한 미국 상원은 세계 최고의 의학자, 약학자, 영양학자 300여 명에게 막대한 연구비 투자하여 3년간 연구하게 했다.

그런데 그 연구의 결론은 극히 단순했다. 20세기 초 식사로 돌아가라는 것이었다. 즉 질병을 예방하려면 거칠게 먹고 고기를 덜 먹을수록 좋다는 것이다. 즉 시골 할머니의 소박한 밥상이 수백만 원짜리 호텔 음식보다 더 좋다는 말이다. 따라서 음식가지고 멋 부리는 부자들의 식탁 부러워할 일이 아니다. 육류 등 온갖 맛있는 것이겠지만 시각을 중시하고 있다. 자연 그대로 소박하게 먹어야 한다. 양념도 덜 할수록 좋다. 향신료도 몸에 좋은 것은 많지 않다.

약도 체질에 맞아야 한다. 10여 일 정도 먹는 약은 몸에 맞지 않아도 낫는다. 예컨대 감기약이 체질에 맞지 않아도 일주일 정도의 단기간 복용하므로 낫는다. 그러나 체질에 맞지 않는 약을 장기간 복용하면 낫기는커녕 몸이 더 나빠질 수밖에 없다.

항암효과가 뛰어나다는 개똥쑥도 그 부작용으로 간이 나빠져 병원 찾는 사람이 많다고 한다. 소음·태양인에게 해롭기 때문이다. 수많은 약초나 건강식품도 마찬가지다. 질병으로 고생하는 분들은 인터넷 뒤져 좋다는 약초나 건강식품 구입하지만, 체질에 맞지 않으면 더 악화된다. 인삼이나 홍삼이 소양·태양인에게 해롭다는 점은 앞에서도 언급했다. 인삼이 맞는 태음인도 대추와 혼용하면 해롭다. 인삼은 유익하지만 대추가 해롭기 때문이다. 물론 소음인은 대추가 유익하므로 혼용해도 괜찮다. 칼슘제 역시 조개 등 패류 성분이어서, 조개가 해로운 소음·태음인은 효과가 적을 수밖에 없다. 국 끓일 때 들깨가루 흔히 넣지만, 소음·태음인은 그 대신에 참깨가루 넣어야 한다.

더 언급하면, 많은 한의사들이 열이 많은 태음인이 인삼 먹으면 안 된다고 한다. 열이 많다는 것만 생각한 것이다. 무식하면 용감하듯이 체질에 아는 바가 없어 그렇게 단언하지만, 절대 그렇지 않다. 소양·태음인이 열이 많은 것은 사실이다. 그러나 소양인은 인삼이 해롭지만 태음인은 더없이 좋다. 특히 중풍으로 고생하는 태음인은 날마다 인삼을 복용해야 한다.

그런데 음식 골라 먹으면서 스트레스 받느니, 차라리 먹고 싶은 대로 먹겠다는 사람도 많다. 맞는 말이다. 하기 싫으면 억지로 할 수 없다. 또 유익한 음식도 탈이 난 적이 있으면 해롭다고 오해하기도 하고, 심지어 자신의 체질을 잘못 알기도 한다. 그러한 사람에게도 방법이 없는 것은 아니다. 날마다 천연발효식초 한 숟가락만 식후에 먹으면 된다. 식초가 너무 시큼한 것도 사실이지만, 건강하려면 그 정도 노력은 해야 한다.

식초도 빈속에 먹으면 위를 상할 수 있고, 신장이 좋지 않아도 주의해야 한다. 감식초도 감이 해로운 소음·태음인이 먹으면 오히려 해롭다. 당연히 현미식초도 소양인에게 해롭다. 때문에 자신의 체질에 맞는 재료로 만들어진 천연발효식초여야 한다.

몸이 쇠퇴해지는 40대 이후에는 자신에게 맞는 것만 먹어야 한다. 편식하라는 것이 아니다. 앞의 유익한 식품도 수없이 많은데, 어찌 편식이겠는가? 무엇이든 골고루 먹어야 한다고 고집한다면, 오염된 공기나 물도 면역력을 향상시킬 수 있어 오히려 건강에 도움이 된다고 말하는 것과 같다.

물론 척박한 곳에서 자란 야생화일수록 향기가 강하듯이, 어릴 때는 면역력이나 저항력을 향상시킬 수 있게 골고루 먹일 필요도 있다. 또 사회생활하면서 자기 입맛에 맞는 것만 먹을 수 없다. 이렇게 말하면 이랬다저랬다 한다고 하겠지만, 유익한 것만 먹어 혹 면역력이 약해질 수 있다. 그러나 그러한 것까지 걱정할 필요가 없다. 자신에 맞지 않은 음식도 어쩔 수 없이 먹어야 할 때가 많다. 어린이에게는 학교 급식이 있고 성인에게는 회식이 있어, 그때 맛있게 먹으면 된다.

한마디 덧붙이면 체질에 맞는 것도 한 가지만 계속 먹을 것이 아니라 종류를 바꾸어가며 먹는 지혜가 필요하다. 즉 어떤 건강식품이든 매일 먹을 것이 아니라 며칠씩 중지했다 먹어야 한다. 노인들이 자식에게 가끔 떼쓰듯이 건강도 그렇게 해야 한다.

그렇다고 체질에 관계없이 골고루 먹어야 한다고 막무가내로 고집해서는 안 된다. 다시 강조하지만, 예컨대 참기름이나 들기름을 평소보다 2배 정도 2~3일 동안 번갈아 먹은 후 소화정도나 소변색깔, 몸의 상태를 비교해도 된다. 보리밥을 여러 끼니 먹어보아도 알 수 있다. 또 냉장고에서 꺼낸 차디찬 수박이나 참외, 맥주를 한꺼번에 많이 먹어보아도 알 수 있다. 체질에 맞지 않으면 속이 더부룩하거나 설사하기 마련이다. 9개월 동안 현미를 먹었더니 어금니가 모두 빠져버렸다는 내용이 방송에 소개된 적도 있지 않은가? 소양인은 현미가 해롭기 때문에 그러한 것이다. 인삼(홍삼, 산삼) 역시 우리나라 사람 약 60% 정도의 소음·태음인에게는 더 없이 좋아 과다하게 먹어도 탈이 없지만, 40% 정도에 해당하는 소양인이 과다하게 먹으면 죽을 수도 있다. 체질에 맞지 않으면 몸의 한 부분은 좋아질 수 있지만, 전체적으로는 해롭다는 말이다. 바꿔 말하면 요즈음 수많은 해독(디톡스)요법이 난무하지만, 체질에 맞는 음식을 먹으면 굳이 해독요법을 할 필요가 없다는 것이다.

그 흔한 계란도 옛날에는 소풍처럼 특별한 날에만 먹었고 그 대부분을 시장에 내다팔아 용돈으로 썼다. 심지어 3개만 있어도 장날에 가지고 가서 팔았다. 그런데 부잣집에서는 계란을 매일 아침 공복에 먹었다. 1980년대까지도 남편 건강을 위해 많은 가정에서 그렇게 했다. 그러나 그렇게 했더니 건강이 오히려 나빠지는 사람도 많았다. 계란이 체질에 맞는 소음·태음인과 달리, 소양·태양인은 해롭기 때문이다.

흔히 여성갱년기의 에스트로겐 분비감소로 인한 안면홍조, 요실금이나 고지혈증 및 콜레스테롤에 효과가 있다는 자두, 아마씨가 있다. 그 중 자두는 체질에 맞지 않은 소양·태양인에게 효과가 없지만, 아마씨는 모든 체질에 효과가 있다. 복용 후 콜레스테롤 수치만 비교해보아도 확인할 수 있다.

구기자, 강황이 어린 학생들의 기억력 증진이나 노인들의 치매에 효과가 있지만, 구기자가 더 효과가 있다고 한다. 그러나 소양·태양인은 체질에 맞지 않은 구기자보다 체질에 맞는 강황을 먹어야 한다. 방송에서 어떤 식품을 먹고 치료했다고 해도, 그 사람의 체질에 맞아 그러한 것이다. 자신의 체질에 맞지 않으면 낫기는커녕 더 악화될 수밖에 없다. 이렇게만 설명해도 왜 그렇게 체질에 대해 계속 강조하는지 알 수 있을 것이다.

한마디 덧붙이자. TV에서 식품영양학자나 요리사들이 음식 궁합을 자주 언급한다. 그러나 대부분 통상적인 요리방법에 기초하고 있다. 때문에 자신이 며칠 먹어보아 그 효험 여부를 직접 몸으로 확인할 필요가 있다.

예컨대 봄철 알레르기 비염으로 고생하는 분들에게 머위(머우)를 돼지고기나 들깨가루와 같이 요리하면 음식궁합에도 맞는다고 한다. 그렇게 말하는 것은 음식궁합이 무엇인지도 모르는 말이다. 머위가 좋은 소음·태음인도 돼지고기, 들깨가루가 해롭기 때문이다. 더구나 머위는 소양·태양인에게 맞지 않아 비염에 효과가 있을 수 없다. 대부분 음식에 들깨가루 넣지만, 소양·태양인에게 더 없이 좋은 것은 사실이다. 그러나 소음·태음인은 들깨가 해롭다. 때문에 TV나 인터넷에서 아무리 좋다고 해도 앞의 '유익한 식품, 해로운 식품의 표'를 이용하여 자신의 체질에 맞는 것만 섭취해야 한다.

따라서 체질을 아는 것이 중요하다. 그러나 사상의학에 세뇌된 나머지 성격과 체격으로 구분하여, 어떤 음식이 자신에게 맞거나 맞지 않다고도 하지만 거의 대부분 잘못 알고 있다. 흔히 머리맡에 양파를 놓고 자면 감기에 효험이 있다고 한다. 물론 양파가 맞지 않은 소양·태양인과 달리, 체질에 맞는 소음·태음인에게 국한된 말일 것이다. 옛날에도 옻나무 많은 마을에는 전염병이 없었다는 속설이 있다. 그 진위는 논외로 하더라도, 그 옻나무에서 추출하여 칠기공예나 위장병의 단방 약으로 쓰는 옻칠을 예로 들면 일반적인 상식과 다르다는 것을 확인할 수 있다.

옻칠은 모든 사람에게 유익하다

필자의 동창은 중학교 시절 1년에도 두세 번 옻에 올랐다. 그 친구

놀리면서 또 옻나무 만졌냐고 하면, '미쳤냐, 너 같으면 옻 타는데 옻나무 만지겠냐? 꿈에 본 것이 전부인데…'라고 했던 말이 지금도 생각난다. 알레르기가 심한 사례지만 옻 잘 타는 분은 옻이 해롭다고 생각한다. 그러나 옻칠은 체질에 관계없이 모든 사람에게 유익하다. 그처럼 통념과 다르다.

옻칠처럼 잘못 알고 있는 것이 많다. 생강이 체질에 맞아도 냄새가 싫어 생강 들어간 음식 먹지 않기도 한다. 앞에서 말했듯이 홍시 싫어하는 사람 없지만 소음·태음인은 해롭다. 소음인이 찜질방이나 사우나에서 땀을 너무 많이 흘려도 몸이 처진다. 따라서 어설픈 상식으로 자신의 체질을 단정해서는 안 된다.

참고로 닭, 오리와 같이 옻나무 끓여먹지만, 닭과 오리가 해로운 소양인이 그렇게 해서는 안 된다. 미꾸라지도 모든 체질에 유익하지만, 들깨가 해로운 소음·태음인은 추어탕에 들깨 대신에 참깨 넣어야 한다. 김이 좋은 소음·태음인도 들기름 대신에 참기름이나 올리브유 바른 김을 먹어야 한다. 여름에 먹는 메밀국수도 소음·태음인에게 해롭다. 그리하여 옛날에는 메밀떡 만들 때도 무우를 넣어 메밀의 독소를 중화시켰다. 우리 선조들은 요즈음 요리사처럼 색깔이나 맛 위주로 음식 만들지 않았다.

세계보건기구 등에서 선정한 건강식품도 다 좋은 것이 아니다

세계보건기구, 미국국립암연구소, 타임즈 등에서 선정한 건강식품, 항암식품, 장수식품으로 견과류, 귀리, 녹차, 마늘, 블루베리, 브로콜리, 시금치, 연어, 적포도주, 토마토 등을 지목한다. 그러나 그들 식품이 모든 사람에게 좋은 것이 아니다. 견과류 중 호두나 블루베리는 소양인에게 해롭다. 적포도주도 소음·태음인에게 해롭다. 그처럼 세계보건기구에서 선정했다고 해서 모두 다 좋은 것이 아니다. 체질을 고려하지 않았기 때문이다.

'고개 숙인 남자'를 위한 정력식품으로 고등어, 참치, 정어리에 오메가3 지방산 등이 풍부하다면서 권장하고 있다. 또 항산화제인 케르세틴이 많이 함유된 사과, 엽산과 비타민 B6·E가 풍부한 아보카도, 부포테닌과 비타민 B6가 풍부한 바나나, 면역력 강화하고 철분, 칼슘이 많은 비트, 생식기에 좋은 딸기나 블루베리, 고대 로마인들이 '섹스의 신' 플루톤에게 바쳤다는 안드로스테론을 함유한 샐러리, 말초신경 자극하는 켑사이신이 많은 고추, 알리신이 많은 마늘, 생식기관 혈류의 흐름을 촉진하는 생강, 남성의 수축과 팽창에 도움이 되는 철분, 칼슘이 많은 시금치 등을 권장하고 있다.

그러나 세계보건기구에서 추천한 것도 체질에 맞지 않으면 오히려 독이 된다. 특히 샐러리는 모든 체질에 해롭다. 신문 방송이나 세계보건기구의 권장식품이라도, 며칠 먹어서 어쩐지 내키지 않으면 과감히 버려야 한다. 때문에 앞의 '유익한 식품과 유해한 식품'표를 이용하여 취사선택하는 혜안이 필요하다.

세계적인 장수마을의 식품을 주목해야 한다

세계적인 장수촌으로 알려진 곳은 파키스탄의 훈자(hunza), 이탈리아 사르데냐, 중미 에콰도르의 빌카밤바(Vilcabamba), 구 소련 변방 코카서스의 아브하지아(Abkhasia) 등이다. 그 지역이 모든 체질에 유익한 살구, 올리브, 마늘 등의 주산지라는 사실에 주목해야 한다. 그들 식품이 안토시아닌 등 항산화물질이 많은데다 콜레스테롤을 없애주는 등 모든 체질에 좋기 때문이다. 그들 식품이 어느 한 체질에만 좋다면 해로운 체질은 건강할 수 없어 세계적인 장수촌이 될 수 없다. 물론 그들 식품 외에도 미네랄이 많은 청정수, 맑은 공기, 정신적 여유, 적당한 운동과 소식(小食 및 蔬食)도 한 원인이라고 한다.

그들 장수촌에는 식수도 좋아 대변이 특이하다고 한다. 밝은 난황색이고 악취가 거의 없으며, 물에 뜰 정도로 가볍고 물렁한데다 배변도 신속하고 방귀가 적다고 한다. 우리 현실에서 수돗물 먹을 수밖에 없지만, 미생물이나 충치 예방을 위해 투입하는 불소가 문제다. 우리 몸에 원래 없던 불소가 축적되면 좋을 리 없다. 전립선, 갑상선 등의 질환이 증가하는 것도 불소와 관련이 있어, 불소를 걸러내지 못하는 정수기 치우고 수돗물 끓여 먹는 가정이 증가한다고 한다. 끓이면 불소가 증발하여 없어진다는 것이다.

　농작물이나 의약품, 화장품도 무턱대고 신제품을 내 놓아서는 안 된다. 체질을 고려하지 않으면 본의 아니게 국민 건강을 해칠 수 있다. 더욱이 최근 효소 담그는 일이 많아 100야초(野草) 운운하지만 문제가 많다. 너무 많은 설탕도 문제지만 어린 새싹이어서 약효가 적은데다 체질에 따라 해로울 수도 있다. 체질과 음식에 관해서는 할 말이 많지만, 한 두 사례만 더 거론하기로 하자.

여드름도 음식과 관계가 있다

　여드름의 주원인도 음식이라고 한다. 당부하지수가 20 이상인 햄버거나 도넛, 라면, 콜라 등을 즐겨 먹으면 여드름이 많다고 한다. 당부하지수는 음식 먹은 후 혈당이 얼마나 빨리 올라가는지를 나타내는 지수이다. 그 지수가 높은 삼겹살이나 통닭 등이 여드름 발병을 119%나 높인다고 한다. 끼니를 자주 거르거나 아침 먹지 않은 사람이 여드름이 많다고 했다. 그래서 인스턴트식품이나 고지방음식을 피하고 규칙적인 식사를 해야 한다.

　채소를 데쳐먹는 대표적인 민족이 우리 민족이다. 어느 민족보다 소화흡수를 높이는 훌륭한 음식문화를 꽃피웠다. 그 자랑스러운 저술로 『산가요록(山家要錄)』이라는 책이 있다. 산가(山家) 즉 민가에서 필요한 것을 1450년경에 기록한 우리나라 최초의 조리서며, 세계 최초 온실재

배 기록이 있는 생활과학서이기도 하다.

그 책에 배추김치 송이김치 생강김치 등 김치 담그는 방법 38가지, 술 빚는 방법 63가지가 씌어 있다. 생선, 양, 돼지껍질, 도라지, 죽순, 꿩, 원미(쌀을 굵게 갈아 쑨 죽)로 식혜 만드는 방법도 7가지나 되며, 다과와 탕 조리법 등 무려 121개 요리법이 소개되어 있다. 의학서인 『의방유취(醫方類聚)』 365권을 편찬했던 어의(御醫) 전순의(全循義)가 『산가요록』을 저술했다는 그 사실이야말로 음식과 약이 하나라는 약식동원(藥食同源)을 웅변한 것이다.

신토불이

신토불이(身土不二) 즉 '자신에게 맞는 식재료가 생산되는 땅은 둘이 아니라 하나밖에 없다'고 한다. 기후나 토양에 따라 그 효능이 달라 자신이 사는 곳에서 생산된 것이 몸에 가장 잘 맞는다는 뜻이다. 최근에는 식품이 전국화 되어 어느 지방이나 비슷하지만, 1960년대까지도 식습관이 지방마다 달라 신토불이를 실감할 수 있었다.

그 몇 예만 들어보자. '토란'은 대부분 지역에서 먹었지만, 전라도 해남에서는 너무 독해서 먹지 않았고, 경상도 진주에서도 토란잎 먹지 않았다. '콩잎'도 전주 이남에서만 먹었지, 그 이북에서는 독하고 맛이 없어 먹지 않았다.

홍수로 섬진강이 자주 범람하던 때의 일이지만 전라도 곡성의 무, 배추가 가장 맛있다고 했다. 녹용도 강원도 녹용을 최상품이라고 하여 강원도의 '강'자를 넣어 '강용'이라고 했다. 인삼도 전라도 화순군 동복의 '복'자를 넣어 '복삼'을 최상품이라고 했다. 우리 인삼은 1960년대까지도 세계 최상품으로 인정되어 홍콩 인삼시장에서 중국산보다 10배 이상 비쌌다.

미국이나 호주산 인삼 녹용은 물론 뼈에 좋다는 '홍화씨'도 중국산은 약효가 거의 없지만, 우리나라에서 5년여 재배하면 다소 효험이 있다고 한다. 일본의 김치가 맛없는 것도 기후와 토질 때문이다. 같은 서해안도 중국의 해산물과 우리나라 연안 해산물의 맛이 다르다. 지금도 어느 지방 식품의 품질이 가장 좋다고 한다. 임금에게 올렸던 진상품을 생각하면 자세히 거론하지 않아도 될 것이다. 때문에 가능하면 신토불이 우리식품을 먹어야 더 건강하다. 외국보다 비싸게 팔면서 폭리 취하는 공산품까지 국산을 옹호하려는 것은 아니다. 국민을 봉으로 생각하는 기업가들의 잘못된 의식을 바로잡을 필요도 있다.

체질은 어떻게 알 수 있는가

그 중요한 체질을 정확히 알려면 우선 자신의 선입관부터 버려야 한다. 나름대로 단정한 선입관에 매몰되어, 내성적이나 외향적의 성격 혹은 상체 하체 등의 체격을 운운한다. 그러나 성격이나 체격으로 체질을 구분하는 이제마의 사상체질론은 이제 그만 배격해야 한다.

체격과 성격에 의한 체질구분은 분명 잘못된 방법이지만, 많은 한의사들이 아직도 그 방법을 고수하고 있다. 체격이나 성격, 혹은 설문조사로 체질을 알 수는 없다. 한의사들이 체질을 정확히 알 것이라는 편견도 버려야 한다. 자신의 체질에 대해 한의원마다 다르게 말한 것을 경험했을 것이다.

그러면 어떻게 해야 자신의 체질을 정확히 알 수 있는가? 쉽게 이용할 수 있는 방법을 소개하기로 하자. 우선 힘의 강도를 측정할 눈금이 있는 계기, 예컨대 악력계를 준비해야 한다. 그리하여 한 손에 식품을 들고, 다른 손으로 악력계에 힘을 가하여 그 힘의 강도에 따라 판정하는 것이다.

오른손잡이를 예로 들어 설명하면 다음과 같다. 왼손에 아무것도 들지 않은 상태에서 오른손으로 악력계에 힘을 가하여 그 힘의 강도를 우선 알아야 한다. 처음에는 악력계에 가하는 힘의 강도가 일정하지 않아 그 측정치도 들쭉날쭉하다. 그러므로 최대한 힘을 가하여 힘의 강도가 일정해질 때까지 연습해야 한다. 다만 10분 이상 계속 하면 손의 힘 즉 악력(握力)이 약해지므로 주의해야 한다.

악력이 일정해지면 식품을 들고 측정한다. 왼손에 식재료 들고 오른손으로 악력계에 힘을 가하여, 아무 것도 들고 있지 않을 때의 측정치와 비슷하거나 높으면 유익한 것이다. 더 높은 예는 많지 않고 대부분 비슷하다. 반대로 측정치가 낮으면 해로운 식품이다. 그렇게 해서 부모 어느 한쪽의 체질과 같다면 정확히 측정한 것이다.

예컨대 악력계의 눈금이 100까지 있다고 가정하자. 왼손에 아무 것도 들지 않은 상태에서 오른손으로 힘을 가하여 75라면 자신에게 유익한 식품은 대략 75 정도다. 해로운 식품은 70~60이 된다. 몸에 해로울수록 숫자가 더 낮아 농약 등의 독극물은 30~40에 불과하다. 여러 번 반복하여 손의 힘이 떨어지면 유익하거나 해로운 식품 모두 그 측정치도 낮아진다. 이 방법을 활용하면 식품 외에도 각종 건강식품, 약초, 화훼, 심지어 동물까지도 그 유해 여부를 확인할 수 있다.

많은 식품을 구별하기 어렵다면, 앞에서 분류한 감자, 무, 오이 등 몇 개의 식품만 비교해도 된다. 그들 식품이 날 것이든, 말린 것이든, 삶은 것이든, 비닐 혹은 필름 통이나 유리병에 넣고 측정하든 그 결과가 다 똑같다. 그 크기와도 관계없어 통째로 하든, 뿌리나 잎 등 어느 것으로 측정해도 된다. 다만 금반지, 귀걸이 등의 금붙이는 영향을 미치므로 몸에서 제거한 후 측정해야 하지만, 다행히 금니치아는 영향을 미치지 않는다. 아울러 같은 계기도 검사자에 따라 너무 강하거나 약하면 부정확할 수 있어, 자신에게 맞는 계기를 사용해야 한다.

한편 남의 체질을 판별하려면 피검자의 한쪽 손에 식품을 들게 하고, 다른 쪽 손을 검사자가 잡고 측정하면 된다. 피검자와 직접 대면하지 않아도 가능하다. 즉 한쪽 손으로 피검자의 머리카락이나 손톱 발톱을 식품에 접촉시켜, 다른 손으로 악력계에 힘을 가하여 측정하면 된다.

앞에서 언급한 오링테스트도 여러 번 반복해서 그 결과가 일정하고 부모 중 한쪽의 체질과 같다면 물론 가능하다. 중요한 것은 예외가 없어야 한다는 점이다. 검사자와 피검자의 힘의 강약에 따라 다른 결과가 나올 수 있기 때문이다. 이 말을 굳이 반복한 것은 체질을 대충 구분하는 자들이 많아 주의하거나 믿지 말라는 말이다.

체질 구분은 건강과 직결되어 아무리 강조해도 지나치지 않다. 그 정확성 여부를 확인하려면, 앞의 유익한 음식과 해로운 음식 몇 개를 골라 평소보다 2~3배 더 많은 양을 며칠간 먹어보면 알 수 있다. 몸 상태에 차이가 있기 마련이다.

3. 온몸을 밟아줘라

　명당에서 살고 자신의 체질에 맞는 음식섭취 외에도, 건강에 크게 도움이 되는 것을 소개하려고 한다. 명당에서 생활하고 유익한 음식을 먹어도 과로 때문에 항상 피곤한 사람이 있다. 그러한 분이나 만성질환이 있는 분은 물론 질병의 조기발견을 위해서도 꼭 필요한 것이 있다.

　그것이 바로 '온몸 밟기'이다. 수맥차단과 명당활용, 체질에 맞는 음식 섭취와 더불어 꼭 유념해야 할 것이 '온몸 밟기'다. 어렸을 때 할아버지 밟아드렸던 추억이 있어 몸을 밟게 했는데, 그 효과가 의외로 컸다. 그리하여 가족끼리 활용하다가 1995년 이후 남들에게도 적극 권하고 있다.

　이 방법은 피로회복뿐만 아니라 질병을 조기 발견할 수 있는데다 치료기간도 단축할 수 있다. 질병의 조기 발견부터 살펴보자. 발병 전에도 이상 징후가 있지만 미미하다가 점차 심해진다. 우리 속담에 '골골 80'이라는 말이 있다. 평소 건강이 좋지 않은 분일수록 80까지 장수한다는 말이다. 건강하지 못해 몸에 조금만 이상이 있어도 미리 대처하기 때문이다.

자각증상이 있다면 상당히 진전된 것이다. 간은 70~80%가 손상되어도 자각증상이 없어, 자각증상이 있다면 치유가 어려워 조기진단이 치료의 관건이라고 한다. 우리 몸은 버틸 수 있는 한 버티다가 면역체계에 이상이 있어야만 자각증상이 있을 정도로 무디다.

그러나 온몸을 밟다보면 자각증상이 있기 전에 아픈 부분이 나타난다. 건강한 사람도 온몸을 밟다보면 어딘가 아픈 부분이 있는데, 그 아픈 부분 때문에 병원에 더 일찍 갈 수 있어 조기진단이 가능하다. 아픈 부분이 바로 질병을 알리는 전조증상이다. 전조증상이 있어도 대수롭지 않게 여기다가 더 심해져야 병원에 가지만, 그렇게 해서는 안 된다.

건강을 스스로 챙길 수 있는 지혜가 필요하다. 온몸밟기 하면 자신의 몸을 점검할 수 있어, 필자가 몇 시간씩 설명하며 권장했지만 크게 호응하지 않았다. 그러나 2009년 8월 TV에 방영된 후 많은 사람이 호응하면서 큰 효과를 보았다고 했다.

온몸 밟기의 효과는 만성피로나 만성질환에서 더 실감할 수 있다. 전체 질병의 30%가 급성질환이고 70%가 만성질환이라고 한다. 그 많은 만성질환은 물론 급성질환도 치료기간 단축할 수 있고 재발위험도 줄일 수 있다.

그 효과에 대해서는 필자의 친구를 예로 드는 것이 좋을 것 같다. 한 친구는 유달리 필자에게 건강에 관한 이야기를 많이 했다. 필자가 권한대로 명당에서 생활하고 체질에 맞게 먹어 건강이 좋아진 결과다.

그의 부인은 7시에 출근하고 밤늦게 퇴근하여, 명당에서 생활하면서 유익한 식품을 먹어도 항상 피곤하다는 것이었다. 그래서 온몸 밟기를 권하면서, 필자의 경험도 말했다. 필자는 다리가 항상 시리고 축축한 느낌이 있었다. 여름에 에어컨이나 선풍기 바람을 쐴 수 없어 한의원에서 침도 맞고 병원에도 다녔으나 효과가 없었다. 그렇게 20여 년이 지났지만 밟기 6개월 만에 나았다. 또 어깨가 아파 수술날짜까지 잡았지만, 수술 후에도 통증이 있을 수 있다고 하여 수술하지 않고 5개월여 밟아 완치하기도 했다.

그러나 필자의 경험담을 듣고도 별 반응이 없어, 흔히 알려진 지압이나 경락마사지를 권했다. 지압도 손가락보다 팔꿈치로 하면 한결 쉽다고 했지만, 지속하지 못했다. 힘들고 귀찮아지면 어른이든 애들이든 갖가지 핑계대면서 지속하지 못했다. 그러다가 1년여 경락마사지를 받게 했으나 비용도 문제였지만, 시간이 없어 1주일에 2번도 어렵다고 했다. 그러면서도 걱정이 많았다. 부인 건강이 매우 심각했지만 병원에서 기껏해야 휴식하라면서 혈액 순환제 먹으라고만 하니, 달리 방법이 없다는 것이다. 그래서 또다시 '온몸 밟기'를 추천했다.

아픈 부분을 밟아줘라

온몸 밟기는 침대에서 할 수 없고, 방바닥에 요를 깔고 해야 한다. 방바닥에 한 발을 딛고, 다른 발로 상대방의 온몸을 밟아주는 것이다. 몸에 올라가 밟아도 괜찮다면 그렇게 해도 된다. 각자 상황에 맞게 하면 된다. 경락 특히 아시혈 중심으로 밟아준다. 아시혈은 '아! 이 혈' '바로 그 혈'이란 뜻의 가장 아픈 혈(穴)이다. 그 아시혈과 관련된 또 다른 아픈 부분의 혈을 찾아 밟아야 한다.

흔히 양의학, 한의학, 대체의학 등으로 구별하면서 각 분야 전문가일수록 서로 인정하지 않지만, 그러한 구분이야말로 웃기는 일이다. 의학이 더 발달하면 그러한 구분도 사라지겠지만, 환자로서는 병만 치료하면 된다. 온몸 밟기 역시 의사들이 말하는 통증유발점이나 근육반응검사법(AK검사법)과 일맥상통한다. 사실은 의사들이 그 통증유발점이나 근육반응검사라는 말을 굳이 하는 것도 경락을 인정하지 않으려는 꼼수일 뿐이다.

어쨌든 그 온몸 밟기는 한의학의 '뜸·침'자리 즉 경락을 중심으로 밟는 것이다. 더 쉽게 말하면 발로 하는 지압이나 경락마사지다. 즉 통증이 가장 심한 혈을 정확히 알 수 없으므로 그 부위를 밟아 주는 것이다.

흔히 이용하는 수지침, 족침도 그 침자리에 뜸을 떠주면 더 효과적이다. 다만 수지침자리에 뜸뜨면 흉터가 생기지 않지만 성인에게는 효과가 적고, 일반 뜸은 흉터가 생기는 단점이 있다. 게다가 정확한 부분을 알아야 하므로 일반인들이 이용하기는 쉽지 않다. 그래서 온몸 밟기 하라는 것이다. 경락마사지나 뜸의 효과가 있는데다 부작용 없이 할 수 있는 것이 온몸 밟기라고 생각하면 된다.

그래서 그 친구 부인에게 아픈 부분을 밟아주라고 했다. 그러나 아프지 않은 곳이 없다고 하여 30~40분씩 매일 새벽에 온몸을 밟아주라고 했다. 물론 새벽보다 저녁에 밟아주는 것이 더 좋다. 설날이나 추석, 혹은 집안 행사로 피로가 심할 때 더 빨리 회복하려면 잠자기 전에 밟아주어야 한다. 그처럼 피로는 빨리 풀어줄수록 좋다.

그러나 저녁에는 몸이 피곤한 상태에서 상대방을 밟아야 하는데 그 일이 생각처럼 쉽지 않다. 온갖 핑계대면서 지속하지 못하기 때문에, 저녁보다 효과는 다소 떨어지지만 장기간 지속할 수 있도록 새벽에 하라는 것이다.

아무튼 3개월여 '온몸 밟기' 하면 아무리 심한 부분도 60% 정도는 낫는다. 그 친구 부인도 온몸 밟기 1개월 후 몸이 꽤 좋아져 아침에 일어나면 개운해졌고, 3개월 후에는 동년배의 건강과 큰 차이가 없다고 했다. 그러나 아픈 정도는 약해졌지만 여전히 아픈 부분이 있다고 했다.

밟아서 아픈 부분이 없어야 완쾌된다. 몸이 좋지 않을수록 아픈 부위가 많다. 매일 피곤하다면 어느 부분을 밟아도 아프다. 머리부터 발끝까지 밟다보면 찌릿찌릿하거나 아프지만, 매일 밟아주면 점차 시원하거나 무감각해지면서 낫는다. 잘 낫지 않는 부분은 머리나 팔 등 아픈 지 오래된 곳이다. 필자의 경험으로는 3개월여 밟으면 어느 정도 낫는다. 아무리 낫지 않는 부분도 1년여 밟다보면 낫기 마련이다.

밟는 강도는 참을 수 있을 정도로 하면 된다. 강하게 밟을수록 기간을 단축할 수 있지만 무리해서는 안 된다. 지그시 밟든 강하게 밟든 관계없지만 깊숙이 밟을수록 좋다. 같은 부위도 왼쪽에서 밟을 때와 오른쪽에서 밟을 때 다르고, 발의 어느 부위로 밟느냐에 따라 다르다. 혹 머리 부분이 아프다면 밟기 외에도 주먹으로 눌러주어도 좋다. 50대 이후에는 눈과 귀를 자주 눌러주거나 손바닥비비는 일을 생활화해야 한다. 노인들이 왜 그렇게 호도를 만지작거리는지 한 번이라도 생각해 본 사람은 그 이유를 알 수 있을 것이다.

매일 밟아도 몇 개월 후에 아픈 곳이 발견되기도 한다. 그러므로 온몸 밟기의 관건은 아픈 부분을 빨리 찾아내어, 끈기 있게 밟아야 한다. 며칠 밟는다고 낫는 것이 아니다. 수개월 매일 밟다보면 언젠가는 낫는다고 느긋하게 생각해야 한다.

사실 한두 번만 밟아도 효과가 있다는 것을 느낄 수 있다. 얼굴 밟으면 처음에는 짜증낼 수도 있지만, 시원하기 때문에 하지 말라는 분은 없다. 그러므로 아쉬운 사람이 먼저 밟아주면서 자신도 밟아달라고 해야 한다. 계속하면 중독성이 있다고 하지만, 하기 싫거나 절실하지 않아 핑계 대는 것이다. 60대 이후에는 몸이 좋지 않아도 나이가 들면 다 그렇다고 생각한다. 그러나 온몸 밟기를 계속하면 건강할 수 있다. 더구나 밟히는 사람만 효과가 있는 것이 아니라 밟아주는 사람도 운동 효과가 있다. 특히 혈압이 높은 분들의 겨울산책이 위험하다면 온몸 밟기를 활용하면 좋을 것이다.

정력이 떨어진다고 생각하면, 관원혈, 기해혈을 알지 못해도 배꼽 아래 부분을 밟아준다. 전립선염이나 여성갱년기 증상에도 배꼽 아래 부분과 복숭아 뼈 위·아래쪽을 밟으면 된다. 수년 동안 고생하던 신경통도 몇 개월 밟아주면 완치된다. 50견이나 팔이 저리고 부자연스러워도 어깨와 팔을 밟아주면 된다. 이처럼 정확한 위치를 모르더라도 아픈 부분 밟다보면 언젠가는 아픈 곳이 사라지면서 낫는다. 더욱이 병원가지 않아 시간까지 절약하면서 집에서 편히 할 수 있다.

우리나라 사람 60대 이상 80%가 고생하는 관절염은 물론 운동으로 인한 엘보우 역시 뼈에 이상이 없다면, 밟아 주면 그 통증이 점차 약해지다가 사라진다. 물론 뼈에 이상이 있다면 홍화씨나 천년초 등을 복용하여 뼈를 튼튼하게 해야 할 것이다. 또 무릎 통증이 심하다면 곡천, 슬양관, 위중혈, 팔꿈치나 어깨의 통증이 심하다면 족유, 견정혈을 밟아 준다. 그 위치를 정확히 알지 못해도 무릎의 앞뒤쪽, 팔꿈치, 목과 어깨 사이의 아픈 부분을 밟아주면 된다.

고혈압, 뇌졸중이나 고혈당, 고지혈증 등으로 고생하는 분들은 백회혈을 자주 누르거나 밟아주어야 한다. 백회혈은 양쪽 귓구멍에서 머리 위로 올린 가상의 선과, 코 위에서 뒷목 윗부분의 움푹 파인 곳을 잇는 가상의 선이 교차한 머리 정수리에 있다. 그 백회혈과 더불어 용천혈, 족삼혈, 곡지혈 등을 밟아주어야 한다. 그들의 위치를 몰라도 머리 및 발바닥과 팔다리를 밟아주면 된다. 물론 체질에 맞는 천연 재료로 만든 식초나 노니, 대마씨, 아마씨 등을 곁들여 먹으면 더 큰 효과를 볼 수 있다.

심장이 좋지 않으면 젖꼭지 사이 중앙의 전중을 비롯하여 관련된 혈을 밟아주면 된다. 즉 오목가슴의 거궐, 손바닥의 노궁 소부, 발바닥의 용천, 배꼽 밑의 관원 중극, 허리의 지실, 귀와 목 사이의 풍지, 손목 안쪽의 내관, 팔꿈치 부근의 곡지, 무릎 밑의 족삼리, 머리 위쪽의 백회 등을 밟아준다.

담배 피우는 남편이나 가스레인지에서 요리하는 아내의 폐암을 걱정하는 분들은 쇄골 밑과 가슴 부위, 유방암이 걱정되면 유방 주위, 자궁암이 걱정되면 배꼽 아래 부분을 밟아주면 된다. 탈모가 우려되면 백회혈에 항상 신경 써야 한다. 백회혈을 밟거나 손가락으로 눌러주어도 머리카락이 덜 빠진다고 한다.

30~40분씩, 심지어 10여 분이라도 서로 밟아주면 부부의 정도 깊어진다. 행복은 가족의 건강에서 시작된다. 어떠한 아픔과 고통도 가족의 사랑을 통해 치유된다. 가족과 더불어 화기애애한 시간을 보내는 것만큼 좋은 것이 없다. 특별히 이상이 없어도 서로 밟아 주어야 한다. 새벽마다 서로 밟아주면서 도란도란 나누는 대화야말로 부부의 정과 신뢰의 원동력이 되어, 서로를 더 이해하게 된다. 나이 들수록 서로 의지해야 한다. 부부 사이에 주고받는 '고맙다, 사랑한다'는 말만으로도 암 예방이나 노화방지에 도움이 된다고 하지 않는가!

다만 유의할 점이 있다. 발이 삐었다가 낫더라도 무리하면 재발하듯이, 온몸 밟기 역시 완쾌 후에도 상당기간 더 밟아주어야 한다. 젊고 건강할 때도 취약한 부분이어서 아팠는데, 늙어 쇠약해지면 더 약해질 수밖에 없다. 노쇠하면 각종 기능이 저하되어 쉽게 재발할 수 있으므로 완쾌 후에도 항상 유념해야 한다. 또 밟는 사람도 머리를 숙여 밟지 말고, 가능한 몸을 바르게 해서 밟아야 피곤하지 않아 지속할 수 있다.

물론 그 좋은 온몸 밟기도 혼자서 할 수 없다는 단점이 있지만, 그렇다고 방법이 없는 것은 아니다. 그 원리를 생각하여 각자 상황에 맞게 하면 된다. 즉 머리와 목을 손가락이나 손바닥으로 두드려주고, 손발이나 귀를 지압해주고, 온몸 특히 단전 중심으로 토닥토닥 때려주어도 된다. 손이 닿지 않은 부분은 나무에 부딪치거나 테니스공 등 각종 도구를 이용해도 된다.

밟아주든 주물러주든 토닥거려주든 몸의 굳은 곳을 풀어주고, 막힌 곳을 뚫어주어 경락, 림프관, 동·정맥이나 모세혈관의 기능을 정상화시키면 된다. 복잡하고 어렵게 생각할 것이 아니라, 온몸의 기능을 정상화 활성화시키면 된다. 밟아도 아픈 곳이 없다면 가끔 한 번씩 밟아주면 된다. 아울러 무릎을 대충 구부렸다 펴는 허벅지 근력운동이나 걷기와 더불어, 각종 유산소운동까지 병행한다면 동년배보다 훨씬 더 건강할 수 있다.

피부미용이나 날씬한 몸매유지에도 더없이 좋다

온몸 밟아주면 피부 탄력을 강화하여 피부미용이나 날씬한 몸매유지에도 더없이 좋다. 얼굴이나 목을 밟아주거나 때려주면 화장에 의존하는 것보다 더 큰 효과가 있다. 흔히 파우더로 화장하지만 그것이 모든 사람에게 해롭다는 것을 아는 사람은 거의 없을 것이다. 오이마사지도 소음인에게 해롭다. 따라서 인도인들처럼 모든 체질에 맞는 코코넛유로 마사지해도 비싼 화장품보다 더 효과가 있다. 혹은 밟아주어도 탄력 있는 피부를 유지할 수 있다. 하루에 70~80회 얼굴이나 목을 손바닥으로 때리는 것이 보톡스 맞는 것보다 더 좋다고 한다. 그런데 밟아주면 때리는 것보다 더 효과적이다.

잠자면서 가슴의 탄력 유지하려고 효과도 없는 브래지어 착용할 필요가 없다. 가슴 부분 몇 개월 밟아주면 탄력도 있고, 유방암도 예방할 수 있다. 엉덩이가 쳐졌다면 엉덩이를 밟아주면 된다. 밟아주면 몸의 불균형으로 야기되는 다양한 현상이 없어져 건강하고 탄력 있는 몸매 유지에 더없이 좋다. 심지어 다이어트에도 효과가 있다. 어떻게 다이어트에 효과가 있겠냐고 의심하는 분들에게는 다이어트에 효과가 있다는 강황, 노니, 아마씨, 핑거루트 등을 섭취하면서 몇 개월만 해보라고 권하고 싶다.

이처럼 건강할 수 있는 방법으로 필자 나름의 3가지 건강법을 제시했다. 즉 명당에서 생활하고, 자신에게 맞는 음식 섭취, 온몸 밟기 등을 병행하여 생활화 한다면 질병을 예방하고 건강할 수 있을 것 같아 추천한 것이다. 그 외에도 스트레스나 외로움이 없어야 하고, 무리하지 않아야 한다. 또 피곤하더라도 식사 후 잠자면 안 된다. 야생동물은 병에 걸리거나 피곤하면 먹지 않고 잠을 잔다고 한다. 티베트 차마고도 산악지대에서 짐을 운반한 말에게는 반드시 휴식하게 한 후 먹이를 준다. 먹이를 먹고 잠자면 심장이 약해져 짐을 운반할 수 없게 된다는 것이다. 짐승만이 그러한 것이 아니다. 사람도 식사 후 수면은 심장을 약화시킨다.

　모든 사람에게 적용할 수 있는 객관적인 건강법이 따로 있는 것이 아니다. 예컨대 밥을 반드시 오래 씹어 먹을 필요도 없다. 소화기능이 좋다면 빨리 먹어도 된다. 위가 튼튼한데 오래 씹어 먹으면 위가 오히려 약해질 수 있다. 그러므로 각자 자신에게 맞는 건강법을 개발해서 생활화해야 한다. 잘 먹고 잘 자면서 몸의 다양한 기능까지 원활하게 할 수 있다면, 복식호흡이든 단식이든 또 다른 어떤 방법이든 건강에 도움이 된다.

　이왕 말이 나왔으니, 복식호흡(腹式呼吸)을 잠시 언급하자. 나잇살이 찌는 중년 이후 날씬한 몸매 유지에 더없이 좋다는 호흡법으로, 폐를 최대한 활용하는 호흡법이다. 복식호흡이라고 해서 배로 숨 쉬는 것이 아니다. 어떻게 배로 숨 쉬겠는가? 깊숙이 호흡하여 복부까지 영향을 미치므로 복식호흡이라고 칭할 뿐이다. 숨을 얕게 쉬어 폐 전체를 활용하지 못해 폐 기능이 약화되어, 늙어 죽든 암으로 죽든 폐가 사망의 주원인이라고 한다. 그래서 폐를 최대한 활용하려고 깊게 호흡하는 것이다.

　그 복식호흡은 유학, 불교, 도교, 요가에서 말하는 정좌(正坐) 단좌(端坐) 참선(參禪) 등의 호흡법이며, 단전호흡(丹田呼吸)이라고도 한다. 흔히 마음을 침잠시키거나 건강하기 위해, 혹은 성악이나 관악기 배우면서 그 호흡법을 익히고 있다.

　복식호흡도 숨 쉬는 것이다. 갓난아이가 복식호흡을 한다거나, 웃거나 운동하면 복식호흡 저절로 된다고 하지 않는가? 웃거나 운동하면서 일부러 복식호흡하지 않지만, 깊게 숨 쉬기 때문에 저절로 복식호흡이 되는 것이다.

자연스럽게 해야 잘한 것이다. 건강에 좋다는 단식(斷食)도 글자 그대로 1~2일간 먹지 않으면 된다. 단식으로 인한 급격한 에너지 감소는 가벼운 스트레스를 유발하여, 세포 성장을 촉진하는 물질이 증가해서 장기 기능이 활성화된다. 심지어 뇌의 신경세포까지 활성화되어 치매 예방에도 도움이 된다고 한다. 그러나 그 단식도 무리하면 건강을 해칠 수 있다.

무엇이든 힘을 빼고 자연스럽게 하라는 말을 자주 들었을 것이다. 예악도 구속하는 예(禮)와 풀어주는 악(樂)의 합성어다. 예만 중시하면 너무 딱딱해져 부드럽게 해주는 음악을 병행하라는 것이다. 그래서 예와 악을 구분하지 않고 예악이라고 했다. 복식호흡도 자연스럽게 해야 한다. 숨을 짧게 최대한 들여 마시고 2~3초 머물다가 최대한 길게 내쉬라거나, 배 모양을 어떻게 해야 한다든가, 배꼽 아래 부분에 손바닥을 대고 연습해야 한다거나, 횡경막 단전을 언급할 것도 없다. 최대한 길게 내쉬면 들여 마시는 것은 저절로 된다. 그것이 복식호흡의 전부다.

그런데 필자가 여러 곳에서 복식호흡을 배우면서 느낀 것이지만, 요가는 물론 관악이나 성악 하는 분들도 잘못 가르치고 있다. 즉 숨을 들여 마시는 것부터 하라고 가르친다. 웃으면 복식호흡이 저절로 된다고 하면서, 복식호흡은 숨을 들이쉬는 것부터 하라고 한다. 숨을 들이쉬며 웃는 사람도 있는가? 승강기에서도 내려야 탈 수 있듯이, 호흡도 내쉬어야 들이마실 공간이 생긴다. 그런데 반대로 들이쉬기부터 하니,

부자연스럽고 어려워 활용하지 못하거나 건강을 해치기까지 한다. 호흡(呼吸: 숨 내쉴 호, 숨 들여 마실 흡)이란 용어도 내쉰 후 들이쉰다는 뜻이다. '흡호(吸呼)'가 아니라 호흡(呼吸)이라고 하는 의미도 되새겨야 한다는 말이다.

전문가들만 할 수 있다는 편견도 버려야 한다. 숨 쉬는데 무슨 전문가가 있고 특별한 방법이 있겠는가? 숨을 최대한 깊게 내쉬거나 웃으면서 산책해도 된다. 빠른 속도로 운동해야만 효과가 있는 것이 아니다. 더 쉽게 말하면 크게 숨 쉬면 된다. 걸어가든 운전하든 누워있든, '히히히' '허허허' 웃어도 된다. 어린애처럼 입술을 떨며 '푸루루루'하면서 숨을 길게 내뿜어도 된다. 그들 모두 좋은 복식호흡이다. 이 호흡법만 정확히 알고 활용해도 건강에 큰 도움이 될 것이다. 한마디 덧붙이면 필자는 하루에 한두 번 2~3분 정도 드러누워서 껄껄 웃고 있다.

이상에서 자맥 즉 수맥·명당을 중심으로 서술했다. 필자는 원래 풍수설에 관심이 없었다. 그런데 한국사 전공하다보니, 광해군이 풍수설에 현혹되어 많은 왕궁을 건축했고 그 왕궁 때문에 국고를 탕진하면서 부정부패가 만연했던 사실도 알 수 있었다. 그러던 중 우연히 수맥을 접하면서 풍수설이나 기존 수맥론의 불합리성에 천착하게 되었다.

다양한 분야에서 종사하는 분들이 다 그러하겠지만, 필자 역시 더 합리적인 것을 추구하다보니 어느 새 나도 모르게 이 책을 출간할 수 있게 되었다. 그러면서 독자들에게 당부하고 싶은 말이 생겼다. 무엇이든 기존의 틀에 맞추려고 해서는 안 된다는 것이다.

기존의 틀에 안주하면서 고집하는 것이야말로 발전에서 가장 멀어지는 태도다. 특히 의학의 발전으로 새로운 사실이 계속 밝혀져, 건강에 관한 상식도 언제든지 바뀔 수 있다고 생각해야 한다. 그러므로 기존 인식에 안주하지 말고 폭넓게 생각하면서 더 합리적이고 실용적인 것을 창출해내려고 노력해야 한다.

이 책에서 말한 자맥(磁脈) 역시 기존의 틀로 재단하여 전근대적인 미신이나 풍수지리설과 관련지어서는 안 된다. 무지와 아집은 서로 통할 수밖에 없겠지만, 무작정 부정할 것이 아니라 그 진위를 확인하여 좋은 것이라면 하루빨리 실생활에 활용해야 한다. 단언하건대, 자맥이 인체에 미치는 영향은 100%다. 단지 그 영향에 강약의 차이가 있을 뿐이다. 그러나 99%의 사람들이 믿지 않거나 효험을 직접 확인했으면서도 믿지 않은 척 하고 있는 실정이다. 그러면서 이 책의 내용이 과격하다거나 그렇게 단정적일 수 있냐고 의심하기도 했으며, 풍수설의 양택(陽宅) 풍수와 같다고 폄하하기도 했다.

아직은 '조상 묘와 관계없이 생활하고 잠자는 곳만 좋으면 된다, 큰 수맥 혹은 직경 5m 이상의 토끼풀 군락지 중앙에서 1시간만 잠자거나 누워있어도 수맥의 영향을 확인할 수 있다'는 필자의 주장을 인정하는 분들이 많지 않다. 풍수설을 맹신하거나, 미신이라면서도 그 풍수설에 세뇌되어 배격하지 못하고 있기 때문이다.

몇 십 년 후에 효과가 있는 약이 있을 수 없듯이, 몇 십 년 후에 효과가 있다는 풍수설도 허구요 궤변일 뿐이다. 그러나 자맥의 효과는 곧바로 확인할 수 있다. 그런데도 믿지 않는다면, 질병으로 인한 고통은 물론 엄청난 경제적 손실을 경험할 때까지 더 고생해야 한다는 말 외에는 할 말이 없다.

　새로운 아이디어가 검증되어 일반화되려면 한 세대는 지나야 된다고 흔히 말한다. 필자의 주장 역시 더 많은 세월을 기다려야 할 것 같다. 그러나 이 책에서 서술한 자맥에 대한 인식이 언젠가는 일반화되리라 믿는다. 이 책의 진가를 인정하는 분들은 기존 수맥 책과의 차이를 실감했던 분들이다. 또 다양한 방법으로 수맥·명당을 배웠지만 정확히 알지 못했거나, 고액을 지불하고 수맥차단했어도 그 효험을 보지 못했던 분들이다. 이 책을 통해 자맥 즉 수맥·명당을 정확히 알 수 있었다거나 그 영향을 실감했음은 물론 건강에 크게 도움이 되었다는 것이다.

　자신의 건강과 자녀의 성적향상에 도움이 되고, 아토피나 두통은 물론 암이나 불임의 원인이 되기도 하는 자맥의 영향을 어쩌면 그렇게도 믿지 않는지 안타까울 뿐이다. 끝으로 의사에게 몸을 맡길 것이 아니라 자기 자신이 챙겨야 한다는 말을 덧붙이면서 이 글을 맺는다.